Die Soforthilfe

Die Leistungen auf Grund des Soforthilfegesetzes

Auszug aus dem Kommentarwerk „Der Lastenausgleich" Abteilung II B – Gesetz zur Milderung dringender sozialer Notstände (Zweiter Teil)

Herausgegeben und erläutert von

DR. PAUL BINDER
Staatssekretär a. D.
Mitglied der Lastenausgleichskommission

DIPL.-KAUFM. DR. JOSEF DREXL
Ministerialrat
Abteilungsleiter im Bayer. Staatsministerium für Wirtschaft

DIPL.-KAUFM. DR. WOLFGANG WEHE
Wirtschaftsprüfer
Geschäftsinhaber der Betriebswirtschaftlichen Prüfungs- und Treuhandgesellschaft m. b. H.
Hamburg — München

ARTHUR SEWELOH
Reichsrichter a. D.
des vorm. Reichsfinanzhofs

DR. LUDWIG ZIMMERLE
Regierungsdirektor
Leiter des Landesamts für Soforthilfe
in Württemberg-Hohenzollern

1949

WALTER DE GRUYTER & CO.. BERLIN

vormals G. J. Göschensche Verlagshandlung — J. Guttentag, Verlagsbuchhandlung
Georg Reimer — Karl J. Trübner — Veit & Comp.

Archiv-Nr. 21 1 235

Druck von Dr. F. P. Datterer & Cie., Freising

Vorwort

Die vorliegende Ausgabe bildet einen Auszug aus der das gesamte Gebiet des Lastenausgleichs umfassenden Loseblattausgabe der Herausgeber. Sie beschränkt sich auf den Zweiten Teil des Soforthilfegesetzes. In ihm werden die Leistungen der Soforthilfe behandelt, die vor allem mit den nach den Vorschriften des Ersten Teils des SHG aufgebrachten Mitteln bewirkt werden sollen. Er enthält ferner die Bestimmungen über den begünstigten Personenkreis und befaßt sich mit der Organisation und dem Verfahren zur Durchführung der Soforthilfe.

Für die Herausgabe dieses Sonderdrucks war die Erwägung maßgebend, daß die Geschädigten und die mit der Gewährung der Leistungen im Rahmen der Soforthilfe befaßten Dienststellen im allgemeinen an den steuerlichen Vorschriften des Gesetzes weniger interessiert sind. Die Ausgabe ist daher neben den Geschädigten vor allem für die sog. Soforthilfebehörden bestimmt. Auch für die Beamten der Finanzverwaltung kommt diese Ausgabe insoweit in Betracht, als sie in ihrer Eigenschaft als Beauftragte des Hauptamts für Soforthilfe am Verfahren mitwirken.

Aus Gründen der Zweckmäßigkeit sind die für die Praxis bedeutsamen Bestimmungen der „Vorläufigen Anleitung für die Soforthilfebehörden" vom 8. August 1949 bei den entsprechenden Vorschriften des Soforthilfegesetzes abgedruckt. Auch die vorläufigen Richtlinien zur Durchführung der Hausrathilfe (Hausrathilfeprogramm 1949) konnten noch aufgenommen und berücksichtigt werden.

Tübingen, im August 1949.

Dr. jur. *Ludwig Zimmerle*

Regierungsdirektor im Innenministerium
Leiter des Landesamts für Soforthilfe im
Lande Württemberg-Hohenzollern.

INHALTSVERZEICHNIS

ZWEITER TEIL

Leistungen der Soforthilfe

Erster Abschnitt

Allgemeine Bestimmungen

Zweiter Abschnitt

Unterhaltshilfe

Dritter Abschnitt

Ausbildungshilfe, Aufbauhilfe, Hausrathilfe

Vierter Abschnitt

Gemeinschaftshilfe

Fünfter Abschnitt

Sechster Abschnitt

Organisation

Siebenter Abschnitt

Verfahren

Achter Abschnitt

Sonstige Bestimmungen

DRITTER TEIL

Schlußbestimmungen

ANHANG

Abkürzungen

Paragraphenzahlen ohne Angabe des Gesetzes in den Erläuterungen beziehen sich auf das erläuterte Gesetz.

Abs.	Absatz
Abschn.	Abschnitt
allg.	allgemein
Amtl. Begr.	Amtliche Begründung zum 1. Lastenausgleichsgesetz (Drucksache 1948 Nr. 687 des Wirtschaftsrats des Vereinigten Wirtschaftsgebiets)
Ändg.	Änderung
Anl.	Anlagen
Anw.	Anweisung
AO.	Reichsabgabenordnung
AR.	Aufsichtsrat
Art.	Artikel
AusfBest.	Ausführungsbestimmungen
AVG.	Angestelltenversicherungsgesetz
Bd.	Band der Amtlichen Sammlung der Entscheidungen und Gutachten des Reichsfinanzhofs
Ber.	Berichtigung
betr.	betreffend
BGB.	Bürgerliches Gesetzbuch
DV., DVO.	Durchführungsverordnung
Erg.	Ergänzung
Erl.	Erlaß, Erläuterung
EStG.	Einkommensteuergesetz
EW.	Einheitswert
FA.	Finanzamt
FMAmtsbl.	Amtsblatt des Finanzministeriums
FMErl.	Finanzministerialerlaß
Ges.	Gesetz
GenG.	Genossenschaftsgesetz
GmbH.	Gesellschaft mit beschränkter Haftung
GmbHG.	Gesetz betr. die Gesellschaften mit beschränkter Haftung
GrStDV.	Durchführungsverordnung zum Grundsteuergesetz
GrStG.	Grundsteuergesetz
GrStRL.	Richtlinien zum Grundsteuergesetz
GVG.	Gerichtsverfassungsgesetz
HfS.	Hauptamt für Soforthilfe
HGB.	Handelsgesetzbuch
Kartei	Mrozeks Kartei der Entscheidungen des Reichsfinanzhofs
KO.	Konkursordnung
KRG.	Gesetz des Kontrollrats
KSSchVO.	Kriegssachschäden-Verordnung vom 30. November 1940 (RGBl. I S. 1547)

KStDVO.	Durchführungsverordnung zum Körperschaftsteuergesetz
KStG.	Körperschaftsteuergesetz
LA.	Lastenausgleich
I. LAG.	Erstes Lastenausgleichsgesetz (vom Wirtschaftsrat verabschiedet, nicht in Kraft getreten)
LfS.	Landesamt für Soforthilfe
MRG.	Gesetz der Militärregierung
NeuordnungsG.	MRG. Nr. 64 zur vorläufigen Neuordnung von Steuern
OFH.	Oberster Finanzgerichtshof
RBewDV.	Durchführungsverordnung zum Reichsbewertungsgesetz
RBewG.	Reichsbewertungsgesetz
RdErl.	Runderlaß
RdF.	Reichsminister der Finanzen
RdI.	Reichsminister des Innern
RFH.	Reichsfinanzhof
RGBl. I	Reichsgesetzblatt Teil I
RMBliV.	Ministerialsblatt des ehemaligen Reichs- und Preußischen Ministers des Innern
RStBl.	Reichssteuerblatt
RVO.	Reichsversicherungsordnung
SH-DVO.	Durchführungsverordnung zum Zweiten und Dritten Teil des Soforthilfegesetzes
SHG.	Soforthilfegesetz
SichÄndG.	Gesetz zur Änderung des Gesetzes zur Sicherung von Forderungen für den Lastenausgleich
SichG.	Gesetz zur Sicherung von Forderungen für den Lastenausgleich
1. SofDVO. — 1. LAG.	Erste Durchführungsverordnung zum Zweiten und Dritten Teil des Ersten Lastenausgleichsgesetzes (nicht in Kraft getreten)
StAnpDV.	Durchführungsverordnung zu §§ 17 bis 19 des Steueranpassungsgesetzes (Gemeinnützigkeitsverordnung)
StAnpG.	Steueranpassungsgesetz
StDVO.	Durchführungsverordnung zum Ersten Teil des Soforthilfegesetzes
1. StDVO.	Erste Durchführungsverordnung zum Ersten Teil des Ersten Lastenausgleichgesetzes (nicht in Kraft getreten)
StSäumG.	Steuersäumnisgesetz
UmstG.	Umstellungsgesetz
UStDB.	Durchführungsbestimmungen zum Umsatzsteuergesetz
UStG.	Umsatzsteuergesetz
VO.	Verordnung
VSt.	Vermögenssteuer
VStDV.	Durchführungsverordnung zum Vermögensteuergesetz
VStG.	Vermögensteuergesetz
VStRL.	Richtlinien zum Vermögensteuergesetz
VVO.	Dritte Durchführungsverordnung zum Umstellungsgesetz (Versicherungsverordnung)
VZ.	Vorauszahlung
WG.	Währungsgesetz (MRG. Nr. 61, Erstes Gesetz zur Neuordnung des Geldwesens)
WGBl.	Gesetzblatt der Verwaltung des Vereinigten Wirtschaftsgebiets
WGVBl.	Gesetz- und Verordnungsblatt des Wirtschaftsrats des Vereinigten Wirtschaftsgebiets
ZPO.	Zivilprozeßordnung

Gesetz
zur Milderung dringender sozialer Notstände

(Soforthilfegesetz — SHG.)

ZWEITER TEIL

Leistungen der Soforthilfe

Bearbeitet von

Dr. jur. Ludwig Zimmerle

Regierungsdirektor im Innenministerium
Leiter des Landesamts für Soforthilfe
im Lande Württemberg-Hohenzollern

Dipl.-Kaufm. Dr. Wolfgang Wehe

Wirtschaftsprüfer

ERSTER ABSCHNITT

Allgemeine Bestimmungen

§ 30

Voraussetzungen der Soforthilfe

Soforthilfe nach den Bestimmungen dieses Gesetzes wird an Geschädigte (§ 31) gewährt, sofern sie

1. infolge der Schädigung der Hilfe bedürfen und
2. am 21. Juni 1948 ihren Wohnsitz oder ihren dauernden Aufenthalt im Währungsgebiet hatten oder nach diesem Zeitpunkt aus der Kriegsgefangenschaft in das Währungsgebiet entlassen wurden oder werden.

§ 31

Geschädigte

Geschädigter im Sinne dieses Gesetzes ist,

1. wer als deutscher Staatsangehöriger oder deutscher Volkszugehöriger am 1. September 1939 oder in einem späteren Zeitpunkt den Wohnsitz oder den dauernden Aufenthalt außerhalb des Bereichs der vier Besatzungszonen und der Stadt Berlin hatte und dorthin nicht zurückkehren kann (Flüchtling), es sei denn, daß er nach dem 31. Dezember 1937 seinen Wohnsitz oder dauernden Aufenthalt in ein von der deutschen Wehrmacht besetztes oder in den deutschen Einflußbereich einbezogenes Gebiet verlegt hat, um die durch die Maßnahmen des Nationalsozialismus geschaffene militärische oder politische Lage auszunutzen;
2. wer einen Sachschaden gemäß § 1 in Verbindung mit § 2 der Verordnung vom 30. November 1940 (Reichsgesetzbl. I S. 1547) im Währungsgebiet erlitten hat (Sachgeschädigter);
3. wer auf Reichsmark lautende Ansprüche hatte, die durch die Bestimmungen zur Neuordnung des Geldwesens im Währungsgebiet in einem anderen Verhältnis als 1:1 auf Deutsche Mark umgestellt worden sind oder die unter § 14 des Umstellungsgesetzes fallen (Währungsgeschädigter);
4. wer in der Zeit vom 30. Januar 1933 bis zum 8. Mai 1945 durch nationalsozialistische Verfolgungs- oder Unterdrückungsmaßnahmen wegen seiner politischen Haltung, seiner Rasse, seines Glaubens oder seiner Weltanschauung

wesentliche wirtschaftliche Nachteile erlitten hat, es sei denn, daß er der nationalsozialistischen Gewaltherrschaft Vorschub geleistet hat (Politisch Verfolgter).

§ 32

Arten der Soforthilfe

(1) Soforthilfe nach den Bestimmungen dieses Gesetzes wird gewährt als

1. Unterhaltshilfe (§§ 35 bis 42),
2. Ausbildungshilfe (§ 43), Aufbauhilfe (§ 44) und Hausrathilfe (§ 45),
3. Gemeinschaftshilfe (§§ 46, 47).

(2) Soforthilfe nach Absatz 1 Ziffer 1 und 2 wird nur natürlichen Personen gewährt.

§ 33

Höchstbetrag

Der Gesamtbetrag der Leistungen im Rahmen der Soforthilfe darf bei Sachgeschädigten (§ 31 Ziffer 2) und bei Währungsgeschädigten (§ 31 Ziffer 3) die Hälfte der in Reichsmark ausgedrückten Höhe des Gesamtschadens, den der Anspruchsberechtigte nachweisbar erlitten hat, nicht übersteigen. Die ersten 300 Reichsmark des Gesamtschadens werden jedoch voll in Ansatz gebracht.

§ 34

Antrag

Soforthilfe gemäß § 32 Absatz 1 Ziffer 1 und 2 wird nur auf Antrag gewährt.

ZWEITER ABSCHNITT

Unterhaltshilfe

§ 35

Voraussetzungen der Unterhaltshilfe

(1) Geschädigte nach den §§ 30, 31 erhalten Unterhaltshilfe, soweit sie

1. das 65. Lebensjahr (Frauen das 60. Lebensjahr) vollendet haben oder infolge körperlicher oder geistiger Gebrechen dauernd außerstande sind, durch Arbeit die Hälfte dessen zu erwerben, was körperlich und geistig gesunde Personen

derselben Art mit ähnlicher Ausbildung in derselben Gegend zu verdienen pflegen, und außerdem

2. den notwendigen Lebensbedarf für sich und ihre unterhaltsberechtigten Angehörigen nicht oder nicht ausreichend aus eigenen Kräften und Mitteln beschaffen können.

(2) Unter den Voraussetzungen des Absatzes 1 Ziffer 2 erhalten ferner Unterhaltshilfe

1. alleinstehende Frauen ohne Rücksicht auf ihr Lebensalter, sofern sie mindestens 3 Kinder zu versorgen haben,
2. Vollwaisen.

(3) Kinder im Sinne des Absatzes 2 Ziffer 1 sind eheliche Kinder, eheliche Stiefkinder, für ehelich erklärte Kinder, Adoptivkinder, uneheliche Kinder und Pflegekinder bis zur Vollendung des 15. oder, falls sie in Berufsausbildung stehen, des 18. Lebensjahres; ihnen sind Jugendliche bis zur Vollendung des 18. Lebensjahres gleichgestellt, die wegen Gebrechlichkeit besonderer Pflege bedürfen. Die Bestimmungen des Satzes 1 über die Altersgrenzen gelten für Vollwaisen im Sinne des Absatzes 2 Ziffer 2 entsprechend.

§ 36

Beträge der Unterhaltshilfe

(1) Die Unterhaltshilfe beträgt für den Anspruchsberechtigten monatlich 70 Deutsche Mark.

(2) Der Betrag der Unterhaltshilfe erhöht sich um monatlich 30 Deutsche Mark für die im Haushalt lebende Ehefrau und um monatlich 20 Deutsche Mark für jedes Kind im Sinne des § 35 Absatz 3 Satz 1.

(3) Bei Vollwaisen beträgt die Unterhaltshilfe monatlich 35 Deutsche Mark.

(4) Rentenleistungen sowie sonstige Einkünfte werden auf die Unterhaltshilfe in voller Höhe angerechnet; zu den sonstigen Einkünften gehören nicht Arbeitseinkünfte, gesetzliche Unterhaltsleistungen Angehöriger sowie Leistungen, die dem Geschädigten von Angehörigen oder von dritter Seite ohne rechtliche Verpflichtung gewährt werden.

§ 37

Unterhaltszuschuß

(1) Ist der gemäß § 33 ermittelte Gesamtbetrag der Leistungen bei Sachgeschädigten (§ 31 Ziffer 2) und bei Währungsgeschädigten (§ 31 Ziffer 3) nicht höher als 1000 Deutsche Mark,

so wird die Unterhaltshilfe nicht gemäß § 36, sondern als Unterhaltszuschuß gewährt.

(2) **Der Unterhaltszuschuß wird in monatlichen Teilbeträgen von 30 Deutschen Mark gewährt. Die Gewährung der Teilbeträge entfällt, sobald ihre Summe den Höchstbetrag gemäß § 33 erreicht hat.**

(3) **Die geleisteten Teilbeträge bleiben bei der Prüfung der Hilfsbedürftigkeit gemäß § 5 der Reichsgrundsätze über Voraussetzung, Art und Maß der öffentlichen Fürsorge vom 4. Dezember 1924 außer Ansatz.**

(4) **§ 36 Absatz 4 findet keine Anwendung.**

§ 38

Anrechnung auf den Gesamtbetrag der Leistungen

Bei der Feststellung, ob der Gesamtbetrag der Leistungen nach § 33 erreicht ist, werden
angerechnet:
Leistungen nach § 36 Absatz 1 zur Hälfte,
Leistungen nach § 37 Absatz 2 in voller Höhe, soweit diese Leistungen nicht an Vollwaisen gewährt werden,
außer Ansatz gelassen:
Leistungen nach § 36 Absatz 2,
Leistungen an Vollwaisen nach § 36 Absatz 3 und § 37 Absatz 2.

§ 39

Zeitraum

Unterhaltshilfe nach den §§ 36 und 37 wird vom 1. April 1949 ab gewährt. Wird der Antrag erst nach dem 31. Juli 1949[1]) gestellt, so wird sie von dem Monatsersten ab gewährt, der auf die Einreichung des Antrags folgt.

§ 40

Rechtsanspruch

(1) **Auf Unterhaltshilfe nach den Bestimmungen dieses Gesetzes haben die Geschädigten einen Rechtsanspruch.**

(2) **Der Anspruch kann nicht übertragen, verpfändet oder gepfändet werden.**

---

[1]) Durch Anordnung des Direktors der Verwaltung für Finanzen vom 8. August 1949 (vgl. S. 229) geändert in: „30. September 1949".

§ 41

Nachträgliche Veränderungen

(1) Treten nachträglich Umstände ein, die für den Anspruch auf Unterhaltshilfe oder für seine Höhe von Bedeutung sind, so ist der Anspruchsberechtigte verpflichtet, dies anzuzeigen.

(2) Nachträglich eingetretene Umstände sind, soweit sie sich zugunsten des Anspruchsberechtigten auswirken, mit Wirkung vom Ersten des laufenden Monats, im übrigen mit Wirkung vom folgenden Monatsersten ab zu berücksichtigen.

§ 42

Verfahren bei Tod des Anspruchsberechtigten

Stirbt der Anspruchsberechtigte, dem Unterhaltshilfe gewährt wird, so erhalten die in § 36 Absatz 2 genannten Angehörigen Unterhaltshilfe in bisheriger Höhe bis zum Ablauf des auf den Todestag folgenden Monats weiter. Vom Beginn des darauffolgenden Monats ab tritt der überlebende Ehegatte ohne neuen Antrag an die Stelle des bisherigen Anspruchsberechtigten; die Zahlung von Kinderzuschlägen wird hierdurch nicht berührt.

DRITTER ABSCHNITT

Ausbildungshilfe, Aufbauhilfe, Hausrathilfe

§ 43

Ausbildungshilfe

Im Rahmen der verfügbaren Mittel können für in Ausbildung stehende Kinder und Jugendliche aus dem Kreis der in § 31 genannten Geschädigten Ausbildungszuschüsse gegeben werden, wenn dadurch eine abgeschlossene Berufsausbildung ermöglicht wird und die eigenen Mittel hierzu nicht ausreichen.

§ 44

Aufbauhilfe

(1) Im Rahmen der verfügbaren Mittel können Flüchtlingen (§ 31 Ziffer 1), Sachgeschädigten (§ 31 Ziffer 2) und politisch Verfolgten (§ 31 Ziffer 4) Aufbauhilfen gegeben werden, wenn dadurch der Aufbau einer angemessenen, der Vorbildung des Geschädigten entsprechenden Existenz oder die Umschulung für einen neuen Beruf ermöglicht wird und die eigenen Mittel hierzu nicht ausreichen.

(2) **Die Beihilfe kann auch für den Ausbau beschädigten Wohnraums zur Schaffung von Wohnmöglichkeit für den Geschädigten oder zu dem Zweck gewährt werden, dem Geschädigten die Erstellung von Wohnraum im Wege der Selbsthilfe zu ermöglichen.**

(3) **Die Beihilfe soll vorzugsweise solchen Geschädigten, die bisher an Orten zu leben gezwungen waren, an denen sie eine geeignete und zumutbare Arbeit nicht finden konnten, die Arbeitsaufnahme an Orten ermöglichen, an denen entsprechende Arbeitsplätze zur Verfügung stehen.**

§ 45

Hausrathilfe

Im Rahmen der verfügbaren Mittel kann Flüchtlingen (§ 31 Ziffer 1), Sachgeschädigten (§ 31 Ziffer 2) und politisch Verfolgten (§ 31 Ziffer 4), die den existenznotwendigen Hausrat (Wohnungsausstattung, Gerät, Bekleidung) verloren haben, durch Hausratbeihilfen die Beschaffung fehlenden Hausrats ermöglicht oder erleichtert werden, soweit ein sofortiger dringender Bedarf gegeben ist und dieser aus eigenen Mitteln nicht gedeckt werden kann.

VIERTER ABSCHNITT

Gemeinschaftshilfe

§ 46

Hilfe für wirtschaftliche Vorhaben

Im Rahmen der verfügbaren Mittel können Beträge für wirtschaftliche Vorhaben (z. B. gewerbliche Erzeugung, Schaffung von Arbeitsplätzen, Wohnungsbau, Siedlung, Errichtung von Heimen und Ausbildungsstätten für heimat- und berufslose Jugendliche) bereitgestellt werden, wenn gewährleistet ist, daß die Ergebnisse Flüchtlingen (§ 31 Ziffer 1), Sachgeschädigten (§ 31 Ziffer 2) oder politisch Verfolgten (§ 31 Ziffer 4), die einer solchen Hilfe bedürfen, zugute kommen, und daß den Geschädigten hierdurch wirksam geholfen werden kann.

§ 47

Hilfe an Gemeinschaftseinrichtungen

(1) **Im Rahmen der verfügbaren Mittel können Trägern von Versorgungsleistungen, insbesondere den Trägern der Sozial-**

versicherung, Beträge zum Ausgleich von Leistungen zur Verfügung gestellt werden, die sie Flüchtlingen unter den Voraussetzungen des § 35 bis zur Höhe der Unterhaltshilfe (§ 36) gewähren.

(2) Im Rahmen der verfügbaren Mittel können ferner Verbänden der Wohlfahrtspflege zum Aufbau von Einrichtungen Beträge zur Verfügung gestellt werden, die der Versorgung der Geschädigten (§ 31) dienen.

FÜNFTER ABSCHNITT
Soforthilfefonds

§ 48

(1) Alle Abgaben, die nach diesem Gesetz erhoben werden, sind einem Sondervermögen (Soforthilfefonds) zuzuführen. Hierzu gehören die Zuschläge nach § 18, sonstige Zuschläge zu den Abgaben sowie Geldstrafen, sofern sie nicht in gerichtlichen Verfahren verhängt werden.

(2) Aus dem Soforthilfefonds werden ausschließlich die § 32 genannten Leistungen bewirkt.

SECHSTER ABSCHNITT
Organisation

§ 49
Behörden

(1) Die Durchführung des Zweiten Teiles dieses Gesetzes wird

1. den Ämtern für Soforthilfe,
2. den Landesämtern für Soforthilfe,
3. dem Hauptamt für Soforthilfe

übertragen.

(2) Die Aufgaben der Ämter für Soforthilfe und der Landesämter für Soforthilfe sind von den Landesregierungen bestehenden Behörden nach Maßgabe der Bestimmungen dieses Abschnitts zu übertragen.

(3) Das Hauptamt für Soforthilfe wird als besondere Behörde errichtet.

§ 50
Ämter für Soforthilfe

Durch die Landesregierung wird innerhalb der bestehenden Behörden der allgemeinen Verwaltung für jeden Landkreis und jeden Stadtkreis ein Amt für Soforthilfe errichtet. Im Bereich der Hansestädte Hamburg und Bremen können mehrere Ämter für Soforthilfe errichtet werden.

§ 51
Soforthilfeausschüsse

(1) Bei jedem Amt für Soforthilfe werden Soforthilfeausschüsse in der erforderlichen Zahl gebildet. Sie bestehen aus
1. dem Leiter der zuständigen Behörde oder einem Vertreter als Vorsitzendem,
2. zwei Beisitzern, von denen einer der Geschädigtengruppe zu entnehmen ist, welcher der Antragsteller angehört.

(2) Die Beisitzer werden in den Landkreisen vom Kreistag und in den Stadtkreisen von der Stadtverordnetenversammlung auf die Dauer eines Jahres gewählt.

§ 52
Landesämter für Soforthilfe

(1) Durch die Landesregierungen werden innerhalb der Behörden, die den in § 50 vorgesehenen Behörden übergeordnet sind, Landesämter für Soforthilfe errichtet.

(2) Die Landesämter für Soforthilfe üben die Sachaufsicht über die Ämter für Soforthilfe ihres Bereiches aus.

§ 53
Beschwerdeausschüsse

(1) Bei den Landesämtern für Soforthilfe werden Beschwerdeausschüsse in der erforderlichen Zahl gebildet. Sie bestehen aus
1. dem Leiter der Behörde oder einem Vertreter als Vorsitzendem,
2. zwei Beisitzern, von denen einer der Geschädigtengruppe zu entnehmen ist, welcher der Antragsteller angehört.

(2) Die Beisitzer werden vom Parlament des Landes auf die Dauer eines Jahres gewählt.

§ 54
Hauptamt für Soforthilfe

(1) Das Hauptamt für Soforthilfe wird dem Direktor der Verwaltung für Finanzen des Vereinigten Wirtschaftsgebiets

unmittelbar unterstellt; er übt seine Befugnisse im Einvernehmen mit einem von den Regierungen der Länder der französischen Besatzungszone benannten Bevollmächtigten aus.

(2) Den Präsidenten des Hauptamts für Soforthilfe ernennt auf Vorschlag des Direktors der Verwaltung für Finanzen des Vereinigten Wirtschaftsgebiets der Verwaltungsrat des Vereinigten Wirtschaftsgebiets im Einvernehmen mit den Regierungen der Länder der französischen Besatzungszone.

(3) Der Präsident des Hauptamts für Soforthilfe übt die Sachaufsicht über die Ämter für Soforthilfe und die Landesämter für Soforthilfe aus.

§ 55

Kontrollausschuß und ständiger Beirat

(1) Beim Hauptamt für Soforthilfe wird ein Kontrollausschuß von 25 Mitgliedern gebildet. 8 Mitglieder wählt der Wirtschaftsrat des Vereinigten Wirtschaftsgebiets. Je 1 Mitglied wählen die Parlamente der Länder der französischen Besatzungszone, 3 Mitglieder ernennt der Verwaltungsrat des Vereinigten Wirtschaftsgebiets, davon 1 Mitglied auf Vorschlag der Regierungen der Länder der französischen Besatzungszone. Je 1 weiteres Mitglied ernennen die Regierungen der Länder des Währungsgebiets.

(2) Beim Hauptamt für Soforthilfe wird ferner ein ständiger Beirat, bestehend aus 11 Vertretern der Geschädigten und 4 Sachverständigen, gebildet. Je einen Vertreter der Geschädigten wählen die Parlamente der Länder des Währungsgebiets. Die 4 Sachverständigen ernennt der Verwaltungsrat des Vereinigten Wirtschaftsgebiets.

(3) Die Wahl und die Ernennung der Mitglieder des Kontrollausschusses und des ständigen Beirats erfolgt jeweils auf die Dauer eines Jahres.

§ 56

Spruchsenat

(1) Beim Hauptamt für Soforthilfe wird ein Spruchsenat gebildet. Er besteht aus:

1. dem Präsidenten des Hauptamts für Soforthilfe oder einem von ihm bestimmten Beamten des Hauptamts für Soforthilfe als Vorsitzendem,
2. vier Beisitzern.

(2) **Der Vorsitzende und zwei Beisitzer müssen die Befähigung zum Richteramt oder zum höheren Verwaltungsdienst haben. Sie werden hauptamtlich ernannt. Vertreter aus der französischen Besatzungszone sind angemessen zu berücksichtigen.**

(3) **Die beiden übrigen Beisitzer müssen Geschädigte sein; von ihnen ist einer der Geschädigtengruppe zu entnehmen, welcher der Antragsteller angehört. Beide Beisitzer werden vom Wirtschaftsrat des Vereinigten Wirtschaftsgebiets auf die Dauer eines Jahres gewählt.**

§ 57

Beauftragte des Hauptamts für Soforthilfe

(1) **Der Präsident des Hauptamts für Soforthilfe bestellt bei den Soforthilfeausschüssen und bei den Beschwerdeausschüssen aus der Zahl der Beamten der am Ort bestehenden Behörden im Einvernehmen mit der obersten Landesbehörde Beauftragte des Hauptamts für Soforthilfe. Der Beauftragte des Hauptamts für Soforthilfe beim Soforthilfeausschuß ist zugleich Beauftragter beim Amt für Soforthilfe, der Beauftragte beim Beschwerdeausschuß ist zugleich Beauftragter beim Landesamt für Soforthilfe.**

(2) **Der Beauftragte des Hauptamts für Soforthilfe nimmt die Interessen des Soforthilfefonds wahr. Er ist an die Weisungen des Präsidenten des Hauptamts für Soforthilfe gebunden. Er ist befugt, an den Sitzungen der Soforthilfeausschüsse und der Beschwerdeausschüsse teilzunehmen und Anträge zu stellen.**

§ 58

Amts- und Rechtshilfe

Alle Behörden haben den in diesem Abschnitt genannten Behörden und Amtsstellen unentgeltlich Amts- und Rechtshilfe zu leisten.

SIEBENTER ABSCHNITT

Verfahren

§ 59

Einreichung der Anträge

(1) **Anträge auf Unterhaltshilfe, Ausbildungshilfe, Aufbauhilfe oder Hausrathilfe sind an das für den Wohnsitz oder den**

Ort des dauernden Aufenthalts des Geschädigten zuständige Amt für Soforthilfe zu richten.

(2) **Die Anträge sind bei der für den Wohnsitz oder den Ort des dauernden Aufenthalts des Geschädigten zuständigen Gemeindebehörde einzureichen, soweit nicht etwas anderes bestimmt wird.**

§ 60

Entscheidungen über Unterhaltshilfe

(1) **Über Anträge auf Unterhaltshilfe entscheidet der Leiter des Amts für Soforthilfe durch Vorbescheid, wenn dem Antrag auf Grund der Angaben des Antragstellers nach den bestehenden Bestimmungen in vollem Umfange stattgegeben werden kann. Gegen den Vorbescheid kann der Beauftragte des Hauptamts für Soforthilfe binnen einer Woche nach Bekanntgabe die Entscheidung des Soforthilfeausschusses anrufen.**

(2) **Soweit der Leiter des Amts für Soforthilfe nicht endgültig durch Vorbescheid einem Antrag auf Unterhaltshilfe entsprochen hat, erkennt der Soforthilfeausschuß über den Antrag durch Beschluß.**

§ 61

Beschwerde gegen Entscheidungen über Unterhaltshilfe

Gegen den Beschluß des Soforthilfeausschusses (§ 60 Absatz 2) können der Geschädigte und der Beauftragte des Hauptamts für Soforthilfe binnen zwei Wochen nach Bekanntgabe Beschwerde an den Beschwerdeausschuß einlegen.

§ 62

Rechtsbeschwerde gegen Entscheidungen über Unterhaltshilfe

(1) **Gegen den Beschluß des Beschwerdeausschusses (§ 61) kann der Geschädigte Rechtsbeschwerde an den Spruchsenat einlegen, wenn der Beschwerdeausschuß die Rechtsbeschwerde wegen grundsätzlicher Bedeutung der Sache zugelassen hat.**

(2) **Der Beauftragte des Hauptamts für Soforthilfe kann gegen den Beschluß des Beschwerdeausschusses Rechtsbeschwerde an den Spruchsenat auch dann einlegen, wenn der Beschwerdeausschuß die Rechtsbeschwerde nicht zugelassen hat, der Sache aber nach Auffassung des Beauftragten des Hauptamts für Soforthilfe grundsätzliche Bedeutung zukommt.**

(3) Der Beschwerdeausschuß kann die ihm vorgelegte Beschwerde wegen grundsätzlicher Bedeutung der Sache auch unmittelbar als Rechtsbeschwerde dem Spruchsenat vorlegen.

(4) Die Rechtsbeschwerde ist binnen zwei Wochen nach Bekanntgabe des Beschlusses des Beschwerdeausschusses einzulegen.

§ 63

Entscheidungen in sonstigen Fällen

Über Anträge auf Ausbildungshilfe, Aufbauhilfe und Hausrathilfe entscheidet der Soforthilfeausschuß durch Bescheid.

§ 64

Anrufung des Beschwerdeausschusses in sonstigen Fällen

Gegen den Bescheid des Soforthilfeausschusses (§ 63) können der Geschädigte und der Beauftragte des Hauptamts für Soforthilfe zur Nachprüfung, ob ein Ermessensmißbrauch vorliegt, die Entscheidung des Beschwerdeausschusses anrufen.

§ 65

Form der Entscheidungen

Die Entscheidungen des Soforthilfeausschusses, des Beschwerdeausschusses und des Spruchsenats sind schriftlich zu begründen. Entscheidungen gemäß § 60 Absatz 2 und § 61 müssen eine Belehrung über den zulässigen Rechtsbehelf enthalten.

§ 66

Aufschiebende Wirkung

Die Beschwerde nach § 61, die Rechtsbeschwerde nach § 62 und die Anrufung des Beschwerdeausschusses nach § 64 haben aufschiebende Wirkung.

§ 67

Gebühren

Das Verfahren ist gebührenfrei. Der Vorsitzende des Beschwerdeausschusses kann jedoch die Zulassung eines Rechtsbehelfs von der Entrichtung einer Gebühr von 10 Deutschen Mark abhängig machen, wenn die Rechtsverfolgung keine Aussicht auf Erfolg bietet. Die Gebühr wird erstattet, soweit endgültig im Sinne des Antrages entschieden ist.

§ 68

Verfahren bei nachträglichen Veränderungen

(1) **Fallen nachträglich die Voraussetzungen der Unterhaltshilfe ganz oder teilweise weg, so verfügt der Leiter des Amts für Soforthilfe die völlige oder teilweise Einstellung weiterer Leistungen.**

(2) **Ergeben sich nachträglich Umstände, aus denen zu entnehmen ist, daß der Antragsteller eine Entscheidung zu seinen Gunsten durch unrichtige oder unvollständige Angaben herbeigeführt hat, so verfügt der Leiter des Amts für Soforthilfe die Rückzahlung schon bewirkter Leistungen und die Einstellung weiterer Leistungen.**

(3) **Gegen Verfügungen gemäß Absatz 1 und 2 kann der Geschädigte binnen zwei Wochen nach Bekanntgabe die Entscheidung des Soforthilfeausschusses anrufen. Für das weitere Verfahren gelten die §§ 60 ff.; § 66 findet jedoch keine Anwendung.**

§ 69

Rechtsschutz

(1) **Der Soforthilfeausschuß entscheidet nach den allgemeinen Weisungen des Präsidenten des Hauptamts für Soforthilfe als Verwaltungsbehörde.**

(2) **Der Beschwerdeausschuß und der Spruchsenat entscheiden als Verwaltungsgerichte; ihre Mitglieder sind daher als solche unabhängig und nur dem Gesetz unterworfen.**

(3) **Das Verfahren vor den ordentlichen Gerichten ist für die Geltendmachung von Ansprüchen nach dem Zweiten Teil dieses Gesetzes ausgeschlossen.**

§ 70

Aufgaben des Präsidenten des Hauptamts für Soforthilfe

(1) **Der Präsident des Hauptamts für Soforthilfe verwaltet den Soforthilfefonds. Er ist dabei gebunden an Richtlinien, die der Verwaltungsrat im Einvernehmen mit einem von den Regierungen der Länder der französischen Besatzungszone benannten Bevollmächtigten gibt.**

(2) **Der Präsident des Hauptamts für Soforthilfe gibt die allgemeinen Weisungen über die Verwendung von Mitteln für Zwecke der Unterhaltshilfe, der Ausbildungshilfe, der Aufbauhilfe und der Hausrathilfe.**

(3) **Der Präsident des Hauptamts für Soforthilfe entscheidet über die Bereitstellung von Mitteln für Zwecke der Gemeinschaftshilfe.**

§ 71

Aufgaben des Kontrollausschusses beim Hauptamt für Soforthilfe

(1) **Die Richtlinien des Verwaltungsrats (§ 70 Absatz 1) sowie die allgemeinen Weisungen des Präsidenten des Hauptamts für Soforthilfe (§ 70 Absatz 2) und die Entscheidungen des Präsidenten des Hauptamts für Soforthilfe (§ 70 Absatz 3) bedürfen der Zustimmung des Kontrollausschusses beim Hauptamt für Soforthilfe.**

(2) **Der Kontrollausschuß ist berechtigt, vom Präsidenten des Hauptamts für Soforthilfe Auskunft über die Verwaltung, den Bestand und die Verwendung der Mittel des Soforthilfefonds zu verlangen.**

§ 72

Aufgaben des ständigen Beirats beim Hauptamt für Soforthilfe

Der ständige Beirat beim Hauptamt für Soforthilfe berät den Präsidenten des Hauptamts für Soforthilfe. Er ist insbesondere vor Entscheidungen über die Bereitstellung von Mitteln für Zwecke der Gemeinschaftshilfe bei Vorhaben von besonderer Bedeutung zu hören. § 71 Absatz 2 gilt entsprechend.

ACHTER ABSCHNITT

Sonstige Bestimmungen

§ 73

Härtefälle

Der Verwaltungsrat des Vereinigten Wirtschaftsgebiets kann mit Zustimmung des Wirtschaftsrats und des Länderrats anordnen, daß Leistungen, soweit sich Härten ergeben, gewissen Gruppen von Geschädigten über den durch den § 31 gezogenen Rahmen hinaus zu gewähren sind.

§ 74

Zweckbindung

Ausbildungshilfe, Aufbauhilfe, Hausrathilfe und Gemeinschaftshilfe sind in einer Form zu gewähren, die den wirtschaftspolitischen Erfordernissen Rechnung trägt und die Verwendung für den vorgesehenen Zweck sichert.

§ 75

Anrechnung von Fürsorgeleistungen in der Übergangszeit

Für einen Zeitraum nach dem 31. März 1949 tatsächlich empfangene gleichartige Fürsorgeleistungen werden von den nach diesem Gesetz für denselben Zeitraum zu gewährenden Zahlungen an Unterhaltshilfe in Abzug gebracht.

§ 76

Verhältnis zur Gesetzgebung der Länder

(1) **Soweit die Länder den in § 31 genannten Geschädigten auf Grund landesrechtlicher Regelung Leistungen gewähren, die der Ausbildungshilfe, der Aufbauhilfe oder der Hausrathilfe entsprechen, können ihnen zur Erfüllung solcher Leistungen Zuweisungen aus dem Soforthilfefonds gegeben werden.**

(2) **Leistungen auf Grund dieses Gesetzes an politisch Verfolgte (§ 31 Ziffer 4) entfallen, soweit Leistungen auf Grund landesrechtlicher Gesetzgebung über die Wiedergutmachung gewährt werden.**

§ 77

Ehrenamtlichkeit

Bewohner des Währungsgebiets, die zur ehrenamtlichen Mitarbeit bei der Durchführung des Zweiten Teiles dieses Gesetzes aufgefordert werden, sind zu dieser Mitarbeit verpflichtet.

DRITTER TEIL

Schlußbestimmungen

§ 78

Verwaltungskosten

Die Kosten der Durchführung dieses Gesetzes werden nicht aus dem Soforthilfefonds bestritten. Die Kosten des Hauptamts für Soforthilfe trägt das Vereinigte Wirtschaftsgebiet. Die sonstigen Kosten tragen die Länder und die anderen an der Durchführung der Soforthilfe beteiligten Gebietskörperschaften.

§ 79

Erträge der Soforthilfesonderabgabe

Die Erträge, die auf die Soforthilfesonderabgabe (§ 18) entfallen, sind einem Sonderkonto innerhalb des Soforthilfefonds

zuzuführen. Über das Sonderkonto darf nur für Zwecke der Ausbildungshilfe, der Aufbauhilfe und der Hilfe für wirtschaftliche Vorhaben, insbesondere für solche des Wohnungsbaues, verfügt werden.

§ 80

Ansprüche auf Grund des Gesetzes zur Sicherung von Forderungen für den Lastenausgleich

Die auf Grund des Gesetzes zur Sicherung von Forderungen für den Lastenausgleich vom 2. September 1948 (Gesetz- und Verordnungsblatt des Wirtschaftsrats S. 87) gegen die Länder entstandenen Ansprüche auf Erstattung der treuhänderisch verwalteten Gelder gehen auf den Soforthilfefonds über.

§ 81

Regelung der finanziellen Beziehungen zwischen den Ländern und dem Soforthilfefonds

(1) **Für die Verwendung der bis zum 31. Dezember 1949 fällig werdenden Zinsen und Tilgungsbeträge (§ 24) verbleibt es bei der Regelung der Verordnung zur Durchführung des Gesetzes zur Sicherung von Forderungen für den Lastenausgleich vom 7. September 1948 (Gesetz- und Verordnungsblatt des Wirtschaftsrats S. 88). Die aufgekommenen Mittel verbleiben, soweit sie für die Förderung des Wohnungsbaues zugunsten der Geschädigten (§ 31) verwendet werden, den Ländern, jedoch mit der Maßgabe, daß durch die Begebung der Mittel begründete Rechte auf den Soforthilfefonds übergehen.**

(2) **Für die Zeit vom Inkrafttreten dieses Gesetzes bis zum Aufkommen ausreichender eigener Mittel des Soforthilfefonds, längstens jedoch bis zum 31. Dezember 1949 stellen die Länder insgesamt dem Soforthilfefonds diejenigen Beträge vorschußweise zur Verfügung, die zur Bewirkung der Leistungen der Unterhaltshilfe (§§ 35ff.) erforderlich sind und aus eigenen Einnahmen des Soforthilfefonds noch nicht aufgebracht werden können. Die Vorschüsse werden vom Präsidenten des Hauptamts für Soforthilfe in monatlichen Teilbeträgen angefordert. Sie sind nach Maßgabe des Aufkommens eigener Einnahmen des Soforthilfefonds ab 1. Januar 1950 zurückzuzahlen. Die Rückzahlung hat in angemessenen Monatsraten zu erfolgen.**

(3) **Für den Monat, in dem dieses Gesetz in Kraft tritt, und für die hierauf folgenden 4 Monate stellen die Länder insgesamt dem Soforthilfefonds zur Durchführung der Hausrathilfe (§ 45)**

vorschußweise einen Betrag von monatlich 12 Millionen DM zur Verfügung. Die Vorschüsse sind von Soforthilfefonds in den dann folgenden 5 Monaten zurückzuzahlen. Soweit die verfügbaren Mittel des Soforthilfefonds die völlige Rückzahlung innerhalb von 5 Monaten nicht erlauben sollten, hat die Rückzahlung des Restes im Verlauf der folgenden Monate unverzüglich zu erfolgen. Die Rückzahlungspflicht hat Vorrang vor allen im Rahmen des Gesetzes nach Maßgabe der verfügbaren Mittel zu bewirkenden Leistungen.

(4) Zum 1. Januar 1950 werden die finanziellen Beziehungen zwischen den Ländern und dem Soforthilfefonds endgültig geregelt.

§ 82

Änderung des Zweiten Gesetzes zur vorläufigen Neuordnung von Steuern

Das Zweite Gesetz zur vorläufigen Neuordnung von Steuern wird wie folgt geändert:

1. In § 1 Ziffer 1 treten an die Stelle der Worte „nach dem Ersten Lastenausgleichsgesetz" die Worte „nach dem Soforthilfegesetz".
2. In § 1 Ziffer 7 treten an die Stelle der Worte „Abgabe auf den Lastenausgleich" die Worte „Abgabe nach dem Soforthilfegesetz".
3. In § 1 Ziffer 11 treten an die Stelle der Worte „Abgabe auf den Lastenausgleich" die Worte „Abgabe nach dem Soforthilfegesetz".
4. § 5 Absatz 1 erhält folgende Fassung:

„§ 5

(1) Wer innerhalb von drei Monaten nach der Verkündung dieses Gesetzes oder, falls das Gesetz zur Milderung dringender sozialer Notstände (Soforthilfegesetz) später verkündet wird als dieses Gesetz, innerhalb von drei Monaten nach der Verkündung des Soforthilfegesetzes durch Selbstanzeige nach § 410 der Reichsabgabenordnung Straffreiheit wegen Steuervergehens erwirbt, erlangt zugleich Straffreiheit für Zuwiderhandlungen gegen Artikel IX des Anhangs zum Gesetz Nr. 64 (Bestandsaufnahme) und Straffreiheit für die vor dem 21. Juni 1948 begangenen Verstöße gegen die Preis- und Bewirtschaftungsvorschrif-

ten, wenn er an das Finanzamt einen Reuezuschlag nach Maßgabe des Absatzes 2 entrichtet. § 18 Absatz 4 des Soforthilfegesetzes bleibt unberührt."

5. § 6 erhält folgende Fassung:

„§ 6

Wer den Bestand seines Vorratsvermögens (§ 11 Ziffer 3 des Soforthilfegesetzes) in der durch Artikel IX des Anhangs zum Gesetz Nr. 64 vorgeschriebenen Bestandsaufnahme nicht oder nicht vollständig angegeben hat, kann wegen dieser Zuwiderhandlung, wegen der sonstigen Steuervergehen und wegen der Verstöße gegen die Preis- und Bewirtschaftungsvorschriften, die sich auf das nicht angegebene Vorratsvermögen beziehen, Straffreiheit nur nach Maßgabe des § 18 Absatz 4 des Soforthilfegesetzes erlangen."

§ 83

Durchfuhrungsbestimmungen

(1) Rechtsverordnungen zur Durchführung dieses Gesetzes erläßt der Direktor der Verwaltung für Finanzen des Vereinigten Wirtschaftsgebiets mit Zustimmung des Wirtschaftsrats und des Länderrats.

(2) Verwaltungsanordnungen zur Durchführung des Ersten Teiles dieses Gesetzes erläßt der Direktor der Verwaltung für Finanzen des Vereinigten Wirtschaftsgebiets. Verwaltungsanordnungen zur Durchführung des Zweiten Teiles dieses Gesetzes erläßt der Präsident des Hauptamts für Soforthilfe mit Zustimmung des Kontrollausschusses und nach Anhörung des ständigen Beirats beim Hauptamt für Soforthilfe.

§ 84

Inkrafttreten

(1) Dieses Gesetz tritt im Vereinigten Wirtschaftsgebiet am Tage seiner Verkündung in Kraft.

(2) Bis auf weiteres entfällt die in den §§ 54 und 70 vorgesehene Mitwirkung der Regierungen der Länder der französischen Besatzungszone; werden aus den Ländern dieser Zone Mitglieder in den Kontrollausschuß entsandt, so nehmen sie an dessen Sitzungen ohne Stimmrecht teil.

§ 85

Übergangsbestimmung

Der Direktor der Verwaltung für Finanzen des Vereinigten Wirtschaftsgebiets ist für den Fall, daß das Gesetz erst nach dem 15. Juni 1949 in Kraft tritt, ermächtigt, die in den §§ 17 bis 19 genannten Termine für Zahlungen und Erklärungen sowie den in § 39 Satz 2 genannten Termin für die Antragstellung hinauszuschieben, soweit dies für die Durchführbarkeit des Gesetzes erforderlich ist.

Das vorstehende Gesetz wird nach Zustimmung des Länderrates hiermit verkündet.

Frankfurt am Main, den 8. August 1949

Der Präsident des Wirtschaftsrates

Dr. Erich Köhler

Durchführungsverordnung zum Zweiten und Dritten Teil des Soforthilfegesetzes

(Soforthilfe-DVO.)

Vom 8. August 1949

Auf Grund des § 83 Absatz 1 des Soforthilfegesetzes wird mit Zustimmung des Wirtschaftsrats und des Länderrats verordnet:

Zu § 30

(Voraussetzungen der Soforthilfe)

1. Soforthilfe kann, soweit nichts anderes bestimmt wird, nur dem unmittelbar Geschädigten selbst gewährt werden. Antrag auf Gewährung von Leistungen kann daher von den Erben des unmittelbar Geschädigten nicht mehr gestellt werden.

2. Bereits bewilligte Leistungen werden, soweit nicht etwas anderes bestimmt wird, nicht gewährt, wenn der Antragsteller vor der Bewirkung stirbt.

3. Die Voraussetzung, daß der Geschädigte infolge der Schädigung der Hilfe bedarf, gilt dann als gegeben, wenn mit Wahrscheinlichkeit anzunehmen ist, daß er ohne die Schädigung nicht der Hilfe bedürfte. Bei Flüchtlingen ist ohne besondere Nachprüfung zu unterstellen, daß diese Voraussetzung gegeben ist.

4. Währungsgebiet ist das Gebiet der Länder Bayern, Hansestadt Bremen, Hessen, Württemberg-Baden, Hansestadt Hamburg, Niedersachsen, Nordrhein-Westfalen, Schleswig-Holstein, Baden, Rheinland-Pfalz und Württemberg-Hohenzollern.

5. Der Entlassung aus Kriegsgefangenschaft steht die Entlassung aus außerhalb der vier Besatzungszonen und der Stadt Berlin gelegenen Internierungslagern gleich.

Zu § 31

(Geschädigte)

1. Wer verschiedenen Geschädigtengruppen (§ 31 Ziffer 1 bis 4) angehört, erhält die in § 32 vorgesehenen Arten der Soforthilfe nur als Angehöriger einer Gruppe, und zwar der Gruppe, in der ihm nach den Vorschriften des Gesetzes die günstigste Behandlung zuteil werden kann.

Zu § 31 Ziffer 1 (Flüchtlinge)

2. Zum Gebiet der vier Besatzungszonen gehören nicht der von der Sowjetunion besetzte Teil Ostpreußen und die vorläufig unter polnische Verwaltung gestellten Gebiete.

3. Die Voraussetzungen des § 31 Ziffer 1 sind nur gegeben, wenn der Geschädigte seinen letzten Wohnsitz oder dauernden Aufenthalt vor der Vertreibung außerhalb des Bereichs der vier Besatzungszonen und der Stadt Berlin hatte.

4. Die Voraussetzungen des § 31 Ziffer 1 sind nicht gegeben, wenn der Geschädigte (z. B. als abgeordneter Beamter) einen Wohnsitz im Bereich der vier Besatzungszonen und der Stadt Berlin ununterbrochen beibehalten hat.

Zu § 31 Ziffer 2 (Sachgeschädigte)

5. Nach dem 31. Juli 1945 entstandene Sachschäden bleiben bis auf weiteres unberücksichtigt.

6. Sachschäden, für die nur Entschädigungen auf Grund anderer Bestimmungen als der Verordnung vom 30. November 1940 (RGBl. I S. 1547) beansprucht werden können, begründen die Voraussetzung des § 31 Ziffer 2 nicht.

7. Als im Währungsgebiet entstanden gelten auch solche Sachschäden, die außerhalb des Währungsgebiets an einem Schiff entstanden sind, das in ein Schiffsregister des Währungsgebiets eingetragen war.

8. Ein zu berücksichtigender Sachschaden liegt insoweit nicht mehr vor, als der erlittene Sachschaden durch bereits gewährte Entschädigungszahlungen zahlenmäßig ausgeglichen ist.

9. Sachschäden, auf welche die Anwendung der Verordnung vom 30. November 1940 (RGBl. I S. 1547) nachträglich durch Anordnung nach § 1 Absatz 5 der Verordnung ausgedehnt worden ist, sind nicht zu berücksichtigen.

Zu § 31 Ziffer 3 (Währungsgeschädigte)

10. Ansprüche im Sinne des § 31 Ziffer 3 müssen am 21. Juni 1948 bestanden haben und im Zeitpunkt der Antragstellung rechtlich und zahlenmäßig zweifelsfrei feststehen.

11. Altgeldguthaben sind Ansprüche im Sinne des § 31 Ziffer 3. Das Vorliegen eines Währungsschadens wird dadurch nicht ausgeschlossen, daß ein Altgeldguthaben für die Anrechnung des Kopfbetrages herangezogen worden ist.

12. Einem Währungsschaden wird die Einstellung von Rentenzahlungen, die aus Reichsmitteln zum Ausgleich von im ersten Weltkrieg erlittenen Liquidations- und Gewaltschäden gewährt wurden, gleichgestellt.

Zu § 31 Ziffer 4 (Politisch Verfolgte)

13. Als politisch Verfolgte nach § 31 Ziffer 4 gelten alle Personen, die aus politischen, rassischen oder religiösen Gründen wesentliche wirtschaftliche Nachteile erlitten haben, auch wenn sie nach Landesrecht nicht zu den „politisch Verfolgten" im engeren Sinne, sondern zu den „politisch Geschädigten" gehören.

14. Wesentlich sind wirtschaftliche Nachteile, welche die wirtschaftlichen Grundlagen des Antragstellers derart vernichtet oder nachhaltig erschüttet haben, daß er die Auswirkungen bis zum Zeitpunkt der Antragstellung nicht hat überwinden können.

15. Wenn der politisch Verfolgte durch eine zur politischen Überprüfung eingesetzte Spruchbehörde rechtskräftig als Aktivist oder Hauptschuldiger eingestuft worden ist, gilt ohne weiteres als erwiesen, daß er der nationalsozialistischen Gewaltherrschaft Vorschub geleistet hat.

Zu § 32

(Arten der Soforthilfe)

Die einzelnen Arten der Soforthilfe können von den Geschädigten nebeneinander in Anspruch genommen werden.

Zu § 33

(Höchstbetrag)

1. Ist der Geschädigte sowohl Währungsgeschädigter als auch Sachgeschädigter, so werden beide Schäden bei der Fest-

stellung der Höhe des Gesamtschadens nach § 33 zusammengerechnet. Schäden, die dem Geschädigten und seinen in § 36 Absatz 2 genannten Angehörigen entstanden sind, werden bei der Festsetzung der Höhe des Gesamtschadens ebenfalls zusammengerechnet.

2. Bei Sachschäden an land- und forstwirtschaftlichem Vermögen, Grundvermögen und Betriebsvermögen wird die Höhe des Gesamtschadens unter Zugrundelegung der Einheitswerte berechnet. Soweit Einheitswerte nicht vorliegen, bleibt es dem Präsidenten des Hauptamts für Soforthilfe überlassen, im Wege allgemeiner Weisung das Nähere zu bestimmen.

3. Über Art und Höhe des Sachschadens ist stets eine amtliche Bescheinigung, soweit möglich eine solche der Feststellungsbehörde, erforderlich.

4. Bei der Feststellung der Höhe des Gesamtschadens mindern sich erlittene Sachschäden um den Reichsmark-Nennbetrag etwa bereits empfangener Entschädigungszahlungen. Darüber, ob und inwieweit Entschädigungszahlungen geleistet sind, ist eine Bescheinigung der Feststellungsbehörde erforderlich.

5. Bei Anwartschaften aus Lebensversicherungsverträgen ist die Höhe des Schadens durch eine Bescheinigung der Lebensversicherungsgesellschaft nachzuweisen. Bei der Berechnung des Schadens ist von dem am Währungsstichtag vorhandenen Deckungskapital auszugehen.

6. Ist der Schaden durch Umstellung von Renten auf Grund von Verträgen mit privaten oder öffentlich-rechtlichen Versicherungsunternehmen entstanden, so bestimmt sich der Wert der Rente nach dem Lebensalter des Gläubigers. Als Wert wird angenommen

Lebensalter bis zu 20 Jahren	das 25fache
von mehr als 20 bis zu 25 Jahren	das 24fache
von mehr als 25 bis zu 30 Jahren	das 23fache
von mehr als 30 bis zu 35 Jahren	das 22fache
von mehr als 35 bis zu 40 Jahren	das 21fache
von mehr als 40 bis zu 45 Jahren	das 20fache
von mehr als 45 bis zu 50 Jahren	das 18fache
von mehr als 50 bis zu 55 Jahren	das 16fache
von mehr als 55 bis zu 60 Jahren	das 14fache
von mehr als 60 bis zu 65 Jahren	das 12fache
von mehr als 65 bis zu 70 Jahren	das 10fache
von mehr als 70 bis zu 75 Jahren	das 8fache
von mehr als 75 bis zu 80 Jahren	das 6fache

von mehr als 80 bis zu 85 Jahren . . . . . das 4fache
von mehr als 85 Jahren . . . . das 3fache
des Wertes der Jahresrente.

7. Soweit in den Fällen der Ziffer 6 die Dauer der Rente von der Lebenszeit mehrerer Personen abhängig ist.

a) wenn das Recht mit dem Tod des zuletzt Sterbenden erlischt, das Lebensalter des Jüngsten maßgebend; das entsprechende Vielfache der Tabelle der Ziffer 6 ist um 2 für jede weitere Person zu erhöhen;

b) wenn das Recht mit dem Tod des zuerst Sterbenden erlischt, das Lebensalter des Ältesten maßgebend; das entsprechende Vielfache der Tabelle der Ziffer 6 ist um 2 für jede weitere Person zu ermäßigen.

8. Handelt es sich bei den Anspruchsberechtigten um Gläubiger von Vorzugsrenten nach dem Gesetz über die Ablösung öffentlicher Anleihen vom 16. Juli 1925 (RGBl. I S. 137, Anl.Abl.Ges.) in der Fassung des Gesetzes zur Änderung und Ergänzung von Vorschriften auf dem Gebiete des Finanzwesens vom 23. März 1934 (RGBl. I S. 232) und der Verordnungen zur Änderung des Gesetzes über die Ablösung öffentlicher Anleihen vom 31. Mai 1944 (RGBl. I S. 127) und vom 31. August 1944 (RGBl. I S. 195), so ist über den Wert einer Vorzugsrente eine Bescheinigung der Schuldenverwaltung des Vereinigten Wirtschaftsgebiets, über den Wert einer Vorzugsrente eines Landes eine Bescheinigung derjenigen Landesbehörde vorzulegen, welche die Rente bezahlt hat.

Der Wert der Rente berechnet sich nach Ziffer 6, jedoch mit den nachfolgenden Abweichungen:

a) In Fällen von einfacher Vorzugsrente (§ 20 Absatz 1 Anl.Abl.Ges.) werden als Wert der einjährigen Rentennutzung an Stelle von 80 v. H., wenn der Gläubiger am Währungsstichtag (21. Juni 1948) das 60. Lebensjahr vollendet hatte, 120 v. H., andernfalls 100 v. H. des Nennbetrags des der Rente zugrunde liegenden Auslosungsrechts angenommen. Eine Berücksichtigung des Wertes des der Rente zugrunde liegenden Auslosungsrechts findet daneben nicht statt. Ist jedoch der auf diese Weise errechnete Kapitalwert der Vorzugsrente geringer als der allgemein mit dem zehnfachen Nennbetrag anzunehmende Wert des der Rente zugrunde liegenden Auslosungsrechts, ist als Währungsschaden der Wert des Auslosungsrechts anzusetzen.

b) In Fällen von erhöhter Vorzugsrente (§ 20 Absatz 2 Anl.Abl.Ges.) ist als Mindestwährungsschaden der fünffache Nennbetrag des der Berechnung der Vorzugsrente zugrunde liegenden Auslosungsrechts anzusetzen.

9. Ist der Schaden durch die Einstellung von Rentenzahlungen entstanden, die auf Grund von Liquidations- und Gewaltschäden gewährt wurden (vgl. Ziffer 12 zu § 31), dann ist der Nachweis der Bewilligung der Rente sowie eine Bescheinigung der zuständigen Oberfinanzkasse über die frühere tatsächliche Zahlung dieser Rente, mindestens aber einer dieser Belege erforderlich. Der Wert dieser Rentenzahlungen berechnet sich nach Ziffer 6.

Zu § 35

(Voraussetzungen der Unterhaltshilfe)

1. Eine Frau, die das 60. Lebensjahr vollendet hat (§ 35 Absatz 1 Ziffer 1), erhält Unterhaltshilfe nach § 36 Absatz 1 und gegebenenfalls Absatz 2 nur dann, wenn sie alleinsteht oder wenn ihr Ehemann, ohne selbst antragsberechtigt zu sein, den notwendigen Lebensbedarf nicht gewähren kann.

2. Eine Frau gilt im Sinne der Ziffer 1 und des § 35 Absatz 2 Ziffer 1 als alleinstehend, wenn der Ehemann verstorben ist oder sich in Kriegsgefangenschaft befindet oder außerhalb der vier Besatzungszonen und der Stadt Berlin festgehalten oder unbekannten Aufenthalts ist, oder wenn die Ehefrau zur Herstellung der ehelichen Gemeinschaft nicht verpflichtet ist und tatsächlich von ihrem Ehemann getrennt lebt.

3. Bescheinigungen über die dauernde Erwerbsunfähigkeit sind vom Amtsarzt auf Antrag der Soforthilfebehörde gebührenfrei zu erteilen.

4. Als notwendiger Lebensbedarf im Sinne des § 35 Absatz 1 Ziffer 2 gelten die Beiträge der Unterhaltshilfe nach § 36 oder ihnen entsprechende Sachleistungen.

5. Eigene Mittel nach § 35 Absatz 1 Ziffer 2 sind das gesamte verwertbare Vermögen und Einkommen des Geschädigten und seiner in § 36 Absatz 2 genannten Angehörigen, besonders Bezüge oder Ansprüche in Geld oder Geldeswert aus gegenwärtigem oder früherem Arbeits- oder Dienstverhältnis sowie Rentenansprüche, jedoch nicht familienrechtliche Unterhaltsleistungen Angehöriger oder Leistungen, die ihm ohne rechtliche Verpflichtung von dritter Seite gewährt werden.

6. Der Mietwert der Wohnung im eigenen Hause ist bei Berechnung der eigenen Mittel mit höchstens monatlich 20 DM für den Anspruchsberechtigten und je 5 weiteren DM für Ehefrau und Kinder (§ 36 Absatz 2) zu berücksichtigen.

7. Der Verbrauch noch erhaltener Vermögenswerte ist dem Geschädigten nur mit der Einschränkung zuzumuten, daß nicht als verwertbar gelten:

a) ein kleineres Vermögen bis zum Werte von 500 DM für den alleinstehenden Geschädigten zuzüglich je 100 DM für jeden in § 36 Absatz 2 genannten Angehörigen, jedoch bis zur Höchstgrenze von 1000 DM,
b) ein angemessener Hausrat, wobei die bisherigen Lebensverhältnisse des Geschädigten zu berücksichtigen sind,
c) Familien- und Erbstücke, deren Veräußerung den Geschädigten hart treffen würde oder deren Verkehrswert außer Verhältnis zu dem Wert steht, den sie für den Geschädigten oder seine Familie haben,
d) Gegenstände, die zur Befriedigung geistiger, besonders wissenschaftlicher oder künstlerischer Bedürfnisse dienen und deren Besitz nicht Luxus ist,
e) ein kleineres Hausgrundstück, das der Geschädigte allein oder zusammen mit bedürftigen Angehörigen, denen es nach seinem Tode weiter als Wohnung dienen soll, ganz oder zum größten Teil bewohnt.

Der Verbrauch oder die Verwertung sonstigen Vermögens darf nur verlangt werden, wenn dies keine besondere Härte für den Geschädigten bedeutet.

8. Als unterhaltsberechtigter Angehöriger im Sinne des § 35 Absatz 1 Ziffer 2 gilt auch das uneheliche Kind im Verhältnis zum Vater.

9. Der Geschädigte kann Unterhaltshilfe nicht beanspruchen, wenn er absichtlich Verhältnisse herbeigeführt hat, welche die Voraussetzungen nach § 35 Absatz 1 Ziffer 2 schaffen sollten.

10. Bei Anwendung des § 35 Absatz 2 Ziffer 1 werden nur diejenigen Kinder berücksichtigt, deren Unterhalt die Mutter überwiegend bestreitet. Nicht berücksichtigt werden daher uneheliche Kinder, für die Unterhalt, und Pflegekinder, für die Pflegegeld gewährt wird.

11. Vollwaisen sind auch uneheliche Kinder, deren Mutter verstorben ist. Als Vollwaisen gelten ferner Kinder von Eltern, die sich in Kriegsgefangenschaft befinden oder außerhalb der

vier Besatzungszonen und der Stadt Berlin festgehalten oder unbekannten Aufenthalts sind.

12. In Berufsausbildung (§ 35 Absatz 3) stehen Kinder, welche eine Schule (mit Ausnahme der Berufsschule) besuchen oder in einem Lehrverhältnis stehen.

Zu § 36

(Beträge der Unterhaltshilfe)

1. Im Haushalt des Anspruchsberechtigten lebende Abkömmlinge, deren Eltern verstorben oder zur Erfüllung ihrer Unterhaltsverpflichtung außerstande sind, werden den nach § 36 Absatz 2 zu berücksichtigenden Kindern gleichgestellt.

2. Befindet sich im Haushalt eines Ehepaares, das nach § 36 Absatz 1 und 2 Unterhaltshilfe bezieht, ein eheliches Stiefkind oder ein uneheliches Kind der Ehefrau oder ein Pflegekind, so ist ein solches Kind zu berücksichtigen, soweit ihm nicht von anderer Seite Unterhalt oder Pflegegeld gewährt wird.

3. Zu den nach § 36 Absatz 4 anzurechnenden Rentenleistungen gehören auch die Leistungen der Arbeitslosenfürsorge. Der Mietwert der Wohnung im eigenen Hause ist gemäß Ziffer 6 zu § 35 anzurechnen.

4. Im Sinne des § 36 Absatz 4 sind auch Rentenleistungen, die dem Geschädigten für zurückliegende Monate bewilligt werden, auf die für diese Monate gewährte Unterhaltshilfe nachträglich anzurechnen. Die Träger der Rentenversicherung sind daher verpflichtet, insoweit die Auszahlung der Renten an den Soforthilfefonds zu bewirken.

Zu § 37

(Unterhaltszuschuß)

Bei Zahlungen von Unterhaltszuschuß werden Zuschläge für Angehörige (§ 36 Absatz 2) nicht gewährt.

Zu § 39

(Zeitraum)

1. Geschädigte, die erst nach Inkrafttreten des Gesetzes das 65. (Frauen das 60.) Lebensjahr vollenden, erhalten Unterhaltshilfe mit Wirkung vom Ersten des Monats ab, in dem sie das 65. bzw. 60. Lebensjahr vollenden.

2. Wenn die auf Grund des § 39 für einen zurückliegenden Zeitraum nachzuzahlenden Beträge 100 DM übersteigen, ist jeweils der für einen der zurückliegenden Monate nachzuzahlende Betrag mit einer Monatszahlung der laufenden Unterhaltshilfe so lange zu verbinden, bis der Gesamtbetrag nachgezahlt ist.

3. Unterhaltshilfe wird zunächst bis zum 31. März 1950 gewährt, soweit sie nicht nach § 33 in Verbindung mit § 37 Absatz 2 zu einem früheren Zeitpunkt entfällt.

Zu § 40

(Rechtsanspruch)

Der Rechtsanspruch auf Unterhaltshilfe steht vorbehaltlich des § 42 des Gesetzes nur dem unmittelbar Geschädigten zu (vgl. auch Ziffer 1 zu § 30).

Zu § 41

(Nachträgliche Veränderungen)

1. Wenn der Anspruchsberechtigte verstorben oder nicht in der Lage ist, Anzeige zu erstatten, sind hierzu die Ehefrau und die Erben, gegebenenfalls deren gesetzliche Vertreter, verpflichtet.

2. Der Anspruchsberechtigte ist verpflichtet, dem Amt für Soforthilfe anzuzeigen, wenn ihm rückwirkend der Anspruch auf eine Rente für Monate zuerkannt wird, für die er Unterhaltshilfe bereit erhalten hat. Er hat, soweit der Träger der Rentenversicherung nicht die auf diese Monate entfallenden Rentenbeträge bis zur Höhe der Unterhaltshilfe unmittelbar an den Soforthilfefonds abgeführt hat (vgl. Ziffer 4 zu § 36), diese Beträge dem Soforthilfefonds zu erstatten.

Zu § 42

(Verfahren bei Tod des Anspruchsberechtigten)

Im Falle des Todes des Anspruchsberechtigten werden rechtskräftig festgestellte Ansprüche auf Unterhaltshilfe für einen zurückliegenden Zeitraum (einschließlich des Todesmonats) in Abweichung von Ziffer 2 zu § 30 ausbezahlt.

Zu § 43

(Ausbildungshilfe)

1. Kinder und Jugendliche stehen in Ausbildung, wenn ihre Berufsausbildung noch nicht abgeschlossen ist. Sie dürfen nicht

mehr volksschulpflichtig sein und sollen in der Regel das 30. Lebensjahr noch nicht vollendet haben.

2. Zum Kreise der Geschädigten zählen Kinder und Jugendliche auch dann, wenn sie Unterhaltsansprüche gegen Geschädigte geltend machen konnten, denen infolge der Schädigung die Übernahme der Ausbildungskosten ganz oder teilweise unmöglich geworden sei, ohne daß von anderer hierzu rechtlich verpflichteter Seite entsprechende Leistungen bewirkt werden können.

3. Ausbildungszuschüsse werden höchstens für die Dauer eines Jahres bewilligt. Sie werden in der Regel in monatlichen Teilbeträgen gezahlt. Wegen des Verfahrens gilt Ziffer 6 zu § 59. Die Zuschüsse können unmittelbar an die ausbildende Stelle gezahlt werden.

4. Ausreichende eigene Mittel sind auch dann nicht vorhanden, wenn dem Antragsteller oder den Unterhaltsverpflichteten unter Berücksichtigung ihrer sonstigen Verhältnisse nicht zugemutet werden kann, etwa vorhandenes eigenes Vermögen oder Einkommen einzusetzen.

Zu § 44
(Aufbauhilfe)

1. Hilfe nach § 44 Absatz 1 kann gewährt werden, wenn glaubhaft gemacht wird, daß der Geschädigte zur Zeit der Gewährung sich und seiner Familie nicht durch eigene, der Vorbildung entsprechende Tätigkeit den ausreichenden Lebensunterhalt zu beschaffen vermag und daß durch die Gewährung, gegebenenfalls zusammen mit sonstigen mit Sicherheit zu erwartenden Maßnahmen, die Voraussetzungen für die Erlangung einer gesicherten Existenz, auch mittels Umschulung für einen neuen Beruf, geschaffen werden. Ausbauhilfe ist in der Regel in einem Betrag zu gewähren.

2. Beihilfe für den Ausbau beschädigten Wohnraums oder für die Erstellung von Wohnraum im Wege der Selbsthilfe (§ 44 Absatz 2) ist nur zu gewähren, wenn der Geschädigte durch den Schadensfall angemessene Wohnmöglichkeit verloren hat und wenn sichergestellt ist, daß die Beihilfe wirtschaftlich in vollem Umfang dem Geschädigten zugute kommt.

Zu § 45
(Hausrathilfe)

1. Ein sofortiger dringender Bedarf ist gegeben, soweit dem Geschädigten unter Berücksichtigung seiner beruflichen Tätig-

keit und der Zahl seiner Angehörigen die unentbehrlichen Gegenstände an Kleidung, Gerät und Einrichtung fehlen; ein sofortiger dringender Bedarf an Einrichtungsgegenständen liegt nur vor, soweit außerdem die Voraussetzungen für die Führung eines eigenen Haushalts gegeben sind, insbesondere, wenn der notwendige Wohnraum vorhanden ist.

2. Aus eigenen Mitteln kann der Bedarf nicht gedeckt werden, wenn dem Geschädigten eigenes Vermögen oder Einkommen, das er unter Berücksichtigung seiner sonstigen Verpflichtungen zur Beschaffung des notwendigen Hausrats einsetzen könnte, nicht zur Verfügung steht.

3. In Abweichung von Ziffer 2 zu § 30 wird eine bewilligte Hausratshilfe auch gewährt, wenn der Antragsteller selbst vor der Bewirkung stirbt, aber Angehörige nach § 36 Absatz 2 des Gesetzes vorhanden sind, bei denen ein Bedarf gleicher Art und gleichen Umfangs vorliegt.

Zu § 46

(Hilfe für wirtschaftliche Vorhaben)

1. Über Maßnahmen nach § 46 entscheidet der Präsident des Hauptamts für Soforthilfe (Präsident). Anträge auf Leistungen nach § 46 sind beim Landesamt für Soforthilfe einzureichen.

2. Die Höhe der Gemeinschaftshilfe ist in der Regel so zu bemessen, daß die auf diesem Wege den einzelnen Geschädigten zukommende Hilfe sich in einem Rahmen hält, der dem Umfang der Leistungen entspricht, die als Aufbauhilfe dem einzelnen gewährt werden können.

Zu § 47

(Hilfe an Gemeinschaftseinrichtungen)

1. Als Träger von Versorgungsleistungen nach § 47 Absatz 1 gelten Einrichtungen, soweit sie nach Gesetz oder Satzung laufende Leistungen zum Zwecke der Lebenssicherung gewähren. Als Träger von Versorgungsleistungen gelten z. B. auch die Träger der Rentenversicherung, die Pensionskassen sowie hinsichtlich der Zahlung von Vorzugsrenten nach dem Anleiheablösungsgesetz die Schuldenverwaltung des Vereinigten Wirtschaftsgebiets.

2. Als Verbände der Wohlfahrtspflege nach § 47 Abs. 2 gelten Verbände und Einrichtungen, soweit es ihnen nach Satzung oder nach sonstiger auf die Dauer verbindlicher Regelung obliegt,

Personen zu unterstützen, die infolge ihrer körperlichen oder geistigen Beschaffenheit oder ihrer wirtschaftlichen Lage der Hilfe bedürfen. Für die Höhe der Leistungen, die diesen Verbänden und Einrichtungen gewährt werden können, gilt Ziffer 2 zu § 46 entsprechend.

Zu § 49

(Behörden)

Die mit der Durchführung des Zweiten Teiles des Gesetzes beauftragten Dienststellen einschließlich der bei diesen gebildeten Ausschüsse und des Spruchsenats werden unter der Bezeichnung „Soforthilfebehörden" zusammengefaßt.

Zu § 50

(Ämter für Soforthilfe)

1. Die Ämter für Soforthilfe werden bei den Behörden der allgemeinen Verwaltung in der Kreisstufe gebildet; sie führen die Bezeichnung dieser Behörden mit dem Zusatz „Amt für Soforthilfe". Soweit ein Bedürfnis vorliegt, können Zweigstellen errichtet werden.
2. Die Landesregierung kann nähere Bestimmungen über die Organisation erlassen.

Zu § 51

(Soforthilfeausschüsse)

1. Die Zahl der zu bildenden Soforthilfeausschüsse richtet sich nach den örtlichen Bedürfnissen.
2. Die Vertretungskörperschaften der Stadt- und Landkreise wählen mindestens die doppelte Anzahl der erforderlichen Beisitzer, damit die Besetzung der Ausschüsse jederzeit gesichert ist.
3. Vor der Wahl der Beisitzer kann Vertretern anerkannter Organisation der Geschädigtengruppen Gelegenheit zur Stellungnahme gegeben werden.
4. Die Reihenfolge der Heranziehung der Beisitzer ist durch das Amt für Soforthilfe im voraus festzulegen. Die Landesregierung oder an deren Stelle das Landesamt für Soforthilfe kann nähere Weisungen erlassen.
5. Die Landesregierung erläßt Bestimmungen über die Gewährung von Tagegeldern und Reisekostenvergütung an die Beisitzer.

Zu §§ 51, 53 und 56

Die Wahl von Beisitzern aus der Gruppe der Währungsgeschädigten kann unterbleiben. Insoweit wirken in den Ausschüssen Beisitzer mit, die nicht ausdrücklich als Angehörige einer Geschädigtengruppe gewählt worden sind.

Zu § 52

(Landesämter für Soforthilfe)

1. Die Landesregierung bestimmt, bei welchen Landesbehörden Landesämter für Soforthilfe zu bilden sind; sie führen die Bezeichnung dieser Behörden mit dem Zusatz „Landesamt für Soforthilfe". Die Landesämter für Soforthilfe sind im Zuge der Sachaufsicht die einzigen Zwischenstellen zwischen den Ämtern für Soforthilfe und dem Hauptamt für Soforthilfe. Werden die Landesämter für Soforthilfe bei einer obersten Landesbehörde gebildet, so können in größeren Ländern Außenstellen bei den Regierungspräsidenten oder den diesen entsprechenden Behörden errichtet werden; werden die Landesämter für Soforthilfe bei den Regierungspräsidenten oder den diesen entsprechenden Behörden gebildet, so kann die Landesregierung bei einer obersten Landesbehörde eine Verbindungsstelle einrichten.

2. Es geben abschriftlich Kenntnis

a) der Präsident von seinen Weisungen an die Landesämter für Soforthilfe oder deren Außenstellen

b) die Landesämter für Soforthilfe oder deren Außenstellen von ihren Berichten an den Präsidenten

der Verbindungsstelle bei der obersten Landesbehörde,

c) die Landesämter für Soforthilfe oder deren Außenstellen von ihren Weisungen an die Ämter für Soforthilfe

dem Präsidenten.

Zu § 53

(Beschwerdeausschüsse)

1. Soweit Außenstellen der Landesämter für Soforthilfe errichtet werden, werden auch bei diesen Außenstellen Beschwerdeausschüsse gebildet.

2. Im übrigen gelten die Durchführungsbestimmungen zu § 51 entsprechend.

Zu § 54

(Hauptamt für Soforthilfe)

Der Präsident verkehrt mit den Ämtern für Soforthilfe, den Soforthilfeausschüssen und den Beschwerdeausschüssen in der Regel über das Landesamt für Soforthilfe. Ein unmittelbarer Geschäftsverkehr mit diesen Stellen beschränkt sich auf

Ausnahmefälle, insbesondere auf Eilsachen; in diesen Fällen gibt der Präsident Abschrift seiner Weisung an das Landesamt für Soforthilfe oder gegebenenfalls an die Verbindungsstelle bei der obersten Landesbehörde (vgl. Ziffer 1 zu § 52).

Zu § 55

(Kontrollausschuß und ständiger Beirat)

1. Ernannte Mitglieder des Kontrollausschusses und des ständigen Beirats können sich in den Sitzungen vertreten lassen.

2. Die Mitglieder des Kontrollausschusses wählen aus ihrer Mitte einen Vorsitzenden und dessen Stellvertreter. Das gleiche gilt für den ständigen Beirat.

Zu § 56

(Spruchsenat)

1. Die Ziffern 3 und 4 zu § 51 gelten entsprechend.

2. Der Präsident erläßt Bestimmungen über die Gewährung von Tagegeldern und Reisekostenvergütung an die Beisitzer.

Zu § 57

(Beauftragter des Hauptamts für Soforthilfe)

1. Zum Beauftragten des Hauptamts für Soforthilfe (Beauftragter) soll in der Regel ein Beamter der Finanzverwaltung bestellt werden.

2. Dem Beauftragten ist von allen Soforthilfebehörden Unterstützung, insbesondere Einsicht in die Akten zu gewähren, um ihn in den Stand zu setzen, die Interessen des Soforthilfefonds wahrzunehmen und entsprechende Anträge im Verfahren zu stellen. Er ist nicht befugt, Weisungen zur Durchführung des Gesetzes zu erteilen.

Zu § 58

(Amts- und Rechtshilfe)

Die Soforthilfebehörde kann im Wege des Amtshilfeersuchens auch Auskunft über die steuerlichen Verhältnisse des Geschädigten verlangen; aus dem Ersuchen muß hervorgehen, daß der Geschädigte sich mit der Erteilung dieser Auskunft einverstanden erklärt hat.

Zu § 59

(Einreichung der Anträge)

1. Die Anträge sind auf vorgeschriebenem Formblatt einzureichen. Dabei ist zu erklären, mit welchen Urkunden der

Antragsteller seine Angaben belegen kann (z. B. Ausweis als Flüchtling oder politisch Verfolgter, Abrechnung der Abwicklungsbank).

2. Die Beschaffung der Formblätter bleibt der Regelung durch die Länder vorbehalten.

3. Andere Stellen als die Gemeindebehörden oder die von der Landesregierung bestimmten entsprechenden Behörden sind zur Entgegennahme von Anträgen bis auf weiteres nicht ermächtigt.

4. Die Gemeindebehörde oder die von der Landesregierung bestimmte entsprechende Behörde hat, soweit die Anträge nicht hinreichend begründet sind oder Angaben zu einzelnen Teilen fehlen, auf Ergänzung zu dringen, gegebenenfalls den Antragsteller zu diesem Zweck vorzuladen. Alsdann hat sie die Anträge mit kurzer eigener Stellungnahme dem Amt für Soforthilfe zuzuleiten.

5. Maßgebend im Sinne des § 39 ist der Zeitpunkt der Einreichung des Antrags bei der Gemeindebehörde oder der von der Landesregierung bestimmten entsprechenden Behörde, nicht der Eingang beim Amt für Soforthilfe.

6. Jugendliche, die das 18. Lebensjahr vollendet haben und sich zum Zwecke der Berufsausbildung außerhalb des Wohnsitzes des Unterhaltsverpflichteten aufhalten, können Antrag auf Ausbildungshilfe selbst stellen. Der Präsident kann das Amt für Soforthilfe des Ausbildungsortes für zuständig erklären.

Zu §§ 60 bis 64

1. Für die Bescheide und Beschlüsse der Soforthilfebehörden sind vorgeschriebene Formblätter zu verwenden. Die Beschaffung der Formblätter bleibt der Regelung durch die Länder vorbehalten.

2. Der Beauftragte ist zu allen Ausschußsitzungen zu laden; die Ausschüsse sind auch beschlußfähig, wenn der Beauftragte zwar geladen, in der Sitzung aber nicht anwesend ist.

Zu § 60

(Entscheidungen über Unterhaltshilfe)

Zu § 60 Absatz 1 (Vorbescheid)

1. Anträge, denen durch den Vorbescheid ohne weiteres stattgegeben werden kann, sind vorweg zu bearbeiten. Die Entscheidung durch Vorbescheid ist stets zulässig, wenn der Antrag-

steller sich mit dem Inhalt der beabsichtigten Entscheidung einverstanden erklärt hat.

2. Der Vorbescheid ergeht schriftlich. Aus ihm muß sich ergeben, ob der Geschädigte die Unterhaltshilfe als Flüchtling, Sachgeschädigter, Währungsgeschädigter oder als politisch Verfolgter erhält und worauf die Bewilligung gestützt ist.

3. Der Vorbescheid ist dem Beauftragten und, falls dieser nicht binnen einer Woche nach Bekanntgabe den Soforthilfeausschuß anruft, dem Antragsteller bekanntzugeben. Verzichtet der Beauftragte schon vor dem Ablauf der Frist auf die Anrufung des Soforthilfeausschusses, so kann der Vorbescheid dem Antragsteller alsbald bekanntgegeben werden.

4. Die Bekanntgabe wird durch eingeschriebenen Brief (gegen Rückschein) oder in der Weise bewirkt, daß das Schriftstück dem Empfänger durch das Amt für Soforthilfe oder in dessen Auftrag durch die Gemeindebehörde oder die von der Landesregierung bestimmte entsprechende Behörde gegen datierte Empfangsbestätigung ausgehändigt wird.

Zu § 60 Absatz 2 (Entscheidungen des Soforthilfeausschusses)

5. Dem Antragsteller ist in jedem Falle Gelegenheit zur Stellungnahme zu geben, bevor sein Antrag ganz oder teilweise abgelehnt wird.

5. Aus dem Beschluß des Soforthilfeausschusses muß sich ergeben, ob der Geschädigte die Unterhaltshilfe als Flüchtling, Sachgeschädigter, Währungsgeschädigter oder als politisch Verfolgter erhält.

7. Der Beschluß ist dem Beauftragten und dem Antragsteller bekanntzugeben. Für die Form gilt Ziffer 4.

Zu § 61

(Beschwerde gegen Entscheidungen über Unterhaltshilfe)

1. Die Beschwerde soll beim Soforthilfeausschuß eingelegt werden; die Frist ist jedoch auch gewahrt, wenn sie rechtzeitig unmittelbar beim Beschwerdeausschuß eingelegt wird. Die Beschwerde kann schriftlich oder zu Protokoll eingereicht werden und ist zu begründen. Sofern die Begründung nicht gleichzeitig mit der Einlegung der Beschwerde erfolgt, kann sie in angemessener Frist nachgeholt werden.

2. Die Sitzungen des Beschwerdeausschusses sind öffentlich.

3. In dem Beschluß des Beschwerdeausschusses ist anzugeben, ob die Rechtsbeschwerde wegen grundsätzlicher Bedeutung der Sache zugelassen wird oder nicht.

4. Ziffer 7 zu § 60 gilt entsprechend.

5. Legt der Beschwerdeausschuß, statt selbst zu entscheiden, gemäß § 62 Absatz 3 die Beschwerde als Rechtsbeschwerde wegen grundsätzlicher Bedeutung der Sache unmittelbar dem Spruchsenat vor, so ist dies dem Antragsteller und dem Beauftragten mit kurzer Begründung bekanntzugeben.

Zu § 62

(Rechtsbeschwerde gegen Entscheidungen über Unterhaltshilfe)

1. Für die Form der Einlegung der Rechtsbeschwerde gilt Ziffer 1 zu § 61 entsprechend.

2. Die Sitzungen des Spruchsenats sind öffentlich.

Zu § 63

(Entscheidungen in sonstigen Fällen)

1. Der Bescheid nach § 63 ist zu begründen. Bei Ablehnung genügt zur Begründung die Feststellung, daß der Umfang der verfügbaren Mittel die Berücksichtigung des Antrags nicht zugelassen habe.

2. Der Bescheid hat die Belehrung zu enthalten, daß ein Rechtsmittel nicht gegeben sei, daß aber der Antragsteller die Entscheidung des Beschwerdeausschusses anrufen könne, wenn er beweiserhebliche Tatsachen dafür vorzubringen vermöge, daß der Bescheid auf einem Ermessensmißbrauch beruhe.

3. Der in Aussicht genommene Bescheid ist vor der Bekanntgabe an den Antragsteller zur Kenntnis des Beauftragten zu bringen. Teilt der Beauftragte binnen zehn Tagen unter Begründung mit, daß nach seiner Auffassung der Bescheid einen Ermessensmißbrauch darstelle, so hat der Soforthilfeausschuß den Bescheid nochmals zu überprüfen und gegebenenfalls abzuändern. Nach Ablauf der Frist, gegebenenfalls nach nochmaliger Prüfung, ist der Bescheid dem Antragsteller bekanntzugeben.

4. Für die Form der Bekanntgabe gilt Ziffer 4 zu § 60.

5. Ist durch Bescheid die Gewährung von Soforthilfe ausgesprochen, so hat sie der Leiter des Amts für Soforthilfe zu veranlassen, wenn nicht binnen zwei Wochen nach Bekanntgabe die Entscheidung des Beschwerdeausschusses angerufen worden ist. Wird die Entscheidung nachträglich angerufen, so werden bis dahin noch nicht bewirkte Leistungen ausgesetzt.

Zu § 64

(Anrufung des Beschwerdeausschusses in sonstigen Fällen)

1. Die Entscheidung des Beschwerdeausschusses (Ziffer 2 zu § 63) kann nur schriftlich angerufen werden.

2. Die Sitzungen des Beschwerdeausschusses sind öffentlich.

3. Im Falle der Ablehnung einer vom Geschädigten beantragten Abänderung des Bescheids genügt zur Begründung die Feststellung, daß ein Ermessensmißbrauch seitens des Soforthilfeausschusses nicht festgestellt sei.

4. Entscheidet der Beschwerdeausschuß, daß ein Ermessensmißbrauch vorliege, so hat er die Angelegenheit zu erneuter Entscheidung an den Soforthilfeausschuß zurückzuverweisen.

5. Die Entscheidung ist dem Beauftragten und dem Beschwerdeführer bekanntzugeben. Für die Form der Bekanntgabe gilt Ziffer 4 zu § 60.

Zu § 65

(Form der Entscheidungen)

Für die Entscheidungen des Soforthilfeausschusses ist die Unterschrift des Vorsitzenden ausreichend. Entscheidungen des Beschwerdeausschusses oder des Spruchsenats sind von sämtlichen Mitgliedern zu unterzeichnen.

Zu § 67

(Gebühren)

1. Die Gebühr fällt, sofern sie nicht nach § 67 Satz 3 erstattet wird, derjenigen Gebietskörperschaft zu, die nach § 78 die Verwaltungskosten zu tragen hat.

2. Kosten, die durch die Beibringung von Zeugnissen, die Anhörung von Zeugen oder sonst durch Maßnahmen entstehen, die der Begründung des Antrages dienen, trägt der Antragsteller selbst; soweit die Soforthilfebehörden jedoch besondere Erhebungen, insbesondere die Anhörung von Sachverständigen, für notwendig halten, können die Kosten der Gebietskörperschaft auferlegt werden, die nach § 78 die Verwaltungskosten zu tragen hat. Die Kosten eines etwa beauftragten Rechtsbeistandes trägt in jedem Fall der Antragsteller.

Zu § 68

(Verfahren bei nachträglichen Veränderungen)

Ändern sich die Voraussetzungen der Unterhaltshilfe zugunsten des Geschädigten (z. B. durch Geburt eines Kindes

oder durch Wegfall bisher angerechneter Renten), so hat der Geschädigte einen neuen Antrag zu stellen, der nach den §§ 59ff. zu behandeln ist.

Zu § 75

(Anrechnung von Fürsorgeleistungen in der Übergangszeit)

1. Als gleichartige Fürsorgeleistungen sind anzurechnen Leistungen, die nach den Richtsätzen oder als Mietbeihilfen gewährt wurden, nicht aber Sonderleistungen einmaliger oder laufender Art.

2. Leistungen der geschlossenen Fürsorge sind in sinngemäßer Anwendung der Regelung nach Ziffer 1 anzurechnen.

Zu § 77

(Ehrenamtlichkeit)

Ehrenamtliche Mitarbeit, insbesondere als Beisitzer in den Soforthilfeausschüssen, Beschwerdeausschüssen und beim Spruchsenat, kann nur aus wichtigen Gründen abgelehnt werden. Als wichtig sind insbesondere Gründe anzusehen, die nach dem Gemeinderecht der Länder zur Ablehnung eines Ehrenamtes in der Gemeinde berechtigen.

Zu § 78

(Verwaltungskosten)

Jede an der Durchführung des Gesetzes beteiligte Gebietskörperschaft trägt diejenigen Kosten selbst, die tatsächlich bei ihr anfallen.

Bad Homburg v. d. H., den 8. August 1949

Der Direktor
der Verwaltung für Finanzen
des Vereinigten Wirtschaftsgebietes

Hartmann

Anordnung

nach § 73 des Soforthilfegesetzes

Vom 8. August 1949

Auf Grund des § 73 des Soforthilfegesetzes wird mit Zustimmung des Wirtschaftsrats und des Länderrats angeordnet:

§ 1

Soforthilfe in dem für Flüchtlinge vorgesehenen Umfang wird, wenn die sonstigen Voraussetzungen des Gesetzes vorliegen, auch gewährt:

1. Flüchtlingen im Sinne des § 31 Ziffer 1 des Soforthilfegesetzes, die nach dem 20. Juni 1948 ihren Wohnsitz oder dauernden Aufenthalt aus Gebieten außerhalb der vier Besatzungszonen oder der Stadt Berlin in das Währungsgebiet verlegt haben oder verlegen werden;
2. Personen, die infolge von Maßnahmen der Militärregierungen der drei westlichen Besatzungsmächte den Ort ihres Wohnsitzes oder dauernden Aufenthaltes auf unbestimmte Zeit verlassen mußten.

§ 2

Ausbildungshilfe zur eigenen Berufsausbildung nach § 43 des Soforthilfegesetzes sowie Aufbauhilfe zur Existenzgründung oder Berufsumschulung nach § 44 des Soforthilfegesetzes kann auch deutschen Kriegsgefangenen gewährt werden, die seit dem 1. Januar 1948 aus der Kriegsgefangenschaft entlassen wurden oder werden (Spätheimkehrer) und im Währungsgebiet Wohnsitz begründet oder dauernden Aufenthalt genommen haben.

§ 3

Diese Anordnung tritt zugleich mit dem Soforthilfegesetz in Kraft.

Frankfurt am Main, den 8. August 1949

Der Verwaltungsrat
des Vereinigten Wirtschaftsgebietes
Der Vorsitzer

Dr. Pünder

der Direktor
der Verwaltung für Finanzen
In Vertretung

Dr. Kriege

Anordnung

über die Verlegung von Terminen im Soforthilfegesetz

Vom 8. August 1949

Auf Grund des § 85 des Gesetzes zur Milderung dringender sozialer Notstände (Soforthilfegesetz) wird bestimmt:

1. Die Zahlungstermine werden wie folgt verlegt:
   a) Die allgemeine Soforthilfeabgabe für das erste Erhebungsjahr ist in den Fällen des § 17 Absatz 2 Ziffer 1 des Soforthilfegesetzes mit je einem Drittel des Jahresbetrags am 20. Oktober 1949, am 20. Dezember 1949 und am 20. Februar 1950 zu entrichten.
   b) Die Soforthilfesonderabgabe (§ 18 Absatz 2 des Soforthilfegesetzes) ist mit je einem Drittel am 20. November 1949, am 20. Januar 1950 und am 20. März 1950 zu entrichten.
   c) Der Reuezuschlag (§ 18 Absatz 4 Ziffer 1 Buchstabe a des Soforthilfegesetzes) ist am 20. November 1949 zu entrichten.
2. Im übrigen tritt in den §§ 18 und 19 des Soforthilfegesetzes sowie in den §§ 12, 31, 43, 44, 45, 55 und 63 der Durchführungsverordnung zum Ersten Teil des Soforthilfegesetzes jeweils an Stelle des 20. August 1949 der 20. Oktober 1949.
3. Der in § 39 Satz 2 des Soforthilfegesetzes genannte Termin für die Antragstellung wird vom 31. Juli 1949 auf den 30. September 1949 verlegt.

Bad Homburg v. d. H., den 8. August 1949

Der Direktor
der Verwaltung für Finanzen
des Vereinigten Wirtschaftsgebietes
Hartmann

ERLÄUTERUNG

zum

Soforthilfegesetz — Zweiter Teil

sowie zur

Durchführungsverordnung zum Zweiten und Dritten Teil des Soforthilfegesetzes.

1. Vorbemerkung

Der 2. Teil des Gesetzes enthält die Bestimmungen über die Verwendung der Mittel, die nach den Vorschriften des 1. Teiles aufgebracht werden. Sie sollen, worauf die Bezeichnung des Gesetzes bereits hinweist, als erste vorläufige Maßnahme (Soforthilfe) zur Milderung der dringendsten sozialen Notstände, die durch den Krieg und seine Folgen verursacht sind, einem näher bezeichneten Personenkreis zugute kommen — sei es als individuelle Einzelhilfe in Gestalt der Unterhaltshilfe (§§ 35—42), Ausbildungshilfe (§ 43), Aufbauhilfe (§ 44) und Hausrathilfe (§ 45), sei es als Gemeinschaftshilfe (§§ 46, 47), die sich mittelbar zugunsten der Geschädigten auswirkt.

Der 2. Teil behandelt diese Arten der Soforthilfe und ihren Umfang, umgrenzt den begünstigten Personenkreis (§§ 30, 31, 73) und befaßt sich u. a. auch mit der Organisation (§§ 49—58) und dem Verfahren zur Durchführung der Soforthilfe (§§ 59—72).

2. Schrifttum zur Soforthilfe (bzw. zum Entwurf des 1. Lastenausgleichsgesetzes)

a. Amtliche Begründung zu dem Entwurf eines Ersten Gesetzes zum Ausgleich von Kriegs- und Kriegsfolgenschäden (Erstes Lastenausgleichsgesetz) vom 10. November 1948, Drucksachen 1948 Nr. 687 des Wirtschaftsrats des Vereinigten Wirtschaftsgebietes (Amerikanisches und Britisches Besatzungsgebiet in Deutschland) ausgegeben am 25. November 1948, S. 1029 ff.

b. Dr. Paul Binder — Alfons Wetter, Erste Hilfe durch das Sofortprogramm des Lastenausgleichs, Fachverlag für Wirtschafts- und Steuerrecht Schäffer & Co., Stuttgart 1948.

c. Nachrichtendienst des Deutschen Vereins für öffentliche und private Fürsorge, Jahrgang 1948, Heft Nr. 12 S. 227 ff. („Einführung in das Erste Lastenausgleichsgesetz").

d. Wilhelm Kitz, Das erste Gesetz zum Ausgleich von Kriegs- und Kriegsfolgeschäden, Die öffentliche Verwaltung, 1948 Heft 3 S. 93 ff., 1949 Heft 1 S. 1 ff.

ERSTER ABSCHNITT

Allgemeine Bestimmungen

§ 30

Voraussetzungen der Soforthilfe

Soforthilfe nach den Bestimmungen dieses Gesetzes wird an Geschädigte (§ 31) gewährt, sofern sie

1. infolge der Schädigung der Hilfe bedürfen und

2. am 21. Juni 1948 ihren Wohnsitz oder ihren dauernden Aufenthalt im Währungsgebiet hatten oder nach diesem Zeit-

punkt aus der Kriegsgefangenschaft in das Währungsgebiet entlassen wurden oder werden.

Durchführungs-VO.

Zu § 30

Voraussetzungen der Soforthilfe

1. Soforthilfe kann, soweit nichts anderes bestimmt wird, nur dem unmittelbar Geschädigten selbst gewährt werden. Antrag auf Gewährung von Leistungen kann daher von den Erben des unmittelbar Geschädigten nicht mehr gestellt werden.

2. Bereits bewilligte Leistungen werden, soweit nicht etwas anderes bestimmt wird, nicht gewährt, wenn der Antragsteller vor der Bewirkung stirbt.

3. Die Voraussetzung, daß der Geschädigte infolge der Schädigung der Hilfe bedarf, gilt dann als gegeben, wenn mit Wahrscheinlichkeit anzunehmen ist, daß er ohne die Schädigung nicht der Hilfe bedürfte. Bei Flüchtlingen ist ohne besondere Nachprüfung zu unterstellen, daß diese Voraussetzung gegeben ist.

4. Währungsgebiet ist das Gebiet der Länder Bayern, Hansestadt Bremen, Hessen, Württemberg-Baden, Hansestadt Hamburg, Niedersachsen, Nordrhein-Westfalen, Schleswig-Holstein, Baden, Rheinland-Pfalz und Württemberg-Hohenzollern.

5. Der Entlassung aus Kriegsgefangenschaft steht die Entlassung aus außerhalb der vier Besatzungszonen und der Stadt Berlin gelegenen Internierungslagern gleich.

Vorläufige Anleitung für die Soforthilfebehörden (Ziff. 1)

(SHG-Anleitung)

1. Voraussetzungen der Soforthilfe (§ 30)

(1) *Die Voraussetzungen, an die die Bedürftigkeit geknüpft wird, sind bei den einzelnen Arten der Soforthilfe verschieden und daher jeweils gesondert geregelt. Hilfsbedürftigkeit im Sinne der Bestimmungen über die Fürsorgepflicht ist für die Anerkennung der Bedürftigkeit im Sinne der Soforthilfe nicht in jedem Falle erforderlich.*

(2) *Der ursächliche Zusammenhang zwischen Schädigung und Bedürftigkeit ist von der Soforthilfebehörde in freier Würdigung der Unterlagen unter Berücksichtigung der Soforthilfe-DVO Ziffer 3 zu § 30 zu prüfen. Wegen der Unterhaltshilfe vgl. Ziffer 9 Absatz 1 c und d dieser Anleitung (abgedr. bei § 35).*

Erläuterungsübersicht

1. Allgemeines
2. Voraussetzungen fur die Erlangung der Soforthilfe
   a. Bedürftigkeit
      aa. Unterhaltshilfe
      bb. Ausbildungshilfe
      cc. Aufbauhilfe
      dd. Hausrathilfe

b. Ursächlicher Zusammenhang zwischen Schädigung und Bedürftigkeit
   aa. Flüchtlinge
   bb. Sachgeschädigte
   cc. Währungsgeschädigte
   dd. Politisch Verfolgte.
   ee. Zusammentreffen mehrerer Ursachen

c. Wohnort
   aa. Währungsgebiet
   bb. Währungsstichtag
   cc. Heimkehrer

3. Erweiterung des begünstigten Personenkreises
4. Politisch Verfolgte
5. Rangordnung unter den Geschädigtengruppen
6. Staatsangehörigkeit
7. Zugehörigkeit zu verschiedenen Geschädigtengruppen
8. Einzelhilfe und Gemeinschaftshilfe
9. Vererbung des Anspruchs auf Soforthilfe

1. Allgemeines.

Entsprechend seinem Charakter als einer Soforthilfemaßnahme zur Milderung der dringendsten sozialen Notstände hat sich das Gesetz, ohne die endgültige Lösung des Lastenausgleichs zu präjudizieren, darauf beschränkt, zunächst nur diejenigen Gruppen von Personen in die Soforthilfe einzubeziehen, „die durch den Krieg und seine Folgen in ihrer Existenz am härtesten getroffen sind und fur die bisher nicht oder nur unzureichend gesorgt ist" (Begr.). Die Soforthilfe erhalten folgende Geschädigtengruppen: Flüchtlinge, Sachgeschädigte, Währungsgeschädigte sowie politisch Verfolgte, sofern sie

a. infolge der Schädigung der Hilfe bedürfen und
b. am Währungsstichtag im Währungsgebiet ihren Wohnsitz oder dauernden Aufenthalt hatten.

2. Voraussetzungen für die Erlangung der Soforthilfe.

a. Bedürftigkeit.

Soforthilfe kann nur solchen Geschädigten (§ 31) gewährt werden, die infolge der Schädigung „der Hilfe bedürfen". Die Frage, ob der Geschädigte der Hilfe bedarf, hängt von seiner wirtschaftlichen Lage ab und ist bei den einzelnen Hilfen verschieden zu beurteilen und jeweils gesondert geregelt. Für die Anerkennung der Bedürftigkeit ist nicht in jedem Falle försorgerechtliche Hilfsbedürftigkeit erforderlich. Bedürftigkeit ist bei allen Geschädigten — auch bei den Flüchtlingen — Voraussetzung für die Gewährung der Soforthilfe.

aa. Unterhaltshilfe.

Bei der Unterhaltshilfe wird ein strenger Maßstab an den Begriff der Bedürftigkeit gelegt, der sich eng an das Fürsorgerecht anlehnt. Seine Voraussetzungen liegen vor, wenn der Geschädigte den notwendigen Lebensbedarf für sich und seine unterhaltsberechtigten Angehörigen nicht oder nicht ausreichend aus eigenen Kräften und Mitteln beschaffen kann (§ 35 Abs. 1 Ziff. 2), wobei als notwendiger Lebensunterhalt die entsprechenden Unterhaltshilfebeträge nach § 36 gelten. Wegen der Einzelheiten vgl. § 35 Anm. 2b.

bb. Ausbildungshilfe

Ausbildungshilfe nach § 43 kann erlangt werden, wenn die eigenen Mittel des Geschädigten nicht ausreichen, um ihm bzw. seinen in Ausbildung stehenden Kindern eine abgeschlossene Berufsausbildung zu ermöglichen, wenn ihm also die Übernahme der Ausbildungskosten infolge der Schädigung ganz oder teilweise unmöglich geworden ist, ohne daß auch von anderer hierzu rechtlich verpflichteter Seite entsprechende Leistungen gewährt werden können (SH.-DVO. Ziff. 2 u. 4 zu § 43).

cc. Aufbauhilfe

Die Erlangung der Aufbauhilfe nach § 44 setzt voraus, daß der Geschädigte nicht in der Lage ist, sich und seiner Familie durch eigene, der Vorbildung entsprechende Tätigkeit den ausreichenden Lebensunterhalt zu beschaffen und nur durch die Gewährung der Aufbauhilfe die Voraussetzungen für die Erlangung einer gesicherten Existenz geschaffen werden können (SH.-DVO. Ziff. 1 zu § 44).

Währungsgeschädigte können keine Aufbauhilfe erhalten.

dd. Hausrathilfe

Auch die Hausrathilfe verlangt, daß der existenznotwendige Haushalt nicht aus eigenen Mitteln gedeckt werden kann, d. h., daß dem Geschädigten eigenes Vermögen oder Einkommen, das er unter Berücksichtigung seiner sonstigen Verpflichtungen zur Beschaffung des notwendigen Hausrats einsetzen könnte, nicht zur Verfügung steht (SH.-DVO. Ziff. 2 zu § 45).

Währungsgeschädigte können keine Hausrathilfe erhalten.

b. Ursächlicher Zusammenhang zwischen Schädigung und Bedürftigkeit.

Nach § 30 Ziff. 1 hängt die Gewährung der Soforthilfe ferner davon ab, daß die Notlage, in der sich der Geschädigte befindet, die Folge des von ihm erlittenen Schadens ist, daß er „infolge der Schädigung" der Soforthilfe bedarf. Dieser Kausalzusammenhang zwischen Schädigung (Sachschaden, Währungsumstellung, Verfolgungsmaßnahmen) und Bedürftigkeit gilt als gegeben, wenn mit Wahrscheinlichkeit anzunehmen ist, daß der Geschädigte ohne die Schädigung nicht der Hilfe bedürfte (vgl. SH.-DVO. Ziff. 3 zu § 30). Unterhaltshilfe wird daher nur gewährt, wenn der Geschädigte ohne die Schädigung die Fähigkeit, den notwendigen Lebensbedarf zu beschaffen, nicht verloren hätte. Entsprechendes gilt für die anderen Einzelhilfen. Der ursächliche Zusammenhang ist von der Soforthilfebehörde in freier Würdigung der Unterlagen zu prüfen.

aa. Bei Flüchtlingen bedarf dieser ursächliche Zusammenhang keiner besonderen Nachprüfung (vgl. SH.-DVO. Ziff. **3** Satz **2** zu § **30**).

bb. Bei Sachgeschädigten liegt er vor, wenn dem Geschädigten durch das Schadensereignis die Mittel genommen sind, mit denen er den Lebensunterhalt bestreiten konnte, d. h. wenn infolge des Sachschadens nicht mehr über die Mittel verfügt, deren Besitz die Einzelhilfen entbehrlich machen würde. Zur Erlangung der Unterhaltshilfe muß er infolge der Schädigung dauernd außerstande gesetzt worden sein, ein die Bedürftigkeit ausschließendes Mindesteinkommen — d. h. den Unterhaltshilfebetrag — zu erzielen. Diese Voraussetzung wird seltener gegeben sein, namentlich dann nicht, wenn der Sachschaden nur geringfügig war. Sie liegt z. B. vor, wenn durch die Zerstörung eines Miethauses oder Gewerbebetriebes die Miet- bzw. Pachteinnahmen, aus denen der geschädigte Eigentümer seinen Lebensunterhalt im wesentlichen bestritten hatte, verloren gingen. Auch durch Verlust von Hausrat kann die Existenzmöglichkeit vernichtet werden und Bedürftigkeit entstanden sein (z. B. Verlust von Untermieteinnahmen).

cc. Bei Währungsgeschädigten wird es in der Regel genügen, wenn anzunehmen ist, daß der Geschädigte durch den Verbrauch seines von der Währungsumstellung betroffenen Vermögens jedenfalls auf einige Zeit die Bedürftigkeit hätte abwenden können. Dies wird im allgemeinen bei allen Personen zutreffen, die infolge der Währungsreform genötigt worden sind, erstmals die öffentliche Fürsorge in Anspruch zu nehmen. Der Kausalzusammenhang ist bei Personen nicht gegeben, die bereits vor der Währungsreform in öffentlicher Fürsorge standen.

dd. Auch bei politisch Verfolgten muß die Bedürftigkeit nachweislich auf den früheren Verfolgungsmaßnahmen beruhen.

ee. Zusammentreffen mehrerer Ursachen. Beruht die mangelnde Fähigkeit, den notwendigen Lebensbedarf bzw. die Ausbildungskosten der Kinder, den existenznotwendigen Hausrat usw. selbst zu beschaffen, teils auf Schäden, für die im Rahmen der Soforthilfe Leistungen beansprucht werden können, teils auf anderen Schäden (z. B. Kriegsverletzung), so wird die Soforthilfe kaum versagt werden können. Denn es ist nicht erforderlich, daß die Bedürftigkeit allein durch die Schädigung verursacht ist. Ein ursächlicher Zusammenhang liegt auch dann vor, wenn die Bedürftigkeit erst durch das spätere Hinzutreten weiterer Ursachen eingetreten ist. Währungsgeschädigte, die sich zunächst einen Teil ihres Vermögens oder Einkommens aus der Währungsumstellung erhalten konnten, können

z. B. auch dann die Soforthilfe beanspruchen, wenn sie dieses Vermögen später aus Gründen gleich welcher Art verloren haben und erst dadurch bedürftig geworden sind.

c. Wohnort im Währungsgebiet am Währungsstichtag.

Die Gewährung der Soforthilfe setzt grundsätzlich voraus, daß der Geschädigte seinen Wohnsitz oder dauernden Aufenthalt im Währungsgebiet am Währungsstichtag (d. h. am 21. Juni 1948) hatte.

aa. Währungsgebiet

Da die Aufbringung der zur Durchführung der Soforthilfe erforderlichen Mittel vorläufig grundsätzlich auf das Währungsgebiet begrenzt ist (vgl. § 4), mußte auch die Soforthilfe auf die Bewohner des Währungsgebiets beschränkt werden.

Wegen des Währungsgebiets — das sind die 11 Länder der drei Westzonen — vgl. SH.-DVO. Ziff. 4 zu § 30. Die Stadt Berlin gehört nicht zum Währungsgebiet, auch nicht die Westsektoren, obwohl diese praktisch ebenfalls von der Währungsumstellung betroffen wurden.

Personen, die im Währungsgebiet am Währungsstichtag keinen Wohnsitz oder dauernden Aufenthalt hatten, sind auch dann von den Vergünstigungen der Soforthilfe ausgeschlossen, wenn sie im Währungsgebiet einen Sach- oder Währungsschaden erlitten haben.

bb. Währungsstichtag

Geschädigte, die nach dem Währungsstichtag (21. Juni 1948) aus der russischen Besatzungszone oder der Stadt Berlin in das Währungsgebiet gezogen sind, erhalten keine Soforthilfe; dies gilt auch für die Geschädigten, die aus den Westsektoren Berlins nach dem 21. Juni 1948 evakuiert wurden. Eine Ausnahme von diesem Grundsatz gilt für Heimkehrer (vgl. Anm. 2 c cc), sowie auf Grund einer nach § 73 getroffenen Anordnung für Vertriebene, d. h. für deutsche Staatsangehörige oder deutsche Volkszugehörige, die nach dem Stichtag gezwungen wurden oder werden, ihren außerhalb der 4 Besatzungszonen (einschl. Berlin) liegenden Wohnsitz oder Aufenthalt zu verlassen (vgl. Anm. zu § 73).

cc. Heimkehrer (Kriegsgefangene und Internierte). Heimkehrer können auch dann in den Genuß der Soforthilfe gelangen, wenn sie nach dem Währungsstichtag aus der Kriegsgefangenschaft in das Währungsgebiet entlassen wurden oder werden.

Diese Vergünstigung dehnt die SH.-DVO. Ziff. 5 zu § 30 auf die Heimkehrer aus Internierungslagern aus, die außerhalb der vier Besatzungszonen und der Stadt Berlin gelegen sind.

Im übrigen nehmen Heimkehrer aus Kriegsgefangenschaft oder Internierung an den Vergünstigungen der Soforthilfe grundsätzlich nur insoweit teil, als sie zu einer der in § 31 genannten Personengruppen gehören. Ihre Angehörigen können schon vor ihrer Rückkehr die Soforthilfe im Rahmen der gesetzlich vorgesehenen Möglichkeiten in Anspruch nehmen. Auf Grund von § 2 der 1. Anordnung nach § 73 können jedoch auch Spätheimkehrer, die nicht zu den im Gesetz genannten Geschädigtengruppen gehören, Ausbildungszuschüsse zur eigenen Berufsausbildung sowie Aufbauhilfe zur Existenzgründung oder Berufsumschulung erhalten.

3. Erweiterung des begünstigten Personenkreises.

Um Härten, die sich bei Anwendung des Gesetzes aus der Abgrenzung des begünstigten Personenkreises ergeben, zu mildern, kann dieser durch eine Anordnung nach § 73 über den Personenkreis des § 31 hinaus auf weitere Geschädigtengruppen ausgedehnt werden (vgl. hierzu die in Anm. 1 zu § 73 abgedr. 1. Anordnung). — Vgl. ferner § 31 Anm. 5.

4. Politisch Verfolgte.

Soweit die Länder Wiedergutmachungsgesetze zugunsten der politisch Verfolgten erlassen haben, nehmen letztere an den Vergünstigungen der Soforthilfe nicht teil (vgl. § 76 Abs. 2 sowie Anm. 4e zu § 31).

5. Rangordnung unter den Geschädigtengruppen.

Unter den 4 Geschädigtengruppen besteht keine Rangordnung. Die Flüchtlinge sowie die politisch Verfolgten nehmen jedoch insofern eine gewisse Vorzugsstellung ein, als bei ihnen der Gesamtbetrag der Leistungen im Rahmen der Soforthilfe nicht durch die Höhe des nachweisbar erlittenen Vermögensschadens begrenzt ist (vgl. § 33).

6. Staatsangehörigkeit.

Die deutsche Staatsangehörigkeit oder deutsche Volkszugehörigkeit ist nur bei Flüchtlingen (vgl. § 31 Ziff. 1) Voraussetzung für die Erlangung der Soforthilfe. Daraus erfolgt (arg. e contrario), daß die übrigen Geschädigten (Sachgeschädigte, Währungsgeschädigte sowie politisch Verfolgte) die Soforthilfe auch dann erhalten können, wenn sie Ausländer oder staatenlos sind. Dem steht auch die Vorschrift des § 13 Abs. 2 KSSchVO. nicht entgegen, wonach Ausländer und Staatenlose nur mit Genehmigung der höheren Verwaltungsbehörde Entschädigung beantragen konnten; vgl. hierzu vor allem die 3. Durchf.- u. Erg.VO. z. KSSchVO. (Behandlung der Kriegsschäden nichtdeutscher Personen) vom 28. Januar 1942 (RGBl. I S. 49).

7. Zugehörigkeit zu verschiedenen Geschädigtengruppen.

Gehört ein Geschädigter verschiedenen Geschädigtengruppen an (der Flüchtling ist auch Währungsgeschädigter, der Sachgeschädigte ist zugleich politisch Verfolgter), so erhält er die Leistungen der Soforthilfe nur einmal, und zwar als Angehöriger der Gruppe, in der ihm nach den Vorschriften des Gesetzes die günstigste Behandlung zuteil werden kann (vgl. 1. SH.-DVO. Ziff. 1 zu § 31). Der Geschädigte wird daher die Soforthilfe in der

Eigenschaft beantragen, die die größten Vorteile bietet (als Währungsgeschädigter erhält er z. B. weder Aufbauhilfe noch Hausrathilfe, wohl aber als Flüchtling; für Währungs- und Sachgeschädigte gilt der Höchstbetrag des § 33).

8. Einzelhilfe und Gemeinschaftshilfe.

Die in Form der Einzelhilfe gewährte Soforthilfe (§ 32 Ziff. 1 und 2) ist nach § 32 Abs. 2 auf natürliche Personen beschränkt, während die Gemeinschaftshilfe auch juristische Personen (z. B. Aktiengesellschaften, Wohnungsbaugenossenschaften) erhalten können. Juristische Personen können, selbst wenn sie noch so hohe Sachschäden oder Währungsverluste erlitten haben, nicht in den Genuß der Soforthilfe gelangen. Ihre Entschädigung bleibt dem endgültigen Lastenausgleich vorbehalten.

9. Vererbung des Anspruchs auf Soforthilfe.

Der Anspruch auf die Soforthilfe ist nicht vererblich, denn die Soforthilfe soll nur dem unmittelbar Geschädigten zugute kommen und kann daher nur ihm selbst gewährt werden. Die Erben des unmittelbar Geschädigten können auf Grund der Geschädigteneigenschaft des Erblassers keine Soforthilfeleistungen beantragen (SH.-DVO. Ziff. 1 zu § 30).

Dagegen geht die Geschädigteneigenschaft des anspruchsberechtigten Unterhaltshilfeempfängers im Falle seines Todes auf die Angehörigen über, für die der Zuschlag zur Unterhaltshilfe bezahlt worden ist (vgl. Anm. zu § 42).

Stirbt der Antragsteller nach Bewilligung, aber vor Auszahlung der Ausbildungshilfe oder Aufbauhilfe, so können die Erben die noch nicht bewirkten Leistungen dieser Hilfen nicht mehr erhalten, es sei denn, daß etwas anderes bestimmt wird. Dagegen werden die fälligen Ansprüche auf Unterhaltshilfe, die im Falle des Todes bereits rechtskräftig festgestellt waren, den Erben ausbezahlt (vgl. SH.-DVO. zu Ziff. 2 § 30 und zu § 42). Desgleichen erhalten die Angehörigen nach § 36 Abs. 2 eine vor dem Tod des Antragstellers bereits bewilligte, aber noch nicht bewirkte Hausrathilfe, falls bei ihnen ein Bedarf gleicher Art und gleichen Umfangs vorliegt (vgl. SH.-DVO. Ziff. 3 zu § 45); dadurch wird den Hinterbliebenen, für die ein Bedürfnis nach Hausrathilfe unverändert fortbesteht, die Stellung eines neuen Antrags erspart. Die Hinterbliebenen brauchen nicht Erben des Antragstellers zu sein. Dagegen können Erben, die nicht zu den Angehörigen nach § 36 Abs. 2 gehören, die dem Erblasser bewilligte Hausrathilfe nicht erhalten.

§ 31

Geschädigte

Geschädigter im Sinne dieses Gesetzes ist,

1. wer als deutscher Staatsangehöriger oder deutscher Volkszugehöriger am 1. September 1939 oder in einem späteren Zeitpunkt den Wohnsitz oder den dauernden Aufenthalt

außerhalb des Bereichs der vier Besatzungszonen und der Stadt Berlin hatte und dorthin nicht zurückkehren kann (Flüchtling), es sei denn, daß er nach dem 31. Dezember 1937 seinen Wohnsitz oder dauernden Aufenthalt in ein von der deutschen Wehrmacht besetztes oder in den deutschen Einflußbereich einbezogenes Gebiet verlegt hat, um die durch die Maßnahmen des Nationalsozialismus geschaffene militärische oder politische Lage auszunutzen;

2. wer einen Sachschaden gemäß § 1 in Verbindung mit § 2 der Verordnung vom 30. November 1940 (Reichsgesetzbl. I S. 1547) im Währungsgebiet erlitten hat (Sachgeschädigter);
3. wer auf Reichsmark lautende Ansprüche hatte, die durch die Bestimmungen zur Neuordnung des Geldwesens im Währungsgebiet in einem anderen Verhältnis als 1 : 1 auf Deutsche Mark umgestellt worden sind oder die unter § 14 des Umstellungsgesetzes fallen (Währungsgeschädigter);
4. wer in der Zeit vom 30. Januar 1933 bis zum 8. Mai 1945 durch nationalsozialistische Verfolgungs- oder Unterdrückungsmaßnahmen wegen seiner politischen Haltung, seiner Rasse, seines Glaubens oder seiner Weltanschauung wesentliche wirtschaftliche Nachteile erlitten hat, es sei denn, daß er der nationalsozialistischen Gewaltherrschaft Vorschub geleistet hat (Politisch Verfolgter).

Durchführungs-VO.

Zu § 31

Geschädigte

1. Wer verschiedenen Geschädigtengruppen (§ 31 Ziff. 1 bis 4) angehört, erhält die in § 32 vorgesehenen Arten der Soforthilfe nur als Angehöriger einer Gruppe, und zwar der Gruppe, in der ihm nach den Vorschriften des Gesetzes die günstigste Behandlung zuteil werden kann.

Zu § 31 Ziffer 1 (Flüchtlinge).

2. Zum Gebiet der vier Besatzungszonen gehören nicht der von der Sowjetunion besetzte Teil Ostpreußens und die vorläufig unter polnische Verwaltung gestellten Gebiete.

3. Die Voraussetzungen des § 31 Ziffer 1 sind nur gegeben, wenn der Geschädigte seinen letzten Wohnsitz oder dauernden Aufenthalt vor der Vertreibung außerhalb des Bereichs der vier Besatzungszonen und der Stadt Berlin hatte.

4. Die Voraussetzungen des § 31 Ziffer 1 sind nicht gegeben, wenn der Geschädigte (z. B. als abgeordneter Beamter) einen Wohnsitz im Bereich der vier Besatzungszonen und der Stadt Berlin ununterbrochen beibehalten hat.

Zu § 31 Ziffer 2 (Sachgeschädigte).

5. Nach dem 31. Juli 1945 entstandene Sachschäden bleiben bis auf weiteres unberücksichtigt.

6. Sachschäden, für die nur Entschädigungen auf Grund anderer Bestimmungen als der Verordnung vom 30. November 1940 (RGBl. I S. 1547) beansprucht werden können, begründen die Voraussetzung des § 31 Ziffer 2 nicht.

7. Als im Währungsgebiet entstanden gelten auch solche Sachschäden, die außerhalb des Währungsgebiets an einem Schiff entstanden sind, das in ein Schiffsregister des Währungsgebiets eingetragen war.

8. Ein zu berücksichtigender Sachschaden liegt insoweit nicht mehr vor, als der erlittene Sachschaden durch bereits gewährte Entschädigungszahlungen zahlenmäßig ausgeglichen ist.

9. Sachschäden, auf welche die Anwendung der Verordnung vom 30. November 1940 (RGBl. I S. 1547) nachträglich durch Anordnung nach § 1 Absatz 5 der Verordnung ausgedehnt worden ist, sind nicht zu berücksichtigen.

Zu § 31 Ziffer 3 (Währungsgeschädigte).

10. Ansprüche im Sinne des § 31 Ziffer 3 müssen am 21. Juni 1948 bestanden haben und im Zeitpunkt der Antragstellung rechtlich und zahlenmäßig zweifelsfrei feststehen.

11. Altgeldguthaben sind Ansprüche im Sinne des § 31 Ziffer 3. Das Vorliegen eines Währungsschadens wird dadurch nicht ausgeschlossen, daß ein Altgeldguthaben für die Anrechnung des Kopfbetrages herangezogen worden ist.

12. Einem Währungsschaden wird die Einstellung von Rentenzahlungen, die aus Reichsmitteln zum Ausgleich von im ersten Weltkrieg erlittenen Liquidations- und Gewaltschäden gewährt wurden, gleichgestellt.

Zu § 31 Ziffer 4 (Politisch Verfolgte).

13. Als politisch Verfolgte nach § 31 Ziffer 4 gelten alle Personen, die aus politischen, rassischen oder religiösen Gründen wesentliche wirtschaftliche Nachteile erlitten haben, auch wenn sie nach Landesrecht nicht zu den „politisch Verfolgten" im engeren Sinne, sondern zu den „politisch Geschädigten" gehören.

14. Wesentlich sind wirtschaftliche Nachteile, welche die wirtschaftlichen Grundlagen des Antragstellers derart vernichtet oder nachhaltig erschüttert haben, daß er die Auswirkungen bis zum Zeitpunkt der Antragstellung nicht hat überwinden können.

15. Wenn der politisch Verfolgte durch eine zur politischen Überprüfung eingesetzte Spruchbehörde rechtskräftig als Aktivist oder Hauptschuldiger eingestuft worden ist, gilt ohne weiteres als erwiesen, daß er der nationalsozialistischen Gewaltherrschaft Vorschub geleistet hat.

SHG-Anleitung (Ziff. 2—5)

2. Flüchtlinge (§ 31 Ziffer 1)

(1) *Der in § 31 Ziffer 1 genannte Personenkreis ist durch § 1 der Anordnung nach § 73 des Gesetzes dahin erweitert worden, daß Soforthilfe in dem für Flüchtlinge vorgesehenen Umfang erhalten*

1. Flüchtlinge, die nach dem 20. Juni 1948 ihren Wohnsitz oder dauernden Aufenthalt aus Gebieten außerhalb der vier Besatzungszonen oder der Stadt Berlin in das Währungsgebiet verlegt haben oder verlegen werden, sowie

2. *Personen, die infolge von Maßnahmen der Militärregierungen der drei westlichen Besatzungmächte den Ort ihres Wohnsitzes oder dauernden Aufenthalts auf unbestimmte Zeit verlassen mußten.*

Zu dem unter 2 genannten Personenkreis gehören in erster Linie die aus Sachsen und Thüringen kurz vor der Neufestsetzung der damaligen Demarkationslinie evakuierten Wissenschaftler, die früheren Bewohner der Insel Helgoland, sowie Personen, die ihren Heimatort infolge der Anlage von Übungsplätzen für die Besatzungstruppen auf die Dauer verlassen mußten.

(2) *Abwanderer aus der sowjetischen Besatzungszone oder aus der Stadt Berlin fallen nicht unter den Flüchtlingsbegriff des Gesetzes. Da sie in manchen Fällen Flüchtlingsausweise erhalten haben, entbindet die Vorlage eines solchen die Soforthilfebehörde nicht von der Pflicht zur Nachprüfung, ob der Antragsteller Flüchtling im Sinne des Gesetzes ist. Die Flüchtlingseigenschaft verliert jedoch ein Flüchtling nicht dadurch, daß er nach der Vertreibung sich vorübergehend in der sowjetischen Besatzungszone oder in der Stadt Berlin aufgehalten hat. Voraussetzung ist aber, daß er entweder am Währungsstichtag im Währungsgebiet Wohnsitz oder dauernden Aufenthalt hatte (§ 30 Ziffer 2 des Gesetzes) oder daß er nach diesem Tage den Wohnsitz oder dauernden Aufenthalt aus Gebieten außerhalb der vier Besatzungszonen und der Stadt Berlin in das Währungsgebiet verlegt hat oder verlegen wird (§ 1 der Anordnung nach § 73).*

(3) *Als deutsche Volkszugehörige sind in der Regel Personen anzusehen, welche die zuständige Landesbehörde als solche ausdrücklich oder durch Ausstellung eines Ausweises, für den die deutsche Volkszugehörigkeit Voraussetzung ist, anerkannt hat.*

3. Sachgeschädigte (§ 31 Ziffer 2)

(1) *Die §§ 1 und 2 der Verordnung vom 30. November 1940 (RGBl. I S. 1547) haben folgenden Wortlaut: . . . (abgedruckt. § 31 Anm. 2a).*

(2) *Nach dem Gesetz dürfen nur Sachschäden berücksichtigt werden, die im Währungsgebiet entstanden sind.*

(3) *Sachschäden an im Währungsgebiet registrierten Schiffen können nach der Soforthilfe-DVO. Ziffer 7 zu § 31 auch dann berücksichtigt werden, wenn der Schaden außerhalb des Währungsgebiets entstanden ist. Soweit ein solcher Schaden in der sowjetischen Besatzungszone oder in der Stadt Berlin entstanden ist, wird er nach den Bestimmungen des Kriegssachschädenrechts von keiner Feststellungsbehörde des Währungsgebiets erfaßt. Die Soforthilfebehörde kann daher bei der Prüfung solcher Schäden auf Feststellungen einer Kriegssachschädenbehörde nicht zurückgreifen, sondern hat auf Grund der vorgelegten Unterlagen selbst die erforderlichen Feststellungen zu treffen.*

(4) *Zu berücksichtigen sind Sachschäden, die dem Antragsteller unmittelbar entstanden sind. Mittelbare Schäden (z. B. die Entwertung von Aktienbesitz, Verlust des Arbeitsplatzes oder von Versorgungsansprüchen als Folge von Betriebsschäden) bleiben außer Betracht.*

(5) *Wegen der Bewertung von Sachschäden wird auf Ziffer 8 Absatz 3 und 4 dieser Anleitung hingewiesen (abgedr. bis § 33).*

4. Währungsgeschädigte (§ 31 Ziffer 3)

(1) *Die wichtigsten Währungsschäden im Sinne des § 31 Ziffer 3 des Gesetzes sind solche an Altgeldguthaben, Forderungen aus Wertpapieren, Ansprüchen aus Versicherungsverträgen und sonstigen bürgerlich-rechtlichen Verträgen, unabhängig davon, ob diese Ansprüche dinglich gesichert sind oder nicht.*

(2) *An Anteilsrechten (z. B. Aktien, GmbH.-Anteilen, Geschäftsguthaben bei Genossenschaften, Kuxen) ist kein Währungsschaden entstanden.*

(3) *Der § 14 des Umstellungsgesetzes hat folgenden Wortlaut:*

„§ 14

Verbindlichkeiten des Reichs und gleichgestellter Verbindlichkeiten

Vorbehaltlich einer allgemeinen Regelung für die Ansprüche der im § 13 Abs. 4 bezeichneten Personen und Vereinigungen finden die Vorschriften im Zweiten, Dritten und Vierten Abschnitt von Teil II dieses Gesetzes auf folgende Reichsmarkverbindlichkeiten keine Anwendung:

1. *Verbindlichkeiten des Reichs,*
2. *Verbindlichkeiten der NSDAP., ihrer Gliederungen und angeschlossenen Verbände sowie aller übrigen Organisationen, die von der Militärregierung aufgelöst worden sind,*
3. *vor dem 9. Mai 1945 begründete Verbindlichkeiten der Reichsbahn und der Reichspost, soweit sie nicht von den Bahn- und Postverwaltungen im Währungsgebiet übernommen werden,*
4. *Verbindlichkeiten der Reichsbank, soweit sie nicht von den Landeszentralbanken übernommen werden,*
5. *vor dem 9. Mai 1945 begründete Verbindlichkeiten der Metallurgischen Forschungsgesellschaft, der Wirtschaftlichen Forschungsgesellschaft und anderer für die Zwecke der Kriegsfinanzierung oder Kriegsführung errichteten Gesellschaften im unmittelbaren oder mittelbaren Besitz eines der vorstehend bezeichneten Rechtsträger."*

(4) *Die für die Praxis wichtigsten Ansprüche nach § 14 des Umstellungsgesetzes sind solche aus Reichstiteln, Schuldbuchforderungen und auf Gewährung von Vorzugsrenten. Im Rahmen der Soforthilfe können als Währungsschäden Verluste an Wertpapieren, die Rechte gegen das Reich usw. verbriefen (§ 30 Absatz 1 des Umstellungsgesetzes), auch anerkannt werden, wenn die Frist für die Anmeldung dieser Wertpapiere nicht eingehalten war.*

(5) *Währungsschäden müssen stets durch Bestätigung eines Bankinstituts, insbesondere der Abwicklungsbank, einer Versicherungsgesellschaft oder durch sonstige Urkunden dem Grunde und der Höhe nach zweifelsfrei belegt sein.*

5. Politisch Verfolgte (§ 31 Ziffer 4)

Die Frage, ob der Antragsteller politisch Verfolgter im Sinne des § 31 Ziffer 4 ist, d. h. wesentliche wirtschaftliche Nachteile erlitten hat, ist stets im Einvernehmen mit der zuständigen Landesbehörde (Betreuungsstelle) zu prüfen.

Erläuterungsübersicht

b. Nachprüfung
c. Vorzugsstellung
d. Gleichgestellte

2. Sachgeschädigte
   a. Begriff des Sachgeschädigten
   b. Begriff des Sachschadens
      aa. Kriegssachschäden im engeren Sinne
      bb. Nutzungsschäden
      cc. Voraussetzungen der Verursachung der Sachschäden
      dd. Sachschäden der Schiffahrt
   c. Zeitpunkt des Eintritts des Sachschadens
   d. Ort des Sachschadens
   e. Sachschäden, die nicht berücksichtigt werden
   f. Geschädigter
   g. Berücksichtigung von Entschädigungszahlungen
   h. Nachweis des Sachschadens
   i. Einschränkung der Leistungen der Soforthilfe
3. Währungsgeschädigte
   a. Allgemeines
   b. Begriff des Währungsschadens
      aa. Altgeldguthaben
      bb. Sonstige Reichsmarkforderungen
      cc. Pfandbriefe, Schuldverschreibungen usw.
      dd. Ansprüche aus Versicherungsverträgen
      ee. Ansprüche der Bausparer
      ff. Forderungen gegenüber dem Reich und gleichgestellte Forderungen
      gg. Anteilsrechte
   c. Ort des Währungsschadens
   d. Nachweis des Währungsschadens
   e. Einschränkung der Leistungen der Soforthilfe
4. Politisch Verfolgte
   a. Begriff
   b. Schädigung
   c. Ausschluß von der Soforthilfe bei aktiver Unterstützung des Nationalsozialismus
   d. Behandlung der Hinterbliebenen von Opfern des Nationalsozialismus.
   e. Subsidiäre Gewährung der Soforthilfe
   f. Nachweis.
5. Erweiterung des begünstigten Personenkreises

1. Flüchtlinge

a. Flüchtlingsbegriff. Da der Flüchtlingsbegriff in der Gesetzgebung der Länder nicht einheitlich ist, mußte für die Zwecke der Soforthilfe ein eigener Begriff geschaffen werden. Flüchtlinge sind Personen, die als deutsche Staatsangehörige oder deutsche Volkszugehörige am 1. September 1939 oder in einem späteren Zeitpunkt ihren Wohnsitz oder dauernden Aufenthalt außerhalb des Bereichs der 4 Besatzungszonen und der Stadt Berlin hatten und dorthin nicht zurückkehren können. Zu den Flüchtlingen gehören daher vor allem die Ausgewiesenen (Vertriebenen) und die Umsiedler.

aa. Vertreibung. Die Flüchtlinge müssen vertrieben worden sein. Daher können Personen, die nach dem 1. September 1939 ihren Wohnsitz oder dauernden Aufenthalt nicht unter dem Druck der politischen Verhältnisse, d. h. ohne Vertreibung, in den Bereich einer jetzigen Besatzungszone verlegt haben, nicht in den Genuß der Soforthilfe gelangen. Dagegen können die aus dem Ausland oder aus den deutschen Ostprovinzen östlich der Oder/Neisse-Linie stammenden Flüchtlinge, die auf der Flucht zunächst nur vorübergehend in die russische Besatzungszone oder in die Stadt Berlin gelangten und vor dem Währungsstichtag, d. h. dem 21. Juni 1948 (vgl. § 30) in eine der drei Westzonen abgewandert sind, die Soforthilfe erhalten, sofern sie die übrigen Voraussetzungen des Gesetzes erfüllen. Haben diese Personen ihren Wohnsitz erst nach dem Währungsstichtag in die Westzonen verlegt, so gehören sie an sich nicht zum begünstigten Personenkreis des § 31 Ziff. 1. Diese Regelung erscheint hart und wird aus Billigkeitsgründen für diejenigen Flüchtlinge nicht gelten können, die vor dem Währungsstichtag vertrieben wurden, aber vor ihrer in die Westzonen erfolgten Übersiedlung in der russischen Besatzungszone weder Wohnsitz noch dauernden Aufenthalt auch nur vorübergehend genommen hatten. Dies dürfte angesichts der Tatsache gerechtfertigt sein, daß die nach dem Währungsstichtag Vertriebenen auf Grund des § 1 Ziff. 1 der 1. Anordnung nach § 73 als Flüchtlinge gelten, wenn sie unmittelbar nach der Ausweisung den Wohnsitz oder dauernden Aufenthalt in das Währungsgebiet verlegt haben bzw. verlegen.

bb. Früherer Wohnsitz oder dauernder Aufenthalt. Die Flüchtlinge müssen aus einem Gebiet vertrieben worden sein, das außerhalb des Bereichs der 4 Besatzungszonen oder der Stadt Berlin liegt. In diesem Gebiet muß der Flüchtling seinen letzten Wohnsitz oder dauernden Aufenthalt vor der Vertreibung gehabt haben. Zum Gebiet der Besatzungszonen gehören nach der SH.-DVO. zu § 31 Ziff. 2 weder Ostpreußen noch die vorläufig unter polnische Verwaltung gestellten deutschen Gebiete. Die Vertreibung muß daher aus fremden Staaten (z. B. Tschechoslowakei, Österreich) oder den ehemaligen deutschen Gebieten östlich der Oder/Neisse-Linie erfolgt sein. In diesen Gebieten muß der letzte Wohnsitz vor der Vertreibung gelegen haben. Zu den Flüchtlingen gehören daher nicht die innerhalb der 4 Besatzungszonen Evakuierten und die sog. Ostabwanderer, d. h. Personen, die nach dem Zusammenbruch unter dem Druck der politischen Verhältnisse oder aus sonstigen Gründen die sowjetische Besatzungszone oder die Stadt Berlin verlassen haben und nach einer der drei Westzonen abgewandert sind; diese Personen mußten wegen der vorläufigen Beschränkung der Abgabepflicht auf das Währungsgebiet (§ 4) von der Soforthilfe ausgeschlossen bleiben; dies schließt jedoch nicht aus, daß sie u. U. als Währungsgeschädigte i. S. des § 31 Ziff. 3 die Leistungen der Soforthilfe erhalten können, wenn sie vor dem Währungsstichtag in das Währungsgebiet gezogen waren. Ausnahmen für die Ostabwanderer und Evakuierten (z. B. die seit Beginn der Besetzung evakuierten früheren Einwohner der Stadt Kehl oder der Insel Helgoland) sind nur im Rahmen der Härtebestimmung des § 73 möglich; vgl. hierzu § 1 Ziff. 2 der 1. Anordnung nach § 73 (abgedr. in Anm. zu § 73).

Als Flüchtling gilt auch nicht ein Geschädigter, der zwar am 1. September 1939 oder später außerhalb der 4 Besatzungszonen tätig war (z. B. als Abgeordneter, Beamter), einen Wohnsitz im Bereich der 4 Besatzungszonen oder der Stadt Berlin aber ununterbrochen beibehalten hat (SH.-DVO. Ziff. 4 zu § 31).

cc. Währungsstichtag. Aus § 30 Ziff. 2 folgt, daß der Flüchtling am Währungsstichtag (21. Juni 1948) im Währungsgebiet seinen Wohnsitz oder dauernden Aufenthalt gehabt haben muß. Flüchtlinge, die nach dem Währungsstichtag aus ihrer Heimat oder aus Lagern (z. B. Dänemark) in das Währungsgebiet ausgewiesen wurden, können nach der 1. Anordnung zu § 73 die Flüchtlingsvergünstigungen der Soforthilfe erhalten (vgl. Anm. zu § 73).

dd. Staatsangehörigkeit. Der Flüchtling muß zur Zeit der Vertreibung im Besitz der deutschen Staatsangehörigkeit oder der deutschen Volkszugehörigkeit gewesen sein. Als deutsche Volkszugehörige sind in der Regel Personen anzusehen, welche die zuständige Landesbehörde als solche ausdrücklich oder durch Ausstellung eines Ausweises, für den die deutsche Volkszugehörigkeit Voraussetzung ist, anerkannt hat (vgl. SHG.-Anleitung Ziff. 2 Abs. 3 sowie RdErl. d. ehem. RMdI. v. 31. März 1939, RMBliV. Sp. 785).

ee. Aktivisten und Nutznießer. Nach § 31 Ziff. 1 sind Personen, die erst nach dem 31. Dezember 1937 als Aktivisten oder Nutznießer des Dritten Reichs ihren Wohnsitz oder dauernden Aufenthalt in ein von der deutschen Wehrmacht besetztes (z. B. ehemaliges Generalgouvernement) oder in den deutschen Einflußbereich einbezogenes Gebiet (z. B. ehemaliges Protektorat Böhmen und Mähren) verlegt hatten, von den Vergünstigungen der Soforthilfe ausgeschlossen. Es handelt sich dabei vor allem um Unternehmer und sonstige Personen, die aus spekulativen Gründen in diese Gebiete zogen, um die günstigeren Bedingungen auszunutzen. Abgeordnete Beamte fallen in der Regel nicht darunter.

b. Nachprüfung. Bei Überprüfung der Flüchtlingseigenschaft dürfen sich die Ämter für Soforthilfe nicht auf die von den Flüchtlingsverwaltungen (Umsiedlungsämter) ausgestellten Flüchtlingsausweise verlassen, da letztere häufig auch Ostabwanderern und sonstigen, nicht als Flüchtlinge i. S. des § 31 geltenden Personen gewährt worden sind. Die Soforthilfeämter sind vielmehr verpflichtet, in jedem einzelnen Fall zu prüfen, ob der Antragsteller Flüchtling i. S. des § 31 Ziff. 1 ist (vgl. SHG.-Anleitung Ziff. 2 Abs. 2).

c. Vorzugsstellung. Für Flüchtlinge gilt nicht die Bestimmung über den Höchstbetrag nach § 33, weil der Schaden der heimatlos gewordenen Flüchtlinge in der Regel unverhältnismäßig größer sein wird als die Leistungen der Soforthilfe, die das Gesetz vorsieht. Flüchtlinge können alle Arten der Einzelhilfe (Ausbildungshilfe, Hausrathilfe, Unterhaltshilfe, Aufbauhilfe) erhalten.

d. Gleichgestellte. Den Flüchtlingen sind nach § 1 Ziff. 2 der 1. Anordnung zu § 73 SHG. Personen gleichgestellt, die infolge von Maßnahmen der Militärregierungen der drei westlichen Besatzungszonen den Ort ihres Wohnsitzes oder dauernden Aufenthalts auf unbestimmte Zeit verlassen mußten (vgl. § 73 Anm. 2a bb). Wegen der Behandlung der nach dem Währungsstichtag Vertriebenen vgl. § 1 Ziff. 1 der erwähnten Anordnung.

2. Sachgeschädigte.

a. Begriff des Sachgeschädigten. Das Gesetz bestimmt den Kreis der Sachgeschädigten i. S. der Soforthilfe in Anlehnung an die §§ 1 und 2 der Kriegssachschäden-VO. vom 30. November 1940 (RGBl. I S. 1547), die bereits feststehende, durch die Praxis der Feststellungsbehörden weitgehendst geklärte Begriffsbestimmungen enthält. Die §§ 1 und 2 der KriegssachschädenVO. haben folgenden Wortlaut:

„§ 1

Entschädigung für Sachschäden

(1) Für Schäden, die seit dem 26. August 1939 innerhalb des Gebiets des Großdeutschen Reichs an beweglichen und unbeweglichen Sachen durch Beschädigung, Zerstörung oder sonstigen Verlust infolge eines Angriffs auf das Reichsgebiet oder eines aus anderem Anlaß erforderlichen Einsatzes der bewaffneten Macht unter den Voraussetzungen des § 2 dieser Verordnung entstehen (Kriegssachschäden), gewährt das Deutsche Reich Entschädigung nach den Vorschriften dieser Verordnung. Der Zeitpunkt der Entschädigung richtet sich nach den volkswirtschaftlichen Notwendigkeiten und Möglichkeiten.

(2) Entschädigung wird auch gewährt für diejenigen Aufwendungen, die zum Zwecke der Minderung eines eingetretenen oder zur Abwendung eines drohenden Kriegssachschadens gemacht sind, soweit sie angemessen waren.

(3) Abs. 1 und 2 finden auf Sachschäden der deutschen Schiffahrt auch Anwendung, wenn sie außerhalb des Gebietes des Großdeutschen Reichs entstehen. Sachschäden der Schiffahrt sind diejenigen Schäden, die an See- oder Binnenschiffen, ihrer Ausrüstung und ihrem Zubehör sowie an allen an Bord befindlichen Sachen einschließlich der Ladung entstehen. Zu den Sachschäden der Schiffahrt gehören auch Schäden am schwimmenden Gerät, an Fähren und Flößen.

(4) Für Schäden, die seit dem 26. August 1939 innerhalb des Gebietes des Großdeutschen Reichs durch den Verlust der Nutzung einer Sache unter den Voraussetzungen des § 2 dieser Verordnung verursacht sind (Nutzungsschäden), kann eine angemessene Entschädigung nach Richtlinien gewährt werden, die der Reichsminister des Innern im Einvernehmen mit dem Reichsminister der Finanzen und mit den sonst beteiligten Reichsministern erläßt. Dies gilt auch für Nutzungsschäden der deutschen Schiffahrt, die außerhalb des Gebiets des Großdeutschen Reichs verursacht sind.

(5) Der Reichsminister des Innern kann im Einvernehmen mit dem Reichsminister der Finanzen anordnen, daß diese Verordnung auch auf Schäden Anwendung findet, deren Voraussetzungen über den in den Abs. 1 bis 4 bestimmten Rahmen hinausgehen. Er kann dabei die Anwendung der Verordnung zeitlich und auf bestimmte Gebiete beschränken.

§ 2

Voraussetzungen der Verursachung

(1) Entschädigung nach § 1 wird nur gewährt, wenn der Sachschaden unmittelbar verursacht ist:

1. *durch Kampfhandlungen, insbesondere durch Einwirkung von Waffen oder sonstigen Kampfmitteln, oder durch hiermit in unmittelbarem Zusammenhang stehende militärische Maßnahmen, einschließlich der Wegnahme von Sachen seitens deutscher, verbundeter oder gegnerischer Streitkräfte;*
2. *durch Beschädigung, Zerstörung, Diebstahl, Plünderung oder sonstigen Verlust von Sachen in den vom Gegner besetzten, unmittelbar angegriffenen oder unmittelbar bedrohten Gebieten während der Dauer der Besetzung, des Angriffs oder der Bedrohung sowie unmittelbar nach einem Angriff, es sei denn, daß die Entstehung oder der Umfang des Schadens mit den kriegerischen Ereignissen nicht zusammenhängt;*
3. *durch Räumung, Freimachung oder durch Verschleppung der Bevölkerung oder Wegschaffung ihrer Habe aus den vom Gegner besetzten oder unmittelbar bedrohten Gebieten;*
4. *durch Flucht, wenn sie wegen dringender Gefahr für Leib oder Leben als unvermeidbar angesehen werden konnte;*
5. *durch die Selbstversenkung eines Schiffes, wenn sie erfolgt ist, um der feindlichen Aufbringung zu entgehen;*

6. durch die Entziehung des Besitzes an einem Schiff durch feindliche Handlungen.

Behördlich ganz oder teilweise freigemachte Gebiete sind in jedem Fall als vom Gegner bedroht anzusehen.

(2) Als durch die im Abs. 1 genannten Geschehnisse unmittelbar verursacht ist ein Schaden anzusehen, der auf ihrer unmittelbaren Einwirkung beruht oder ihre unvermeidliche Folge ist."

b. Begriff des Sachschadens. Zu den Sachschäden gehören:

aa. Kriegssachschäden im engeren Sinne, d. h. reine Sachschäden, die seit dem 26. August 1939 an beweglichen Sachen oder an Grundstücken durch Substanzveränderung (Zerstörung oder Beschädigung) oder durch Substanzentziehung (Verlust) unter den Voraussetzungen des § 2 KSSchVO. entstanden sind (§ 1 Abs. 1 KSSchVO.).

bb. Nutzungsschäden. Aus der Bezugnahme auf § 1 KSSchVO. geht hervor, daß das Gesetz auch die Nutzungsschäden (§ 1 Abs. 4 KSSchVO.) berücksichtigt, d. h. Schäden, die seit dem 26. August 1939 durch den Verlust einer Sachnutzung unter den Voraussetzungen des § 2 a.a.O. verursacht sind, obwohl ein Entschädigungsanspruch für derartige Schäden nach § 1 Abs. 4 KSSchVO. nicht besteht.

cc. Voraussetzungen der Verursachung der Sachschäden. Der Schaden muß infolge der im § 2 KSSchVO. genannten Kriegsereignisse eingetreten sein, d. h. unmittelbar durch die im § 2 Abs. 1 Ziff. 1 bis 6 genannten Geschehnisse verursacht sein (vgl. hierzu auch den RdErl. d. ehem. RMdI. vom 27. Juni 1940, RMBliV. S. 1285, betr. Ursachenzusammenhang).

Zu den Kriegssachschäden gehören daher vor allem Luftkriegsschäden sowie Plünderungsschäden, die unmittelbar im Zuge von Kampfhandlungen eingetreten sind, sofern sie nicht nach dem 31. Juli 1945 (vgl. Anm. 2c) entstanden sind. Auch Besatzungsschäden, die durch Maßnahmen der Besatzungsmacht (z. B. durch Beschlagnahme von Gebäuden oder Hausrat) entstanden sind, können als Nutzungsschäden berücksichtigt werden, wenn sie vor dem Stichtag (31. Juli 1945) entstanden sind und für sie keine Entschädigungen auf Grund anderer Bestimmungen als der KSSchVO. beansprucht werden können (vgl. Anm. 2 e, aa).

dd. Sachschäden der Schiffahrt. Wegen des Begriffs vgl. § 1 Abs. 3 KSSchVO. Darunter fallen alle Schäden an den Schiffen selbst (nebst Ausrüstung und Zubehör) und an allem, was sich an Bord befindet, insbesondere Schäden an der Ladung, oder an Bord mitgeführte Habe der Besatzung und der Fahrgäste. Wegen Selbstversenkung oder Entziehung des Besitzes vgl. § 2 Abs. 1 Ziff. 5 und 6 KSSchVO.

Wegen der Feststellungsbehörden für Schäden der Schiffahrt vgl. RdErl. d. ehem. RVerkehrsMin. vom 9. Dezember 1940 (RVerkBl. A S. 289).

c. Zeitpunkt des Eintritts des Sachschadens. Der Sachschaden muß in der Zeit zwischen dem 26. August 1939 (Beginn des Polenfeldzuges) und dem 31. Juli 1945 entstanden sein (vgl. SH-DVO. Ziff. 5 zu § 31).

d. Ort des Sachschadens. Der Sachschaden muß im Währungsgebiet entstanden sein. Die betroffene Sache muß sich also zur Zeit des Schadeneintritts im Währungsgebiet befunden haben. Wegen des Begriffs des Währungsgebiets (Länder der 3 Westzonen) vgl. SH.-DVO. zu § 30 Ziff. 4. Personen, deren Kriegssachschaden in der Stadt Berlin, in der sowjetischen Besatzungszone oder im Ausland (z. B. Österreich) entstanden ist, können daher die Soforthilfe nicht erhalten, da, wie die Begründung (S. 1049) ausführt, das Währungsgebiet derartige Verpflichtungen wegen ihrer weitgehenden finanziellen Auswirkungen nicht einseitig auf sich nehmen kann.

Die Voraussetzung, daß der Sachschaden im Währungsgebiet entstanden sein muß, gilt nicht für Sachschäden an Schiffen, die in ein Schiffsregister des Währungsgebietes eingetragen waren (vgl. SH-DVO. Ziff. 7 zu § 33). Wegen der Prüfung solcher Schäden vgl. SHG.-Anleitung § 31 Ziff. 3 Abs. 3.

e. Sachschäden, die nicht berücksichtigt werden.

aa. Soweit für die Sachschäden nur Entschädigungen auf Grund anderer Bestimmungen als der KSSchVO. beansprucht werden können, berechtigen sie nicht zur Erlangung der Soforthilfe. Dies gilt z. B. für Wegnahmen oder sonstige Inanspruchnahmen außerhalb der eigentlichen Kampfzone, die nach dem Reichsleistungsgesetz zulässig und zu vergüten waren; desgl. für solche Besatzungsschäden, für deren Entschädigung nach landesrechtlicher Vorschrift (die Entschädigung für Besatzungsschäden innerhalb der französischen Zone ist durch die VO. Nr. 134 über die Bildung von Entschädigungsgerichten vom 20. November 1947 [Journal Officiel S. 1245] geregelt worden), die Entschädigungsgerichte zuständig sind (vgl. SH.-DVO. zu § 31 Ziff. 6).

bb. Als Sachschäden werden ferner solche Schäden nicht berücksichtigt, auf welche die Anwendung der KSSchVO. nach § 1 Abs. 5 a.a.O. ausgedehnt worden ist. Vgl. hierzu z. B. 1. VO. über die Ausdehnung der KSSchVO. auf außerhalb des Reichsgebiets eingetretene Schäden vom 18. April 1941 (RGBl. I S. 215).

cc. Berücksichtigt werden nur die dem Antragsteller unmittelbar entstandenen Sachschäden. Mittelbare Schäden, d. h. die infolge des Sachschadens sonst eintretenden weitergehenden Vermögensschäden (z. B. Entwertung von Aktien, Verlust des Arbeitsplatzes als Folge von Betriebsschäden) bleiben außer Betracht (vgl. SHG.-Anleitung zu § 31 Ziff. 3 Abs. 4).

f. Geschädigter ist nach § 3 KSSchVO.:

aa. Im Falle des § 1 Abs. 1 KSSchVO. der Eigentümer oder derjenige, der sonst die Gefahr des zufälligen Untergangs der Sache trägt

(z. B. bei Sicherungsübereignung der im Besitz der Sache verbliebene Übereigner, beim Kauf der Käufer von der Übergabe an [§§ 446, 447 BGB]). Die Gefahrtragung deckt sich praktisch mit dem im Steuerrecht üblichen Begriff des wirtschaftlichen Eigentümers. Bei Vermietung, Verpachtung, Nießbrauch, Pfandbestellung trägt der Eigentümer die Gefahr des Sachuntergangs und ist daher Geschädigter.

bb. Im Falle des § 1 Abs. 2 derjenige, der die Aufwendungen gemacht hat.

cc. Im Falle des § 1 Abs. 4 (Nutzungsschäden) derjenige, dem der ersatzfähige Nutzungsschaden entstanden ist, d. h. dem die verlorenen Nutzungen rechtlich zustanden. Ein Sachschaden kann Nutzungsschäden mehrerer Personen auslösen: z. B. entsteht bei Zerstörung eines Hauses nicht nur dem Eigentümer ein Schaden durch Wegfall der Mieteinnahmen, sondern auch dem Mieter durch die Unmöglichkeit der Nutzung (Ausfall von Untermieteinnahmen, Mehraufwendungen für anderweitige Unterbringung usw.).

dd. Bei Rechtsgemeinschaften (Miteigentum nach Bruchteilen, Gesamthandeigentum: Gütergemeinschaften, Erbengemeinschaften, Gesellschaften des BGB.) steht der Entschädigungsanspruch der Gemeinschaft zu.

ee. Personen, die dingliche Rechte an der zerstörten, verlorenen oder geschädigten Sache hatten (z. B. Grundpfandrechte), gelten nicht als sachgeschädigt i. S. der Soforthilfe.

g. Berücksichtigung von Entschädigungszahlungen. Die Anerkennung als Sachgeschädigter setzt voraus, daß der Sachschaden des Antragstellers nicht bereits durch Entschädigungszahlungen (vgl. §§ 9, 10, 26 KSSchVO.) zahlenmäßig ausgeglichen ist. Hierher gehören vor allem auch die Vorschüsse und Vorauszahlungen auf festgestellte Schäden, die nach der alten Sachschädenfeststellungsverordnung vom 8. September 1939 (RGBl. I S. 1754) gewährt wurden, sowie Beihilfen oder ähnliche Zuwendungen aus öffentlichen Mitteln, die zur Minderung oder Beseitigung des Schadens gewährt worden sind, soweit sie den gleichen Zwecken dienten, wie die Entschädigungen nach der KSchVO. so z. B. bei Sachschäden auch Beihilfen zur Hausrat- und Kleidungsbeschaffung, aber nicht allgemein zur Deckung des Lebensunterhalts bestimmte Leistungen im Rahmen des Räumungsfamilienunterhalts (vgl. § 5 Abs. 4 KSSchVO. i. Vbd. mit Ziff. 7 Abs. 3 der Richtlinien für das Verfahren in Entschädigungssachen des RMdI. vom 12. Februar 1941, RMBliV. S. 277). Dabei ist ferner zu berücksichtigen, daß nach § 9 Abs. 4 KSSchVO. Schäden, die den Betrag von 1000,— RM nicht übersteigen bzw. bei höheren Schäden ein verbleibender Restbetrag bis zu 1000,— RM vergütet wurden. Der zu berücksichtigende Schaden entfällt, soweit er durch die Entschädigungszahlungen, die der Antragsteller bereits erhalten hat, zahlenmäßig ausgeglichen worden ist (vgl. SH.-DVO. Ziff. 8 zu § 31 und Ziff. 4 zu § 33). Empfangene Entschädigungszahlungen sind nach der SHG.-Anleitung zu § 35 Ziff. 8 Abs. 4 in voller Höhe auf die Richtsätze anzurechnen, die für die Bewertung von Hausratschäden festgesetzt worden sind, wobei gegebenenfalls festzustellen ist, welcher Teil einer Gesamtentschädigung auf Hausratschäden entfällt. Das Amt für Soforthilfe muß daher in jedem Falle prüfen, ob und gegebenenfalls in welcher Höhe der Antragsteller Entschädigungszahlungen erhalten hat.

h. Nachweis

aa. des Sachschadens. Der erlittene Sachschaden ist in der Regel durch eine Bescheinigung der Feststellungsbehörde erster Rechtsstufe nachzuweisen. Das ist nach § 16 KSSchVO. u. Vbd. mit 1. Durchf.-VO. z. KSSchVO. — KriegsschädenzuständigkeitsVO. — vom 2. Dezember 1940 (RGBl. I S. 1557) die untere Verwaltungsbehörde (in kreisfreien Städten der Oberbürgermeister, sonst der Landrat), in deren Gebiet der Schaden verursacht worden ist. Die SH.-DVO. Ziff. 3 zu § 33 verlangt ausdrücklich, daß sowohl die Art als auch die Höhe des Sachschadens möglichst durch eine derartige Bescheinigung nachzuweisen ist. Wegen der Bewertung von Hausratschäden und anderen Schäden vgl. § 33 Anm. 2 a. Eine Bestätigung der Feststellungsbehörde ist vom Soforthilfeamt auch über die Frage der gewährten Entschädigungszahlungen anzufordern (vgl. SH.-DVO. Ziff. 4 Satz 2 zu § 33). Da die Feststellungsbehörden in manchen Ländern aufgelöst wurden oder nicht mehr aktionsfähig sind, und Feststellungsverfahren in den zerstörten Großstädten in den letzten Monaten des Krieges kaum mehr durchgeführt werden konnten, ist die Vorlage solcher Bescheinigungen nicht immer möglich. In solchen Fällen, insbesondere auch bei Vernichtung der Akten, genügt eine sonstige amtliche Bescheinigung, insbesondere eine solche der Gemeindebehörde (Polizeibehörde) des Ortes, an dem der Schaden entstanden ist (SHG.-Anleitung zu § 33 Ziff. 8 Abs. 2).

bb. Des ursächlichen Zusammenhangs zwischen dem erlittenen Sachschaden und der Bedürftigkeit. Vgl. § 30 Anm. 2b, bb.

i. Einschränkung der Leistungen der Soforthilfe. Für Sachgeschädigte gilt der im § 33 vorgesehene Höchstbetrag für die Leistungen im Rahmen der Soforthilfe. Bei Sachschäden unter 1700,— RM beschränkt sich die Unterhaltshilfe auf einen Unterhaltszuschuß (vgl. § 37). Sachgeschädigte können Unterhaltshilfe, Ausbildungshilfe für sich und ihre Kinder, Aufbauhilfe und Hausrathilfe erhalten.

3. Währungsgeschädigte.

a. Allgemeines. Durch die Währungsreform haben fast alle Bewohner des Währungsgebiets einen Währungsschaden erlitten, da nicht nur die Bargeldbesitzer und die Inhaber von Konten (Giro- und Sparkonten bei Geldinstituten aller Art), sondern auch sonstige Gläubiger (aus Reichsanleihen, Schuldverschreibungen, Hypotheken, Versicherungsverträgen usw.) von den Auswirkungen der Währungsreform betroffen worden sind. Der Kreis der Währungsgeschädigten ist deshalb der größte. Im Gegensatz zum Kleinrentnerhilfegesetz vom 5. Juli 1934, das die Vergünstigungen des Gesetzes von dem Besitz eines bestimmten, an einem Stichtag vorhandenen Mindestvermögens abhängig machte, sieht § 31 Ziff. 3 eine ziemlich weite Fassung des Begriffs der Währungsgeschädigten vor, insofern schon der Verlust des kleinsten Geldbetrages genügt, um die Betroffenen in den Kreis der Geschädigten aufzunehmen. Die Bedenken, die gegen eine derartig weite Fassung bestehen, erschienen jedoch erträglich, da die Währungsgeschädigten außer der Unterhaltshilfe (§§ 35 ff,). deren Gewährung Hilfsbedürftigkeit voraussetzt, nur noch die Ausbildungshilfe (§ 43) erhalten können, und für sie außerdem der im § 33 vorgesehene Höchstbetrag gilt. Die Einbeziehung der Währungsgeschädigten in die Unterhaltshilfe verfolgt den Zweck, alten und erwerbsunfähigen Personen, die in einem arbeitsreichen Leben für den Lebensabend vorgesorgt hatten und durch die Währungsumstellung in Not geraten sind, ein Existenzminimum zu sichern. Durch die Gewährung der Ausbildungshilfe soll den Währungsgeschädigten, die infolge ihrer Währungsverluste die Ausbildung ihrer Kinder nicht fortsetzen können, ein erfolgreicher Abschluß der begonnenen Ausbildung ermöglicht werden.

b. Begriff des Währungsschadens. Währungsgeschädigter im Sinne der Soforthilfe ist jede Person, die auf Reichsmark lautende Ansprüche hatte, die durch die Bestimmungen zur Neuordnung des Geldwesens im Währungsgebiet in einem anderen Verhältnis als 1 : 1 auf deutsche Mark umgestellt worden sind oder die unter § 14 des Umstellungsgesetzes fallen.

Die von der Währungsumstellung betroffenen Ansprüche müssen auf eine Leistung in RM gerichtet sein, am Währungsstichtag, d. h. am 21. Juni 1948 bestanden haben, und im Zeitpunkt der Antragstellung rechtlich und zahlenmäßig zweifelsfrei feststehen (vgl. SH.-DVO. Ziff. 10 zu § 31). Zu diesen Ansprüchen gehören nach den Bestimmungen zur Neuordnung des Geldwesens, insbesondere nach dem 3. Gesetz zur Neuordnung des Geldwesens (Umstellungsgesetz) — Gesetz Nr. 63 im amerikanischen und britischen Kontrollgebiet sowie VO. Nr. 160 im französischen Kontrollgebiet — folgende abgewerteten Forderungen:

aa. Die Altgeldguthaben, d. h. alle Reichsmarkguthaben bei Geldinstituten im Währungsgebiet, auch soweit sie erst durch die Einzahlung von Altgeldnoten entstanden sind, die auf Grund des Währungsgesetzes (Gesetz Nr. 61 im amerikanischen und britischen Kontrollgebiet, VO. Nr. 158 im französischen Kontrollgebiet) abzuliefern waren (§§ 1, 2 UG.).

Hierunter fallen alle Ansprüche aus Bankguthaben, Sparkassenguthaben sowie aus abgeliefertem Bargeld. Der Währungsschaden beträgt 93,5%. Er ist stets der Unterschiedsbetrag zwischen dem auf den Währungsstichtag errechneten Altgeld-(Reichsmark-)Guthaben der dem von der Abwicklungsbank später zugeschriebenen DM-Betrag (einschl. des Festgeldbetrages) — vgl. SHG.-Anleitung zu § 33 Ziff. 8 Abs. 5.

Die Tatsache, daß ein Altgeldguthaben zur Anrechnung des Kopfbetrages verwendet worden ist, schließt das Vorliegen eines Währungsschadens nicht aus (vgl. SH.-DVO. zu § 31 Ziff. 11 Satz 2).

Dagegen können Altgeldguthaben, die deshalb keinen Anspruch auf Umwandlung in Neugeldguthaben begründen, weil sie nicht frist- und ordnungsgemäß angemeldet worden sind (vgl. § 8 UG.), nach § 31 Ziff. 3 nicht berücksichtigt werden, da sie durch die Währungsbestimmungen nicht „umgestellt" worden sind.

bb. Sonstige Reichsmarkforderungen, die auf Grund des § 16 UG. im Verhältnis 10 : 1 umgestellt worden sind, ohne Rücksicht darauf, ob sie dinglich gesichert sind oder nicht (z. B. Darlehnsforderungen, Hypothekenforderungen, Grundschulden, Wechsel).

cc. Pfandbriefe, Rentenbriefe, Kommunalschuldverschreibungen und andere Schuldverschreibungen, die von Grundkreditanstalten, Kommunalkreditanstalten, Schiffsbeleihungsbanken und Ablösungsanstalten ausgegeben worden sind (vgl. § 22 UG.).

dd. Ansprüche aus Versicherungsverträgen (Lebensversicherung, Rentenversicherung, Haftpflichtversicherung, Rückversicherung) nach § 24 UG. Auch Anwartschaften auf Versicherungsleistungen fallen darunter.

ee. Ansprüche der Bausparer aus den Sparguthaben nach § 25 UG.

ff. Forderungen gegenüber dem Reich (Reichsanleihen, Reichsschatzanweisungen, Reichsschuldbuchforderungen) und gleichgestellte Forderungen nach § 14 UG (Forderungen gegenüber der NSDAP, ihren Gliederungen und angeschlossenen Verbänden sowie gegenüber allen übrigen von der Militärregierung aufgelösten Organisationen, vor dem 9. Mai 1945 begründete Forderungen gegenüber der Reichsbahn und der Reichspost, Forderungen gegenüber der Reichsbank usw.).

Der Wortlaut des § 14 UG. ist in der SHG.-Anleitung zu § 31 Ziff. 4 Abs. 3 abgedruckt. Nach der Anleitung können im Rahmen der Soforthilfe als Währungsschäden Verluste an Wertpapieren, die Rechte gegen das Reich usw. verbriefen, auch dann anerkannt werden, wenn die Frist für die Anmeldung dieser Wertpapiere nicht eingehalten war.

gg. Dagegen gehören nicht zu den Währungsgeschädigten die Besitzer von Anteilsrechten an Unternehmen (z. B. von Aktien, GmbH.-Anteilen, Kuxen und Geschäftsguthaben bei Genossenschaften).

c. Ort des Währungsschadens. Der Währungsschaden muß durch die im Währungsgebiet getroffene Neuordnung des Geldwesens entstanden sein. Die umgestellten RMarkguthaben müssen daher bei Geldinstituten im Währungsgebiet unterhalten worden sein. Bei den sonstigen umgestellten Ansprüchen ist der Wohnsitz des Schuldners maßgebend. Wegen des Begriffs des Währungsgebietes (Länder der 3 Westzonen) vgl. SH.-DVO. zu § 30 Ziff. 4.

Währungsschäden, die durch die Währungsreform in der sowjetischen Besatzungszone, in der Stadt Berlin oder im Ausland entstanden sind, bleiben unberücksichtigt. Von der Währungsreform im Währungsgebiet sind an sich auch Altgeldguthaben von Personen betroffen, die außerhalb des Währungsgebiets ihren Wohnsitz haben, aber im Währungsgebiet das Guthaben unterhalten. Diese Personen gehören jedoch nach § 30 Ziff. 2 nicht zum Kreis der Währungsgeschädigten, da sie am Stichtag ihren Wohnsitz oder dauernden Aufenthalt nicht im Währungsgebiet hatten.

d. Nachweis

aa. des Währungsschadens. Der erlittene Währungsschaden muß dem Grunde und der Höhe nach vom Geschädigten zweifelsfrei nachgewiesen werden. Dieser Nachweis kann in der Regel durch Bestätigung eines Bankinstituts, vor allem der Abwicklungsbank, einer Versicherungsgesellschaft oder durch sonstige Urkunden erfolgen.

bb. des ursächlichen Zusammenhangs zwischen dem Währungsschaden und der Bedürftigkeit. Vgl. § 30 Anm. 2b, cc.

e. Einschränkung der Leistungen der Soforthilfe. Für Währungsgeschädigte gilt der im § 33 vorgesehene Höchstbetrag für die Leistungen im Rahmen der Soforthilfe: bei Währungsschäden unter 1700,—R-Mark beschränkt sich die Unterhaltshilfe auf einen Unterhaltszuschuß (vgl. § 37).

Währungsgeschädigte können Unterhaltshilfe und Ausbildungshilfe für sich und ihre Kinder erhalten. Von der Aufbauhilfe und Hausrathilfe sind sie ausgeschlossen.

4. Politisch Verfolgte.

a. Begriff. Die Begriffsbestimmung des politisch Verfolgten lehnt sich eng an die in den meisten Ländern bereits erlassenen Wiedergutmachungsgesetze an. Die politische Verfolgung besteht in „nationalsozialistischen Verfolgungs- oder Unterdrückungsmaßnahmen", d. h. vor allem in der Bedrohung von Leben, Gesundheit und Freiheit. Diese politische Verfolgung im engeren Sinn wird im Rahmen der Soforthilfe nur dann berücksichtigt, wenn sie gleichzeitig eine Schädigung, d. h. eine Beeinträchtigung von Eigentum, Vermögen oder wirtschaftlichem Fortkommen hervorgerufen hat. Anderseits genügt die Schädigung (vgl. Anm. 4b), auch wenn der Geschädigte nach Landesrecht nicht zu den „politisch Verfolgten" im engeren Sinne, d. h. zu den an Leben, Gesundheit und Freiheit unmittelbar Bedrohten gehört. Die Schädigung muß unter der Herrschaft des Nationalsozialismus, d. h. in der Zeit vom 30. Januar 1935 bis 8. Mai 1945, aus politischen, religiösen, weltanschaulichen oder rassischen Gründen erfolgt sein. Die Gesinnungsverfolgten müssen infolge ihrer politischen, religiösen oder weltanschaulichen Einstellung (z. B. Kommunisten, Bibelforscher, Freimaurer) mit dem Nationalsozialismus in Konflikt geraten sein. Unter die rassisch Verfolgten fallen die durch die Nürnberger Gesetze betroffenen Personen (z. B. Juden, Mischlinge, Zigeuner); hierher gehoren auch solche Personen, die wegen ihrer Verheiratung mit einer durch die Nürnberger Gesetze betroffenen Person schwere wirtschaftliche Nachteile erlitten haben.

Der Entzug der personlichen Freiheit durch Inhaftierung in einem Konzentrationslager, Zuchthaus oder Gefängnis ist nicht erforderlich; es genügt jede Verfolgungs- oder Unterdrückungsmaßnahme. Daher fallen auch die Emigranten, die als Gegner des Nationalsozialismus ins Ausland geflohen sind, um einer Festnahme zu entgehen, unter das Gesetz, sofern sie wesentliche wirtschaftliche Nachteile erlitten haben, deren Auswirkungen sie nicht überwinden konnten.

b. Schädigung. Die Tatsache der politischen Verfolgung allein berechtigt noch nicht zur Inanspruchnahme der Soforthilfe: denn auch der politisch Verfolgte muß gleichzeitig geschädigt sein, d. h. wesentliche wirtschaftliche Nachteile im Sinne der 1. SH.-DVO. Ziff. 14 zu § 31 erlitten haben. Danach müssen die Nachteile die wirtschaftlichen Grundlagen des Antragstellers derart vernichtet oder nachhaltig erschüttert haben, daß er die Auswirkungen bis zum Zeitpunkt der Antragstellung nicht hat überwinden können. Bagatellschäden werden nicht berücksichtigt.

Die Feststellung der Schädigung, die in einer Prüfung darüber besteht, ob der politisch Verfolgte durch die nationalsozialistischen Verfolgungs- oder Unterdrückungsmaßnahmen in seiner Existenzgrundlage vernichtet oder nachhaltig erschüttert worden ist, wird im Einzelfall nicht immer leicht sein und ist weitgehend Tatfrage. So werden z. B. Beamte und Angestellte, die aus Gesinnungsgründen oder wegen ihrer Rasse ohne Entlassung von einer Beförderung ausgeschlossen worden sind, im allgemeinen nicht darunter fallen; ebensowenig Personen, die aus solchen Gründen entlassen worden sind, aber ausreichende Versorgungsbezüge erhalten haben. Die wirtschaftliche Benachteiligung muß schwerwiegender Art gewesen sein und darf zum Zeitpunkt der Antragstellung noch nicht behoben sein.

c. Ausschluß von der Soforthilfe bei aktiver Unterstützung des Nationalsozialismus. Von den Vergünstigungen der Soforthilfe sind diejenigen politisch Verfolgten ausgeschlossen, die „der nationalsozialistischen Gewaltherrschaft Vorschub geleistet" haben, d. h. Personen, die trotz politischer Schädigung den Nationalsozialismus durch Wort oder Tat unterstützt haben. Die langjährige Mitgliedschaft bei der NSDAP oder einer ihrer Gliederungen genügt jedoch nicht. Dagegen werden hierunter Personen fallen, die dem SD oder der Gestapo angehört haben. Nach Ziff. 15 der SH.-DVO. zu § 31 gilt die Vorschubleistung als erwiesen, wenn der politisch Verfolgte im Rahmen eines Entnazifizierungsverfahrens rechtskräftig als Aktivist oder Hauptschuldiger eingestuft worden ist.

d. Behandlung der Hinterbliebenen von Opfern des Nationalsozialismus. Nach § 31 Ziff. 4 können grundsätzlich nur solche Personen in den Genuß der Soforthilfe gelangen, die selbst wegen ihrer Gesinnung oder ihrer Rasse verfolgt oder unterdrückt worden sind. Die nächsten Angehörigen eines politisch Verfolgten, die nicht selbst den

Tatbestand des § 31 Ziff. 4 erfüllen, gehören daher an sich nicht zu dem begünstigten Personenkreis des Gesetzes. Eine solch enge Auslegung des Gesetzes würde jedoch zu unbilligen Härten führen, wenn die Bedürftigkeit von Witwen und minderjährigen Kindern darauf zurückzuführen ist, daß der Ernährer als politisch Verfolgter hingerichtet wurde oder in der Haft verstorben ist. Das gleiche gilt hinsichtlich alter und bedürftiger Eltern solcher Opfer, wenn anzunehmen ist, daß der verstorbene Sohn ganz oder vorwiegend zu ihrem Unterhalt beigetragen hätte.

e. Subsidiäre Gewährung der Soforthilfe. Da in der Mehrzahl der Länder Wiedergutmachungsgesetze bestehen, die eine günstigere Versorgung der politisch Verfolgten und Geschädigten vorsehen, werden die Leistungen der Soforthilfe den politisch Verfolgten nur subsidiär gewährt. Um eine doppelte Hilfe zu vermeiden, entfallen sie nach § 76 Abs. 2, soweit die Länder auf Grund landesrechtlicher Gesetzgebung den politisch Verfolgten bereits Wiedergutmachungsleistungen gewähren.

f. Nachweis. Zum Nachweis der Eigenschaft als politisch Verfolgter genügt in der Regel die Vorlage einer amtlichen Bescheinigung der zuständigen Landesbehörde. Solche Bescheinigungen sind in Gestalt besonderer Ausweise (z. B. KZ-Ausweis) in allen Ländern ausgestellt worden. Die Ausstellung erfolgt durch die Ämter für Wiedergutmachung, „Landesstellen für die Betreuung der Opfer des Nationalsozialismus" oder sonstige von den Ländern mit der Betreuung der Opfer des nationalsozialistischen Systems beauftragten Behörden. Die Zugehörigkeit zu einer Vereinigung der politisch Verfolgten (z. B. VVN.) wird als Nachweis nicht anerkannt. Vermag der Antragsteller eine amtliche Bescheinigung als politischer Verfogter nicht vorzulegen, ist die gutachtliche Stellungnahme der zuständigen Landesbehörde einzuholen. Die Vorlage einer amtlichen Bescheinigung wird jedoch in der Regel nur Auskunft über die Eigenschaft als politisch Verfolgter geben, ohne daß damit die Schwere der erlittenen wirtschaftlichen Nachteile erwiesen ist. Die Soforthilfeämter müssen daher trotz Vorlage einer solchen Bescheinigung Feststellungen über die Höhe des erlittenen Schadens treffen. Vgl. auch SHG.-Anleitung zu § 31 Ziff. 5.

5. Erweiterung des begünstigten Personenkreises.

Andere als die in § 31 genannten Geschädigtengruppen sind von der Soforthilfe grundsätzlich ausgeschlossen. Eine Erweiterung des begünstigten Personenkreises ist nur auf Grund einer besonderen Anordnung nach § 73 möglich (vgl. § 30 Anm. 3). Ausgeschlossen sind z. B. die infolge Beschlagnahme oder Liquidation von Auslandsvermögen Geschädigten, die von Besatzungsmaßnahmen (Demontagen, Restitutionen, Beschlagnahmen) Betroffenen, die infolge des Krieges körperlich Beschädigten, die Hinterbliebenen der Gefallenen usw. Wegen der beschränkten Berücksichtigung der Spätheimkehrer (vgl. § 30 Anm. 2c, cc und § 73 Anm. 2b).

§ 32

Arten der Soforthilfe

(1) **Soforthilfe nach den Bestimmungen dieses Gesetzes wird gewährt als**

1. Unterhaltshilfe (§§ 35 bis 42),

2. Ausbildungshilfe (§ 43), Aufbauhilfe (§ 44) und Hausrathilfe (§ 45),

3. Gemeinschaftshilfe (§§ 46, 47).

(2) **Soforthilfe nach Absatz 1 Ziffer 1 und 2 wird nur natürlichen Personen gewährt.**

Durchführungs-VO.

Zu § 32.

Arten der Soforthilfe

Die einzelnen Arten der Soforthilfe können von den Geschädigten nebeneinander in Anspruch genommen werden.

SHG.-Anleitung (Ziff. 7)

7. Arten der Soforthilfe (§ 32)

(1) *Die Soforthilfebehörden haben darauf zu achten, daß nicht jede Art von Soforthilfe völlig unabhängig voneinander bearbeitet wird, damit, insbesondere hinsichtlich der im Rahmen der verfügbaren Mittel gewährten Hilfen, eine Häufung von Hilfeleistungen zugunsten einzelner und zum Nachteil anderer Geschädigter vermieden wird.*

(2) *Von den einzelnen Arten der Soforthilfe können gewährt werden an:*

Flüchtlinge und Gleichgestellte (§ 31 Ziff. 1 des Ges. u. § 1 der Anordnung nach § 73)	*Sachgeschädigte (§ 31 Ziff. 2 des Ges.)*	*Währungsgeschädigte (§ 31 Ziff. 3 des Ges.)*	*Politisch Verfolgte (§ 31 Ziff. 4 des Ges.)*	*Spätheimkehrer (§ 2 der Anordnung nach § 73)*
Unterhaltshilfe (§§ 35—42)	*Unterhaltshilfe (§§ 35—42)*	*Unterhaltshilfe (§§ 35—42)*	*Unterhaltshilfe (§§ 35—42)*	—
Ausbildungshilfe (§ 43)	*Ausbildungshilfe (§ 43)*	*Ausbildungshilfe (§ 43)*	*Ausbildungshilfe (§ 43)*	*Ausbildungshilfe zur eigenen Berufsausbildung*
Aufbauhilfe (§ 44)	*Aufbauhilfe (§ 44)*	—	*Aufbauhilfe (§ 44)*	*Aufbauhilfe zur Existenzgründung oder Berufsumschulung*
Hausrathilfe (§ 45)	*Hausrathilfe (§ 45)*	—	*Hausrathilfe (§ 45)*	—

Über Gemeinschaftshilfe vgl. §§ 46 und 47 des Gesetzes und Soforthilfe-DVO dazu.

Erläuterungsübersicht

1. Rechtsnatur der Hilfen

Im Gegensatz zu den übrigen Arten der Soforthilfe besteht nur auf die Unterhaltshilfe ein Rechtsanspruch (§ 40). Dadurch sollen die hilfsbedürftigen alten oder erwerbsunfähigen Geschädigten, die in den Genuß dieser Hilfe gelangen, eine rechtliche Sicherung ihrer bedrohten oder vernichteten Existenz erhalten und aus dem Bereich der öffentlichen Fürsorge, deren Inanspruchnahme vielfach als bedrückend empfunden wird, herausgehoben werden. Die Unterhaltshilfe hat daher insofern den Vorrang vor den übrigen Hilfen, die nur „im Rahmen der verfügbaren Mittel" nach freiem Ermessen der zuständigen Stellen gewährt werden.

2. Rangordnung der Hilfen

Zwischen den einzelnen Arten der Soforthilfe besteht — abgesehen von der Unterhaltshilfe, die gewährt werden muß, wenn die gesetzlichen Voraussetzungen vorliegen — keine Rangordnung, so daß sie den Geschädigten grundsätzlich nebeneinander gewährt und von diesen nebeneinander beansprucht werden können, sofern die jeweiligen Voraussetzungen gegeben sind (vgl. SH.-DVO. zu § 32). Da die Aufbauhilfe der Eingliederung erwerbsfähiger Geschädigter in den Wirtschaftsprozeß dient, muß sie naturgemäß den Unterhaltshilfeempfängern, bei denen der Neuaufbau einer Existenz nicht mehr in Betracht kommt, versagt werden.

3. Wesen der Hilfen

Während die Unterhaltshilfe ihrer Natur nach ausschließlich in den Konsum fließt, dienen die übrigen Leistungen der Soforthilfe produktiven Zwecken und sind daher volswirtschaftlich von besonderer Bedeutung (vgl. auch § 74).

§ 33

Höchstbetrag

Der Gesamtbetrag der Leistungen im Rahmen der Soforthilfe darf bei Sachgeschädigten (§ 31 Ziffer 2) und bei Währungsgeschädigten (§ 31 Ziffer 3) die Hälfte der in Reichsmark ausgedrückten Höhe des Gesamtschadens, den der Anspruchsberechtigte nachweisbar erlitten hat, nicht übersteigen. Die ersten 300 Reichsmark des Gesamtschadens werden jedoch voll in Ansatz gebracht.

Durchführungs-VO.

Zu § 33.

Höchstbetrag

1. Ist der Geschädigte sowohl Währungsgeschädigter als auch Sachgeschädigter, so werden beide Schäden bei der Feststellung der Höhe

des Gesamtschadens nach § 33 zusammengerechnet. Schäden, die dem Geschädigten und seinen in § 36 Absatz 2 genannten Angehörigen entstanden sind, werden bei der Feststellung der Höhe des Gesamtschadens ebenfalls zusammengerechnet.

2. Bei Sachschäden an land- und forstwirtschaftlichem Vermögen, Grundvermögen und Betriebsvermögen wird die Höhe des Gesamtschadens unter Zugrundelegung der Einheitswerte berechnet. Soweit Einheitswerte nicht vorliegen, bleibt es dem Präsidenten des Hauptamts für Soforthilfe überlassen, im Wege allgemeiner Weisung das Nähere zu bestimmen.

3. Über Art und Höhe des Sachschadens ist stets eine amtliche Bescheinigung, soweit möglich eine solche der Feststellungsbehörde, erforderlich.

4. Bei der Feststellung der Höhe des Gesamtschadens mindern sich erlittene Sachschäden um den Reichsmark-Nennbetrag etwa bereits empfangener Entschädigungszahlungen. Darüber, ob und inwieweit Entschädigungszahlungen geleistet sind, ist eine Bescheinigung der Feststellungsbehörde erforderlich.

5. Bei Anwartschaften aus Lebensversicherungsverträgen ist die Höhe des Schadens durch eine Bescheinigung der Lebensversicherungsgesellschaft nachzuweisen. Bei der Berechnung des Schadens ist von dem am Währungsstichtag vorhandenen Deckungskapital auszugehen.

6. Ist der Schaden durch Umstellung von Renten auf Grund von Verträgen mit privaten oder öffentlich-rechtlichen Versicherungsunternehmen entstanden, so bestimmt sich der Wert der Rente nach dem Lebensalter des Gläubigers. Als Wert wird angenommen

bei einem

Lebensalter bis zu 20 Jahren	das 25fache
von mehr als 20 bis zu 25 Jahren	„ 24 „
„ „ „ 25 „ „ 30 „	„ 23 „
„ „ „ 30 „ „ 35 „	„ 22 „
„ „ „ 35 „ „ 40 „	„ 21 „
„ „ „ 40 „ „ 45 „	„ 20 „
„ „ „ 45 „ „ 50 „	„ 18 „
„ „ „ 50 „ „ 55 „	„ 16 „
„ „ „ 55 „ „ 60 „	„ 14 „
„ „ „ 60 „ „ 65 „	„ 12 „
„ „ „ 65 „ „ 70 „	„ 10 „
„ „ „ 70 „ „ 75 „	„ 8 „
„ „ „ 75 „ „ 80 „	„ 6 „
„ „ „ 80 „ „ 85 „	„ 4 „
„ „ „ 85 Jahren	„ 3 „

des Wertes der Jahresrente.

7. Soweit in den Fällen der Ziffer 6 die Dauer der Rente von der Lebenszeit mehrerer Personen abhängt, ist

a) wenn das Recht mit dem Tod des zuletzt Sterbenden erlischt, das Lebensalter des Jüngsten maßgebend; das entsprechende Vielfache der Tabelle der Ziffer 6 ist um 2 für jede weitere Person zu erhöhen;

b) wenn das Recht mit dem Tod des zuerst Sterbenden erlischt, das Lebensalter des Ältesten maßgebend; das entsprechende Vielfache der Tabelle der Ziffer 6 ist um 2 für jede Person weitere zu ermäßigen.

8. Handelt es sich bei den Anspruchsberechtigten um Gläubiger von Vorzugsrenten nach dem Gesetz über die Ablösung öffentlicher Anleihen vom 16. Juli 1925 (RGBl. I S. 137, AnlAblGes.) in der Fassung des Gesetzes zur Änderung und Ergänzung von Vorschriften auf dem Gebiete des Finanzwesens vom 23. März 1934 (RGBl. I S. 232) und der Verordnungen zur Änderung des Gesetzes über die Ablösung öffentlicher Anleihen vom 31. Mai 1944 (RGBl. I S. 127) und vom 31. August 1944 (RGBl. I S. 195), so ist über den Wert einer Vorzugsrente des Reichs eine Bescheinigung der Schuldenverwaltung des Vereinigten Wirtschaftsgebiets, über den Wert einer Vorzugsrente eines Landes eine Bescheinigung derjenigen Landesbehörde vorzulegen, welche die Rente bezahlt hat.

Der Wert der Rente berechnet sich nach Ziffer 6, jedoch mit den nachfolgenden Abweichungen:

a) In Fällen von einfacher Vorzugsrente (§ 20 Absatz 1 AnlAblGes.) werden als Wert der einjährigen Rentennutzung an Stelle von 80 v. H., wenn der Gläubiger am Währungsstichtag (21. Juni 1948) das 60. Lebensjahr vollendet hatte, 120 v. H., andernfalls 100 v. H. des Nennbetrages des der Rente zugrunde liegenden Auslosungsrechts angenommen. Eine Berücksichtigung des Wertes des der Rente zugrunde liegenden Auslosungsrechts findet daneben nicht statt. Ist jedoch der auf diese Weise errechnete Kapitalwert der Vorzugsrente geringer als der allgemein mit dem zehnfachen Nennbetrag anzunehmende Wert des der Rente zugrunde liegenden Auslosungsrechts, ist als Währungsschaden der Wert des Auslosungsrechts anzusetzen.

b) In Fällen von erhöhter Vorzugsrente (§ 20 Absatz 2 AnlAblGes.) ist als Mindestwährungsschaden der fünffache Nennbetrag des der Berechnung der Vorzugsrente zugrunde liegenden Auslosungsrechts anzusetzen.

9. Ist der Schaden durch die Einstellung von Rentenzahlungen entstanden, die auf Grund von Liquidations- und Gewaltschäden gewährt wurden (vgl. Ziffer 12 zu § 31), dann ist der Nachweis der Bewilligung der Rente sowie eine Bescheinigung der zuständigen Oberfinanzkasse über die frühere tatsächliche Zahlung dieser Rente, mindestens aber einer dieser Belege erforderlich. Der Wert dieser Rentenzahlungen berechnet sich nach Ziffer 6.

SHG.-Anleitung (Ziff. 8)

8. Höchstbetrag (§ 33)

(1) *Die Vorschrift des § 33 hat in der Praxis nur beschränkte Bedeutung; sie soll sicherstellen, daß ein Verhältnis zwischen Schaden und Hilfe, wie im Gesetz festgelegt, gewahrt bleibt. Gegenüber Flüchtlingen und politisch Verfolgten ist sie ohne Bedeutung, weil in diesen Fällen unterstellt wird, daß der durch Vernichtung oder nachhaltige Erschütterung der wirtschaftlichen Grundlagen erlittene Schaden stets schwerer wiegt als der Betrag der Leistungen, die nach dem Soforthilfegesetz zunächst gewährt werden können.*

(2) *Bei Sachschäden ist Soforthilfe-DVO. Ziffer 3 und 4 zu § 33 zu beachten (Vorlage amtlicher Bescheinigungen). Wenn über Art und Höhe des Sachschadens*

eine Bescheinigung der Feststellungsbehörde nicht beigebracht werden kann, genügt eine solche der Gemeindebehörde (Polizeibehörde) des Ortes, an dem der Schaden entstanden ist.

(3) *Hinsichtlich der Bewertung von Schäden an Objekten, die der Einheitsbewertung unterliegen, gilt Soforthilfe-DVO Ziffer 2 zu § 33.*

(4) *Soweit es sich um die Bewertung von Hausratschäden handelt, ist bis zum Erlaß von Bestimmungen hierüber zunächst der Schaden einheitlich mit den in der nachstehenden Tabelle angegebenen Richtsätzen anzusetzen. Die Richtsätze gelten nur für die Zwecke der Soforthilfe. Durch sie gelten alle Hausratschäden einschließlich solcher an Schmuck, Teppichen, Gemälden usw. als erfaßt. Nur Gegenstände, die dem Erwerb des Geschädigten gedient haben (z. B. Fachbibliotheken, Musikinstrumente), sind in den Richtsätzen nicht enthalten und daher, soweit sie nicht als Betriebsvermögen gelten, mit einem angemessenen Zuschlag zu den Richtsätzen zu berücksichtigen. Teilschäden sind mit dem entsprechenden Prozentsatz des Richtsatzes anzusetzen. Empfangene Entschädigungszahlungen sind in voller Höhe auf die Richtsätze anzurechnen, wobei gegebenenfalls festzustellen ist, welcher Teil einer Gesamtentschädigung auf Hausratschäden entfällt. Die Angaben zur Einordnung des Einzelfalles in die nachstehende Tabelle (Größe der Wohnung, Einkommen, Familienstand) sind dem Hauptantrag (Frage 13) zu entnehmen.*

Größe der Wohnung im Zeitpunkt der Schädigung	*Bei einem Jahreseinkommen (Durchschnitt 1937 bis 1939)*				
	bis 1800 RM	*bis 3000 RM*	*bis 4800 RM*	*bis 7200 RM*	*über 7200 RM*
	RM	*RM*	*RM*	*RM*	*RM*
I Ledige mit eigenem Haushalt)*					
Ein- oder Zweizimmerwohnung mit Zubehör	1000	1200	1500	1800	2100
II. Verheiratete ohne Kinder)*					
Einzimmerwohnung mit Zubehör	1800	2100	2400	2700	—
Zweizimmerwohnung mit Zubehör	2700	3200	3600	4000	4500
Dreizimmerwohnung mit Zubehör	3600	4000	4500	5000	5500
Vierzimmerwohnung mit Zubehör	4800	5400	6000	6600	7000
Wohnung mit 5 und mehr Zimmern einschließl Zubehör	—	6600	7200	7800	8400
III Familienzuschläge)*					
Zuschläge:					
Die vorstehenden Beträge erhöhen sich.					
a) für jedes Kind bis zu 15 Jahren um je	200	250	390	350	400
b) für jedes Kind über 15 Jahre um je	300	350	400	450	500
c) für jeden erwachsenen Familienangehörigen um je	400	480	600	720	840

Größe der Wohnung im Zeitpunkt der Schädigung	*Bei einem Jahreseinkommen (Durchschnitt 1937 bis 1939)*				
	bis 1800 RM *RM*	*bis 3000 RM* *RM*	*bis 4800 RM* *RM*	*bis 7200 RM* *RM*	*über 7200 RM* *RM*
IV. Ledige ohne eigenen Haushalt und Verwitwete)*					
Abschläge.					
Die Beträge der Tabelle (I und II) vermindern sich.					
a) für Ledige (I) ohne eigenen Haushalt um	*600*	*720*	*960*	*1200*	*1400*
b) für Verwitwete (II u. ggf. II!) um	*300*	*360*	*480*	*600*	*700*

**) Maßgebend ist der Familienstand im Zeitpunkt der Schädigung.*

(5) *Bei Währungsgeschädigten ergibt sich der Währungsschaden aus den in Ziffer 4 Absatz 5 dieser Anleitung (vgl. § 31) genannten Urkunden. Er beträgt in der Regel bei Altgeldguthaben 93,5%, bei Ansprüchen gemäß § 14 des Umstellungsgesetzes 100% und bei sonstigen Ansprüchen 90% des Reichsmarkbetrages der Guthaben oder Ansprüche. Maßgebend ist der Stand am Währungsstichtag. Bei Altgeldguthaben ist der Währungsschaden stets der Unterschiedsbetrag zwischen dem auf den Währungsstichtag errechneten Altgeld-(Reichsmark-)Guthaben und dem von der Abwicklungsbank später gutgeschriebenen DM-Betrag (einschließlich des Festgeldbetrages).*

(6) *Nimmt der Sach- oder Währungsgeschädigte ausschließlich Unterhaltshilfe in Anspruch, so gewinnt die Bestimmung des § 33 praktisch nur dann Bedeutung, wenn der Gesamtbetrag der Leistungen sich nicht höher als mit 1000 DM errechnet (vgl. § 37). Bei der Berechnung des Gesamtbetrages der Leistungen werden die ersten 300 Reichsmark des Gesamtschadens voll in Ansatz gebracht. Der Restbetrag des Gesamtschadens wird nur zur Hälfte berücksichtigt. Für die Entscheidung der Frage, ob Unterhaltshilfe oder nur Unterhaltszuschuß zu gewähren ist, genügt die Feststellung, ob der Gesamtschaden zweifelsfrei mehr als 1700 RM beträgt, wie sich aus folgender Berechnung ergibt:*

Gesamtschaden	*zu berücksichtigen*	*Gesamtbetrag der Leistungen*
300 RM	*voll*	*300 DM*
+ 1400 RM	*zur Hälfte*	*700 DM*
zus. 1700 RM	=	*1000 DM*

(7) *Nimmt der Sach- oder Währungsgeschädigte neben Unterhaltshilfe noch andere Hilfen in Anspruch, so ist zu prüfen, ob der „Gesamtbetrag der Leistungen" dies zuläßt. Stellt z. B. ein Sachgeschädigter neben Antrag auf Unterhaltshilfe auch Antrag auf Hausrathilfe, so muß der Antragsteller gegebenenfalls auf die sich aus § 33 und § 38 ergebenden Folgen (vorzeitiger Wegfall der Unterhaltshilfe) hingewiesen werden.*

Erläuterungsübersicht

1. Grundsatz

Während die Soforthilfe grundsätzlich ohne Rücksicht auf die Höhe des erlittenen Schadens gewährt wird und keine Staffelung ihrer Leistungen vorsieht, macht das Gesetz bei den Währungsgeschädigten und den Sachgeschädigten eine Ausnahme, „weil es nicht angeht, diesen Personen auf längere Zeit Leistungen zu gewähren, die zu dem Gesamtbetrag des Schadens in keinem Verhältnis stehen" (Begr.). § **33** bestimmt daher, daß Sachgeschädigte und Währungsgeschädigte im Rahmen der Soforthilfe keine höheren Leistungen beanspruchen können, als dem Ersatz der Hälfte des nachweisbar erlittenen Schadens entsprechen würde (Höchstbetrag). Durch die Anerkennung der Notwendigkeit eines ursächlichen Zusammenhangs zwischen Schaden und Hilfe erhält § **33** einen schadensersatzähnlichen Charakter. § **33** bezieht sich nicht auf Flüchtlinge und politisch Verfolgte; wegen der Gründe vgl. SHG.-Anleitung zu § **33** Ziff. 8 Abs. 1.

Um vor allem den durch die Währungsreform und die Anrechnung der Kopfquote besonders hart betroffenen Kleinsparern entgegenzukommen, werden die ersten 300.— RM des Schadens voll in Ansatz gebracht. § **33** unterscheidet demnach zwischen

a. der in Reichsmark ausgedrückten Höhe des Gesamtschadens („Gesamtschaden") und

b. dem Höchstbetrag der Leistungen, der hinsichtlich des über 300 RM hinausgehenden Teils des Gesamtschadens nur 50 v. H. desselben ausmacht („Höchstbetrag").

2. Sachschäden

a. Berechnung.

Bei Sachschäden ist der Gesamtschaden unter Auswertung aller verfügbarer Auskünfte und Unterlagen sowie gegebenenfalls unter Abzug etwa schon empfangener Entschädigungszahlungen (vgl. unten Anm. 2b) zu schätzen.

Im Gegensatz zur Kriegssachschäden-VO. bemißt sich der Sachschaden nicht nach den Wiederbeschaffungs- oder Wiederherstellungskosten, sondern nach dem gemeinen Wert. Bei land- und forstwirtschaftlichem Vermögen, Grundvermögen (Gebäude) und Betriebsvermögen wird die Höhe des Sachschadens unter Zugrundelegung der Einheitswerte berechnet. Der Präsident des HfS. wird Richtlinien über die Feststellung der Höhe des Sachschadens erteilen, soweit Einheitswerte nicht vorliegen. Für die Bewertung von Hausratschäden hat die SHG.-Anleitung zu § 33 Ziff. 8 Abs. 4 besondere Richtsätze aufgestellt, durch welche alle Hausratschäden einschl. solcher von Schmuck, Teppichen, Gemälden usw. als erfaßt gelten und die nach der Größe der Wohnung, des Jahreseinkommens und des Familienstandes des Geschädigten gestaffelt sind. Gegenstände, die dem Erwerb des Geschädigten gedient haben, sind mit einem angemessenen Zuschlag zu den Richtsätzen zu berücksichtigen.

b. Berücksichtigung von Entschädigungszahlungen.

Wie bereits zu § 31 Anm. 2g bemerkt, setzt die Anerkennung als Sachgeschädigter voraus, daß der Sachschaden des Antragstellers nicht bereits durch Entschädigungszahlungen zahlenmäßig ausgeglichen ist. Der bei der Feststellung der Höhe des Gesamtschadens zu berücksichtigende Schaden mindert sich daher um den RM-Nennbetrag der Entschädigungszahlungen, die der Antragsteller bereits erhalten hat (vgl. auch SH.-DVO. zu § 33 Ziff. 4).

c. Nachweis des Sachschadens.

Wegen des Nachweises vgl. § 31 Anm. 2h.

3. Währungsschäden

a. Berechnung.

Bei Währungsschäden beträgt der Gesamtschaden in der Regel an Altgeldguthaben 93,5% (die gutgeschriebenen Neugeldbeträge sind abzuziehen!), an sonstigen Ansprüchen 90% des RM-Betrages der Guthaben bzw. der Ansprüche. An Forderungen gegenüber dem Reich und den nach § 14 UG. gleichgestellten Forderungen beläuft sich der Gesamtschaden auf 100%. Ansprüche auf wiederkehrende Leistungen, die nicht in der Verzinsung einer Kapitalsumme bestehen, müssen zur

Feststellung der Höhe des Schadens kapitalisiert werden. Die SH.-DVO. zu § **33** enthält eingehende Sondervorschriften über die Berechnung der Währungsschäden, die solche Leistungen durch die Währungsreform erfahren haben.

aa. Renten privater oder öffentlich-rechtlicher Versicherungsunternehmen.

Für die Berechnung des Schadens, der durch die Umstellung derartiger Renten (z. B. Leibrenten, Unfallrenten usw.) eingetreten ist, enthalten Ziff. 6 und 7 der SH.-DVO. zu § **33** eingehende Bestimmungen.

bb. Vorzugsrenten.

Nach den §§ 18 ff. des mehrfach geänderten Gesetzes über die Ablösung öffentlicher Anleihen vom **16.** Juli **1925** können bedürftige Personen, denen als Anleihealtbesitzer Auslosungsrechte zustehen, unter gewissen Voraussetzungen eine einfache Vorzugsrente und, sofern sie auf ihr Auslosungsrecht verzichtet haben, eine erhöhte Vorzugsrente (§ 20 Abs. 2 Anl.Abl.Ges.) erhalten. Die SH.-DVO. Ziff. 8 zu § **33** enthält nähere Sonderbestimmungen darüber, wie der Wert dieser Vorzugsrenten zu berechnen ist. Er muß, sofern es sich um eine Vorzugsrente des Reichs handelt, durch Vorlage einer Bescheinigung der Schuldenverwaltung des Vereinigten Wirtschaftsgebiets und, sofern die Vorzugsrechte vom Lande bezahlt wurde, durch eine Bescheinigung derjenigen Landesbehörde, welche die Rente bezahlt hat, nachgewiesen werden.

cc. Renten, die zum Ausgleich von Liquidations- oder Gewaltschäden aus dem ersten Weltkrieg gezahlt wurden. Die Einstellung solcher aus Reichsmittel gewährten Rentenzahlungen wird nach SH.-DVO. Ziff. **12** zu § **31** einem Währungsschaden gleichgestellt. Der Wert solcher Renten wird nach den gleichen Grundsätzen bemessen, die für die Berechnung des Werts der Renten auf Grund von Verträgen mit privaten oder öffentlich-rechtlichen Versicherungsunternehmen gelten. Wegen des Nachweises vgl. SH.-DVO. Ziff. **9** zu § **33**.

dd. Anwartschaften aus Lebensversicherungsverträgen.
Bei der Berechnung der Höhe des durch die Währungsumstellung solcher Ansprüche erlittenen Schadens ist von dem am Währungsstichtag vorhandenen Deckungskapital auszugehen. Die Höhe des Schadens muß durch eine Bescheinigung der Lebensversicherungsgesellschaft nachgewiesen werden (vgl. SH.-DVO. Ziff. **5** zu § **33**).

Es versteht sich von selbst, daß Ansprüche, soweit sie nach der Währungsumstellung bestehen blieben, bei der Feststellung des Gesamtschadens nicht zu berücksichtigen sind.

b. Nachweis des Währungsschadens.

Wegen des Nachweises vgl. § **31** **3** d. Wegen des Nachweises des Werts der Vorzugsrenten, der Bewilligung der Renten auf Grund von

Liquidations- und Gewaltschäden sowie des Schadens bei Anwartschaften aus Lebensversicherungsverträgen vgl. SH.-DVO. Ziff. 8, 9 und 5 zu § 33.

4. Zusammenrechnung von Schäden

a. Gehört ein Geschädigter beiden Geschädigtengruppen an, so werden beide Schäden bei der Feststellung der Hohe des Gesamtschadens zusammengerechnet.

b. Zusammengerechnet werden auch die Schäden des Geschädigten und seiner zuschlagsberechtigten Angehorigen (im Haushalt lebende Ehefrau und zuschlagsberechtigte Kinder) vgl. SH.-DVO. Ziff. 1 zu § 33.

5. Unterhaltszuschuß (Gesamtschaden unter 1700 RM)

Beträgt der Höchstbetrag nicht mehr als 1000 RM, so beschränkt sich die Unterhaltshilfe nach § 37 Abs. 1 auf die Gewährung eines Unterhaltszuschusses. Dies trifft zu, wenn der Gesamtschaden nicht mehr als 1700 RM beträgt. Die 1700 RM-Grebze ergibt sich aus folgender Berechnung:

Gesamtschaden	1700.—	RM	
—	300.—	,,	(die nach § 33 Satz 2 voll in Ansatz gebracht werden)
=	1400.—	RM	hiervon die Hälfte
—	700.—	,,	
	700.—	RM	
+	300.—	,,	
=	1000.—	RM	(Höchstbetrag).

6. Bei der **Berechnung des Gesamtbetrags der Leistungen** bleiben nach § 38

a. außer Ansatz:

aa die Erhöhungen des Grundbetrags der Unterhaltshilfe, die in der Gewährung von Zuschlägen für die im Haushalt lebende Ehefrau (30 DM) und die zuschlagsberechtigten Kinder (je 20 DM) bestehen,

bb sowie die Unterhaltshilfe und der Unterhaltszuschuß für Vollwaisen (35 bzw. 30 DM).

b. Zur Hälfte wird angerechnet der Unterhaltshilfebetrag für den Anspruchsberechtigten.

c. In voller Höhe wird der Unterhaltszuschuß angerechnet.

7. Umfang des Höchstbetrages

Der Höchstbetrag erstreckt sich auf die Gesamtheit der Leistungen, die im Rahmen der Soforthilfe von Sachgeschädigten und Währungsgeschädigten beansprucht werden können.

a. Sachgeschädigte können Unterhaltshilfe, Ausbildungshilfe für ihre Kinder, Aufbauhilfe und Hausrathilfe erhalten. Da die Aufbauhilfe in der Regel der Existenzgründung dient, kann sie von den alten oder erwerbsunfähigen Unterhaltshilfeempfängern nicht in Anspruch genommen werden.

b. Währungsgeschädigte erhalten neben der Unterhaltshilfe nur die Ausbildungshilfe für ihre Kinder.

c. Werden mehrere Leistungen beantragt, muß jeweils geprüft werden, ob sich die Gesamtheit der in Aussicht genommenen Leistungen in dem durch § 33 gezogenen Rahmen hält.

8. Beispiele

Zur Erläuterung der Vorschrift des § 33 mögen folgende Beispiele dienen:

a. Währungsschaden:

Eine anspruchsberechtigte Familie (Ehepaar mit 2 Kindern) besaß Bankguthaben im Betrage von 4000.— RM sowie Bargeld in Höhe von 1000.— RM = 5000.— RM. Die Umstellung betrug nach Abzug der 4 Kopfquoten, die an der Umstellung nicht teilnehmen (4 × 540 = 2160.— RM) 6½% von 2840.— RM = 184.60 einschl. der auf Anlagekonto gutgeschriebene 0,5%, über das zunächst nicht verfügt werden kann, das jedoch eine jährliche Verzinsung von 2½% erbringt. Der Währungsschaden beträgt darnach 5000.— RM — 184.60 RM = 4815.40 RM. Hiervon werden 300.— RM voll in Ansatz gebracht. Die Hälfte des Gesamtschadens, den die Gesamtleistungen der Soforthilfe nicht übersteigen dürfen, beträgt danach

	4 815.40 RM		
—	300.— ,,		
=	4 515.40 RM : 2	=	2 257.70 RM
		+	300.— ,,
		=	2 557.70 RM

Erhält das Ehepaar vom 1. April bis 31. März 1950 Unterhaltshilfe (= 12 × 35.— DM, da nach § 38 die Zuschläge an Frau und Kinder bei Berechnung des Höchstbetrages außer Ansatz bleiben und die Unterhaltshilfe für den Anspruchsberechtigten nur zur Hälfte, also mit 420.— DM, angerechnet wird), so kann es als währungsgeschädigt noch in Höhe von

	2 557.70 DM
—	420.— ,,
	2 137.70 DM

theoretisch an Ausbildungshilfe für die Kinder erhalten.

b. Währungsschaden und Sachschaden.

Hat das im Beispiel a. erwähnte Ehepaar außerdem durch einen Luftangriff einen Sachschaden in Höhe von 5000.— RM erlitten, so berechnet sich der Höchstbetrag wie folgt:

Währungsschaden-Höchstbetrag	=	2 557.70 DM
Sachschaden-Höchstbetrag 5000.— : 2 . .	=	2 500.— ,,
		5 057.70 DM

(Es versteht sich von selbst, daß die ersten 300.— RM nur einmal voll in Ansatz gebracht werden dürfen).

Die Gesamtleistungen an das Ehepaar dürfen neben der Unterhaltshilfe von 1260.— DM, die jedoch nur die Höhe von 420.— DM angerechnet wird, an Ausbildungshilfe für die Kinder, Hausrathilfe und evtl. an Aufbauhilfe für die Ehefrau den Betrag von 4 637.70 DM nicht übersteigen.

§ 34

Antrag

Soforthilfe gemäß § 32 Absatz 1 Ziffer 1 und 2 wird nur auf Antrag gewährt.

Erläuterungsübersicht

1. Antrag
2. Antragsteller
3. Einreichung des Antrags
4. Beginn der Unterhaltshilfe

1. Antrag.

Die Erlangung der Soforthilfe, die in Form der Einzelhilfe (als Unterhaltshilfe, Ausbildungshilfe, Aufbauhilfe oder Hausrathilfe) gewährt wird, muß der Initiative des Geschädigten überlassen bleiben. Diese 4 Arten der Soforthilfe werden daher nicht von Amts wegen, sondern nur auf Antrag gewährt. Für die Gemeinschaftshilfe ist dagegen ein Antrag nicht erforderlich, da sie vom HfS. durchgeführt wird.

2. Antragsteller.

Zur Stellung des Antrags sind berechtigt:

a. der Geschädigte oder sein mit schriftlicher Vollmacht versehener Vertreter (z. B. ein beauftragter Rechtsbeistand). Wegen des Sachgeschädigten vgl. § 31 Anm. 2 f;

b. bei Geschäftsunfähigkeit des Geschädigten (§ 104 BGB.) der gesetzliche Vertreter;

c. beschränkt geschäftsfähige Geschädigte (§§ 106, 114 BGB.) dürften den Antrag ohne Zustimmung ihres gesetzlichen Vertreters stellen können, da sie durch ihn nur einen rechtlichen Vorteil erlangen (§ 107 BGB.); Jugendliche, die das 18. Lebensjahr vollendet haben und sich zum Zwecke der Berufsausbildung außerhalb des Wohnsitzes des

Unterhaltsverpflichteten aufhalten, können den Antrag auf Ausbildungshilfe selbst stellen, auch wenn sie selbst nicht geschädigt sind (SH.-DVO. Ziff. 6 zu § 59);

d. der Ehemann ist beim gesetzlichem Güterstand auf Grund seines Verwaltungsrechts am eingebrachten Gut der Frau antragsberechtigt, sofern das eingebrachte Gut vom Währungs- oder Sachschaden betroffen ist (§§ 1363, 1374 BGB.). Hat das Vorbehaltsgut einen Währungs- oder Sachschaden erlitten, so ist die Frau antragsberechtigt (§ 1365 BGB.).

3. Einreichung des Antrags

Wegen der zur Entgegennahme der Anträge zuständigen Stellen vgl. § 59.

4. Beginn der Unterhaltshilfe

Der Zeitpunkt der Antragstellung ist für den Zeitpunkt maßgebend, von dem ab die Leistungen der Unterhaltshilfe zu gewähren sind. Diese wird nach § 39 Abs. 1 grundsätzlich von dem Monatsersten ab gewährt, der auf die Einreichung des Antrags folgt (vgl. § 39 Anm. 1 und 2).

Zweiter Abschnitt

Unterhaltshilfe

§ 35

Voraussetzungen der Unterhaltshilfe

(1) Geschädigte nach den §§ 30, 31 erhalten Unterhaltshilfe, soweit sie

1. das 65. Lebensjahr (Frauen das 60. Lebensjahr) vollendet haben oder infolge körperlicher oder geistiger Gebrechen dauernd außerstande sind, durch Arbeit die Hälfte dessen zu erwerben, was körperlich und geistig gesunde Personen derselben Art mit ähnlicher Ausbildung in derselben Gegend zu verdienen pflegen, und außerdem

2. den notwendigen Lebensbedarf für sich und ihre unterhaltsberechtigten Angehörigen nicht oder nicht ausreichend aus eigenen Kräften und Mitteln beschaffen können.

(2) Unter den Voraussetzungen des Absatzes 1 Ziffer 2 erhalten ferner Unterhaltshilfe

1. alleinstehende Frauen ohne Rücksicht auf ihr Lebensalter, sofern sie mindestens 3 Kinder zu versorgen haben,

2. Vollwaisen.

(3) Kinder im Sinne des Absatzes 2 Ziffer 1 sind eheliche Kinder, eheliche Stiefkinder für ehelich erklärte Kinder, Adoptiv-

kinder, uneheliche Kinder und Pflegekinder bis zur Vollendung des 15. oder, falls sie in Berufsausbildung stehen, des 18. Lebensjahres; ihnen sind Jugendliche bis zur Vollendung des 18. Lebensjahres gleichgestellt, die wegen Gebrechlichkeit besonderer Pflege bedürfen. Die Bestimmungen des Satzes 1 über die Altersgrenzen gelten für Vollwaisen im Sinne des Absatzes 2 Ziffer 2 entsprechend.

Durchführungs-VO

Zu § 35.

Voraussetzungen der Unterhaltshilfe

1. Eine Frau, die das 60. Lebensjahr vollendet hat (§ 35 Absatz 1 Ziffer 1), erhält Unterhaltshilfe nach § 36 Absatz 1 und gegebenenfalls Absatz 2 nur dann, wenn sie alleinsteht oder wenn ihr Ehemann, ohne selbst antragsberechtigt zu sein, den notwendigen Lebensbedarf nicht gewähren kann.

2. Eine Frau gilt im Sinne der Ziffer 1 und des § 35 Absatz 2 Ziffer 1 als alleinstehend, wenn der Ehemann verstorben ist oder sich in Kriegsgefangenschaft befindet oder außerhalb der vier Besatzungszonen und der Stadt Berlin festgehalten oder unbekannten Aufenthalts ist, oder wenn die Ehefrau zur Herstellung der ehelichen Gemeinschaft nicht verpflichtet ist und tatsächlich von ihrem Ehemann getrennt lebt.

3. Bescheinigungen über die dauernde Erwerbsunfähigkeit sind vom Amtsarzt auf Antrag der Soforthilfebehörde gebührenfrei zu erteilen.

4. Als notwendiger Lebensbedarf im Sinne des § 35 Absatz 1 Ziffer 2 gelten die Beträge der Unterhaltshilfe nach § 36 oder ihnen entsprechende Sachleistungen.

5. Eigene Mittel nach § 35 Absatz 1 Ziffer 2 sind das gesamte verwertbare Vermögen und Einkommen des Geschädigten und seiner in § 36 Absatz 2 genannten Angehörigen, besonders Bezüge oder Ansprüche in Geld oder Geldeswert aus gegenwärtigem oder früherem Arbeits- oder Dienstverhältnis sowie Rentenansprüche, jedoch nicht familienrechtliche Unterhaltsleistungen Angehöriger oder Leistungen, die ihm ohne rechtliche Verpflichtung von dritter Seite gewährt werden.

6. Der Mietwert der Wohnung im eigenen Hause ist bei Berechnung der eigenen Mittel mit höchstens monatlich 20 DM für den Anspruchsberechtigten und je 5 weiteren D-Mark für Ehefrau und Kinder (§ 36 Absatz 2) zu berücksichtigen.

7. Der Verbrauch noch erhaltener Vermögenswerte ist dem Geschädigten nur mit der Einschränkung zuzumuten, daß nicht als verwertbar gelten:

a) ein kleineres Vermögen bis zum Werte von 500 DM für den alleinstehenden Geschädigten zuzüglich je 100 DM für jeden in § 36 Absatz 2 genannten Angehörigen, jedoch bis zur Höchstgrenze von 1000 DM;

b) ein angemessener Hausrat, wobei die bisherigen Lebensverhältnisse des Geschädigten zu berücksichtigen sind;

c) Familien- und Erbstücke, deren Veräußerung den Geschädigten hart treffen würde oder deren Verkehrswert außer Verhältnis zu

dem Wert steht, den sie für den Geschädigten oder seine Familie haben;

d) Gegenstände, die zur Befriedigung geistiger, besonders wissenschaftlicher oder künstlerischer Bedürfnisse dienen und deren Besitz nicht Luxus ist;

e) ein kleineres Hausgrundstück, das der Geschädigte allein oder zusammen mit bedürftigen Angehörigen, denen es nach seinem Tode weiter als Wohnung dienen soll, ganz oder zum größten Teil bewohnt.

Der Verbrauch oder die Verwertung sonstigen Vermögens darf nur verlangt werden, wenn dies keine besondere Härte für den Geschädigten bedeutet.

8. Als unterhaltsberechtigter Angehöriger im Sinne des § 35 Absatz 1 Ziffer 2 gilt auch das uneheliche Kind im Verhältnis zum Vater.

9. Der Geschädigte kann Unterhaltshilfe nicht beanspruchen, wenn er absichtlich Verhältnisse herbeigeführt hat, welche die Voraussetzungen nach § 35 Absatz 1 Ziffer 2 schaffen sollten.

10. Bei Anwendung des § 35 Absatz 2 Ziffer 1 werden nur diejenigen Kinder berücksichtigt, deren Unterhalt die Mutter überwiegend bestreitet. Nicht berücksichtigt werden daher uneheliche Kinder, für die Unterhalt, und Pflegekinder, für die Pflegegeld gewährt wird.

11. Vollwaisen sind auch uneheliche Kinder, deren Mutter verstorben ist. Als Vollwaisen gelten ferner Kinder von Eltern, die sich in Kriegsgefangenschaft befinden oder außerhalb der vier Besatzungszonen und der Stadt Berlin festgehalten oder unbekannten Augenthalts sind.

12. In Berufsausbildung (§ 35 Absatz 3) stehen Kinder, welche eine Schule (mit Ausnahme der Berufsschule) besuchen oder in einem Lehrverhältnis stehen.

SHG -Anleitung (Ziff. 9)

9. Voraussetzungen der Unterhaltshilfe (§ 35)

(1) *Unterhaltshilfe kann nach dem Gesetz nur gewährt werden, wenn der Antragsteller vier Voraussetzungen nebeneinander erfüllt:*

a) Er muß Geschädigter im Sinne des § 31 sein oder einem Personenkreis angehören, der durch Anordnung nach § 73 den genannten Geschädigten gleichgestellt wird (vgl. Ziffer 2 Absatz 1 dieser Anleitung — abgedr. bei § 31). Der Antragsteller hat seine Geschädigteneigenschaft nachzuweisen.

b) Er muß das 65. (Frauen das 60.) Lebensjahr vollendet haben oder infolge körperlicher oder geistiger Gebrechen dauernd außerstande sein, durch Arbeit die Hälfte dessen zu erwerben, was körperlich und geistig gesunde Personen derselben Art mit ähnlicher Ausbildung in derselben Gegend zu verdienen pflegen. Das Lebensalter ist durch amtlichen Nachweis darzutun, die dauernde Erwerbsunfähigkeit durch Einholung einer Bescheinigung des Amtsarztes festzustellen (vgl. Soforthilfe-DVO. Ziffer 3 zu § 35).

c) Er darf den notwendigen Lebensunterhalt für sich und seine unterhaltsberechtigten Angehörigen nicht oder nicht ausreichend aus eigenen Kräften und Mitteln beschaffen können, muß also in diesem Sinne bedürftig sein. Dies kann regelmäßig als feststehend gelten, wenn der Antragsteller bereits im Zeitpunkt der Antragstellung Fürsorgeunterstützung erhält. In allen anderen Fälen ist die Bedürftigkeit an Hand der vorgelegten Unterlagen sorgfältig zu prüfen, insbesondere ist in diesem

Zusammenhang der Frage Bedeutung beizumessen (Hauptantrag Frage 6b), wovon der Antragsteller bisher gelebt hat. In Zweifelsfällen ist stets die Fürsorgebehörde zu hören. Die Bedürftigkeit ist neben der Frage der Erwerbsunfähigkeit selbständig zu prüfen Wenn jemand zwar das 65. (Frauen das 60.) Lebensjahr vollendet hat, aber den notwendigen Lebensunterhalt wenigstens noch in Höhe der Beträge der Unterhaltshilfe bestreiten kann (vgl. Soforthilfe-DVO Ziffer 4 zu § 35), so ist er nicht bedürftig. Soforthilfe-DVO Ziffer 9 zu § 35 ist bei Prüfung der Bedürftigkeit besonders zu beachten.

d) Die Bedürftigkeit gemäß c) muß infolge der Schädigung eingetreten sein. Bei Sachschaden oder Währungsschaden kann daher Unterhaltshilfe nur gewährt werden, wenn ohne den Eintritt des Schadens mit Wahrscheinlichkeit die Bedürftigkeit nicht eingetreten wäre. In besonderen Fällen kann auch der Verlust von Hausrat eine Existenzmöglichkeit genommen und damit Bedürftigkeit begründet haben. Bei Währungsgeschädigten ist die Bedürftigkeit stets dann nicht durch den Währungsschaden verursacht, wenn der Antragsteller bereits im Zeitpunkt der Währungsumstellung als bedürftig zu gelten hatte, insbesondere bereits Fürsorgeleistungen in Anspruch nahm. Im übrigen ist im Einzelfall zu prüfen, ob der Währungsschaden nach Art und Umfang so schwerwiegend war, daß der Lebensunterhalt des Antragstellers für eine nicht ganz unbedeutende Zeit gesichert gewesen wäre. Bei Flüchtlingen verlangt Soforthilfe-DVO Ziffer 3 zu § 30 keine gesonderte Prüfung, ob die Bedürftigkeit, die auch hier erforderlich ist, durch die Vertreibung verursacht war. Bei politisch Verfolgten ergibt sich die Notwendigkeit, den Zusammenhang zwischen der Schädigung und der Bedürftigkeit nachzuprüfen, unmittelbar aus § 31 Ziffer 4 des Gesetzes in Verbindung mit Soforthilfe-DVO Ziffer 14 zu § 31.

(2) *Bei alleinstehenden Frauen mit mindestens 3 Kindern und bei Vollwaisen müssen nur die Voraussetzungen unter a), c) und d) des Absatzes 1 erfüllt sein.*

(3) *Leistungen auf Grund von Altenteilsverträgen sind vertragliche Unterhaltsleistungen, die allerdings gleichzeitig auf gesetzlicher Unterhaltspflicht beruhen können. Sie sind daher bei der Feststellung des verwertbaren Vermögens und Einkommens des Geschädigten insoweit zu berücksichtigen, als sie etwaige gesetzliche Unterhaltsleistungen übersteigen (vgl. Soforthilfe-DVO Ziffer 5 zu § 35).*

(4) *Besitzt der Antragsteller noch Vermögenswerte, deren Verbrauch ihm zugemutet werden kann (vgl. Soforthilfe-DVO Ziffer 7 zu § 35), so kann zunächst Unterhaltshilfe nicht gewährt werden. Der Antragsteller ist jedoch darauf hinzuweisen, daß er gegebenenfalls später seinen Antrag wiederholen kann.*

Erläuterungsübersicht

1. Vorbemerkung
2. Voraussetzungen für die Erlangung der Unterhaltshilfe
   a. Mindestalter oder dauernde Erwerbsunfähigkeit
      aa. Mindesalter
      bb. dauernde Erwerbsunfähigkeit
         1) Gründe der Minderung der Erwerbsfähigkeit
         2) Dauernde Erwerbsunfähigkeit
         3) Persönliche Leistungsfähigkeit
         4) Verweisung auf den allgemeinen Arbeitsmarkt
         5) Mindestverdienstgrenze
         6) Feststellung
         7) Nachweis

cc. alleinstehende Frauen, die mindestens drei Kinder zu versorgen haben
   1) Begriff „alleinstehend"
   2) Begriff „Versorgung"
   3) Kinder
   4) Vollwaisen
   5) Alter der Kinder und Vollwaisen
   6) Berufsausbildung
   7) Gebrechlichkeit

b. Hilfsbedürftigkeit
   aa. Begriff des „notwendigen Lebensbedarfs
   bb. Unmöglichkeit der Beschaffung des Lebensbedarfs aus eigenen Kräften und Mitteln
      1) Einsatz der Arbeitskraft
      2) Begriff „eigene Mittel"
   cc. Familienrechtliche Unterhaltsansprüche und Unterhaltsleistungen von Angehörigen
   dd. Anrechnungsfreies Vermögen
   ee. Keine Kürzung des Betrages der Unterhaltshilfe
c. Ursächlicher Zusammenhang zwischen Hilfsbedürftigkeit und Schädigung.

1. Vorbemerkung.

Nach dem Grundgedanken des Soforthilfegesetzes soll in erster Linie denjenigen Geschädigten Hilfe gebracht werden, die durch den völligen Verlust ihrer Existenzmittel am schwersten getroffen wurden und infolge Alters oder Erwerbsunfähigkeit auch nicht mehr in der Lage sind, durch eigene Arbeit ihren Lebensunterhalt zu verdienen. Diesen in einer Notlage befindlichen Personen gewährt das Gesetz einen zahlenmäßig fixierten Rechtsanspruch auf eine laufende Zuweisung, die ein gewisses Maß von Existenzsicherheit bieten soll, — die Unterhaltshilfe. Das Gesetz geht dabei allerdings weitgehend von dem fürsorgerechtlichen Begriff der Hilfsbedürftigkeit aus, nimmt die Geschädigten jedoch aus der Sphäre der öffentlichen Fürsorge heraus und räumt ihnen einen echten Anspruch auf eine rentenähnliche Hilfe ein. Die Unterhaltshilfe nimmt dadurch eine Vorrangstellung gegenüber den übrigen Hilfsmaßnahmen im Rahmen der Soforthilfe ein und wird voraussichtlich den finanziell bedeutsamsten Teil der Hilfsleistungen bilden.

Soweit im einzelnen Fall die Leistungen der Unterhaltshilfe hinter den Leistungen der öffentlichen Fürsorge zurückbleiben, muß die Fürsorge ergänzend eingreifen. Dies kann namentlich bei höheren Mieten und kinderreichen Familien der Fall sein, da die öffentliche Fürsorge bekanntlich den angemessenen Mietaufwand voll übernimmt und die Richtsätze für haushaltsangehörige Kinder nicht selten über dem Kinderzuschlag der Unterhaltshilfe liegen. Auch können Personen, die wegen besonderer körperlicher Gebrechen von der Fürsorge zusätzlich unterstützt werden, diese Leistungen neben der Unterhaltshilfe in der Regel weiter erhalten.

2. Voraussetzungen für die Erlangung der Unterhaltshilfe.

Die Unterhaltshilfe erhalten die im § 31 genannten Geschädigtengruppen (Flüchtlinge, Sachgeschädigte, Währungsgeschädigte, politisch Verfolgte), sofern sie außer der Zugehörigkeit zum Personenkreis der Geschädigten die im § 35 erwähnten drei Voraussetzungen kumulativ, d. h. nebeneinander erfüllen:

Mindestalter oder dauernde Erwerbsunfähigkeit; den Alten oder Erwerbsunfähigen sind die alleinstehenden Frauen, die mindestens 3 Kinder zu versorgen haben, und die Vollwaisen gleichgestellt.

Hilfsbedürftigkeit („und außerdem"!).

Ursächlicher Zusammenhang zwischen Hilfsbedürftigkeit und Schädigung („infolge der Schädigung": § 30 Ziff. 1).

Eine Erweiterung des Personenkreises der Unterhaltshilfeberechtigten ist nur durch eine Anordnung auf Grund des § 73 möglich (vgl. Anm. zu § 73).

a. Mindestalter oder dauernde Erwerbsunfähigkeit

aa. Mindestalter

Die Unterhaltshilfe erhalten Männer, die das 65. sowie alleinstehende Frauen, die das 60. Lebensjahr vollendet haben. Bei diesem Alter wird die Arbeitsunfähigkeit ohne weitere Prüfung unterstellt.

Als alleinstehend gelten nicht nur Witwen, Frauen von Kriegsgefangenen und von Auslandsinternierten oder von Männern mit unbekanntem Aufenthalt (Vermißte, Verschollene u. a.), sondern auch Frauen, die die Herstellung der ehelichen Gemeinschaft nach den Vorschriften des Bürgerlichen Rechts verweigern dürfen (vgl. § 1351 Abs. 2 BGB.) und tatsächlich von ihrem Ehemann getrennt leben (vgl. SH.-DVO. Ziff. 2 zu § 35).

Geschädigte Ehefrauen, die im Haushalt des Mannes leben und das 60. Lebensjahr vollendet haben, können die Unterhaltshilfe nur erhalten, wenn der Ehemann, ohne selbst antragsberechtigt zu sein, den notwendigen Lebensbedarf nicht gewähren kann (SH.-DVO. Ziff. 1 zu § 35). Erfüllt der geschädigte Ehemann die Voraussetzungen des § 35, so erhält die Ehefrau, auch wenn sie selbst geschädigt ist, lediglich den Frauenzuschlag zur Unterhaltshilfe des Mannes in Höhe von 30.— DM (vgl. § 36 Abs. 2).

Die Unterhaltshilfe kann erst von dem Zeitpunkt an beansprucht werden, in dem die Geschädigten die vorgeschriebene Altersgrenze erreicht haben. Im Gegensatz zum Kleinrentnerhilfegesetz vom

5. Juli 1934 (RGBl. I S. 580) muß das erforderliche Mindestalter nicht am Tage des Inkrafttretens des Gesetzes erreicht sein. Vollenden Geschädigte erst nach Inkrafttreten des Gesetzes das 65. Lebensjahr (alleinstehende Frauen das 60. Lebensjahr), so erhalten sie die Unterhaltshilfe mit Wirkung vom Ersten des Monats ab, in dem das 65. bzw. 60. Lebensjahr vollendet wird (vgl. SH.-DVO. Ziff. 1 zu § 39).

Das Lebensalter ist durch amtlichen Nachweis (Geburtsurkunde) darzutun.

bb. Dauernde Erwerbsunfähigkeit.

Dem Erfordernis eines bestimmten Alters steht die dauernde Erwerbsunfähigkeit des Geschädigten gleich. Der Begriff der dauernden Erwerbsunfähigkeit ist nach langwierigen parlamentarischen Verhandlungen festgelegt worden. Der Grad der verbliebenen Arbeitskraft wird in Anlehnung an die Regelung der Angestelltenversicherung (§ 27AVG.) und des am 1. Juli 1949 in Kraft getretenen Sozialversicherungs-Anpassungsgesetzes unter teilweiser Verwendung des Wortlauts des § 1254 RVO. auf 50% (in der Invalidenversicherung früher $^1/_3$) festgesetzt. Danach ist dauernd erwerbsunfähig, wer infolge körperlicher oder geistiger Gebrechen dauernd außerstande ist, durch Arbeit die Hälfte dessen zu erwerben, was körperlich und geistig gesunde Personen derselben Art mit ähnlicher Ausbildung in derselben Gegend zu verdienen pflegen. Der körperliche Zustand muß also so beschaffen sein, daß der Geschädigte nicht nur vorübergehend an der Ausübung einer regelmäßigen, die Verdienstgrenze erreichenden Erwerbstätigkeit verhindert ist. Bei der Auslegung des Begriffs ist weitgehend die Rechtsprechung der Sozialversicherungsbehörden, insbesondere des ehemaligen Reichsversicherungsamts, heranzuziehen. (Vgl. hierzu den von Mitgliedern des Reichsversicherungsamts herausgegebenen Kommentar zur RVO., Bd. IV — Invalidenversicherung.)

1) Gründe der Minderung der Erwerbsfähigkeit.

Die Gründe für die Nichterreichung der Verdienstgrenze müssen auf körperlichen oder geistigen Gebrechen beruhen, die zu der dauernden Erwerbsbeschränktheit führen. Unter Gebrechen ist jeder von der Regel abweichende körperliche oder geistige Zustand zu verstehen, mit dessen Dauer für nicht absehbare Zeit zu rechnen ist. Zu den Gebrechen können auch Krankheiten rechnen. Blinde fallen nicht unter den Begriff der Erwerbsunfähigkeit, wenn sie auf Grund besonderer Fähigkeiten und Kenntnisse in der Lage sind, sich durch geeignete Erwerbstätigkeit den Lebensunterhalt zu erwerben. Ebensowenig sind taube Personen erwerbsunfähig, wenn sie sonst gesund und kräftig sind. Dagegen kann z. B. hochgradige Schwerhörigkeit bei einer Musiklehrerin Erwerbsbeschränktheit begründen. Ein Gebrechen liegt auch nicht vor, wenn die Beschränkung der Erwerbsmöglichkeit infolge der Eigenart bestimmter Berufe nur auf dem Alter beruht (z. B. gesunde Konzertsängerin). Ob Epileptiker vom allgemeinen Arbeitsmarkt ausgeschlossen sind, hängt von der Intensität ihrer Anfälle ab. Als Gebrechen können auch hysterische oder neurotische Störungen des Arbeitswillens und der Arbeitsfähigkeit in Betracht kommen, wenn sie ihren Grund nicht in dem bewußten Willen des Geschädigten, sich der Arbeit zu entziehen, haben, und ihre Beseitigung daher nicht lediglich von seinem Willensentschluß abhängt. Verlust oder Gebrauchsunfähigkeit von Gliedmaßen macht nur dann erwerbsunfähig, wenn der allgemeine Arbeitsmarkt infolge der Gebrechen dauernd verschlossen ist. Oft kann durch den Gebrauch künstlicher Gliedmaßen die Mindestverdienstgrenze erreicht werden.

Die Erwerbsunfähigkeit muß auf das Gebrechen zurückzuführen sein. Sie darf also nicht auf der allgemeinen Lage des Arbeitsmarkts beruhen oder dadurch verursacht sein, daß der arbeitsfähige Hilfsbedürftige mangels einer Berufsausbildung oder aus sonstigen Gründen keinen geeigneten Arbeitsplatz erhalten kann.

Das Reichsversicherungsamt hat ferner in ständiger Rechtsprechung anerkannt, daß, wenn es auch für die Frage der Erwerbsfähigkeit auf die Arbeitsgelegenheit grundsätzlich nicht ankomme, Erwerbsunfähigkeit doch dann gegeben sein kann, wenn sich für den Geschädigten wegen der besonderen Art seines Gebrechens keine Arbeitsgelegenheit bietet, obwohl er an sich nach seinem körperlichen oder geistigen Zustand in der Lage wäre, die für ihn in Betracht kommende Mindestverdienstgrenze zu erreichen (z. B. offene Tuberkulose, Lupus, Stinknase).

2) Der Geschädigte muß dauernd außerstande sein, die vorgesehene Mindestverdienstgrenze zu erreichen. Eine dauernde Erwerbsunfähigkeit liegt vor, wenn nach vernünftigem Ermessen unter verständiger Berücksichtigung aller in Betracht kommender Umstände in absehbarer Zeit keine begründete Aussicht auf eine Beseitigung oder wesentliche Besserung des gebrechlichen Zustandes durch geeignete Behandlung (z. B. Heilverfahren, Badekur, Gebrauch einfacher orthopädischer Hilfsmittel) besteht. Sie ist auch gegeben, wenn nur durch eine zeitlich nicht zu übersehende Krankenhausbehandlung eine Besserung des Zustandes zu erwarten wäre. Dauernde Erwerbsbeschränktheit bleibt bestehen, wenn der Geschädigte eine gefährliche Operation ablehnt. Sie liegt vor, wenn dem Erwerbsbeschränkten die zur Beseitigung des Zustands erforderlichen Mittel nicht zur Verfügung stehen und er sie auch nicht von anderer Seite erhalten kann (Beschaffung einer Prothese, Insulin für Schwerzuckerkranke).

3) Der Geschädigte muß außerstande sein, den Mindestverdienst zu erzielen. Bei Prüfung der Frage, ob der Geschädigte diese Voraussetzung erfüllt, kommt es nicht auf den tatsächlichen Verdienst,

sondern auf seine persönliche Leistungsfähigkeit an. Ein Verdienst, der nur unter erheblicher Überschreitung der normalen Arbeitszeit und unter übermäßiger Anstrengung erzielt werden kann, scheidet bei der Prüfung dieser Frage aus.

4) Verweisung auf den allgemeinen Arbeitsmarkt.

Während § 27 AVG. die zumutbaren Arbeiten auf solche eines „körperlich und geistig gesunden Versicherten von ähnlicher Ausbildung und gleichwertigen Kenntnissen und Fähigkeiten" beschränkt, verweist § 35 Abs. 1 Ziff. 2 auf die „Arbeit" schlechthin, d. h. jede Beschäftigung, durch die der Geschädigte den vorgesehenen Mindestverdienst erzielen kann. Es wird dabei an den Begriff der Invalidenversicherung anzuknüpfen sein, der den Versicherten auf eine „Tätigkeit" verweist, „die seinen Kräften und Fähigkeiten entspricht und ihm unter billiger Berücksichtigung seiner Ausbildung und seines bisherigen Berufs zugemutet werden kann". Im Gegensatz zur Angestelltenversicherung kann der Geschädigte daher nicht nur auf andere Tätigkeiten seiner „Berufsgruppe" verwiesen werden, sondern grundsätzlich auf den allgemeinen Arbeitsmarkt. Dieser ist daher bei Prüfung der Erwerbsmöglichkeit zu berücksichtigen, wobei jedoch der Geschädigte nicht auf eine ihm völlig fremde Lohnarbeit verwiesen werden darf; einem geistigen Arbeiter (z. B. Musiklehrer, Prokurist) kann die Verrichtung rein körperlicher Arbeiten nicht zugemutet werden. Die soziale Stellung des Ehemannes ist bei Prüfung der Frage, welche Tätigkeit einer geschädigten Witwe noch zugemutet werden kann, nicht zu beachten, da lediglich die eigene Ausbildung und der bisherige Beruf zu berücksichtigen sind. Auch kann dem Geschädigten unter Umständen nach Lage der Verhältnisse ein Wohnungswechsel zugemutet werden, wenn am Wohnort keine Arbeitsgelegenheit ist.

5) Mindestverdienstgrenze.

Maßgebend für die Berechnung der Mindestverdienstgrenze, von deren Nichterreichung die Erwerbsunfähigkeit abhängt, ist nicht der eigene bisherige Verdienst des Geschädigten, sondern der regelmäßige Durchschnittsverdienst, den die zum Vergleich heranzuziehenden Personen („gesunde Personen derselben Art mit ähnlicher Ausbildung in derselben Gegend") zu verdienen pflegen. Es braucht dabei nicht unbedingt die vom Geschädigten zuletzt ausgeübte Tätigkeit berücksichtigt zu werden. Im Falle des Berufswechsels ist auch ein Vergleich mit der früher ausgeübten Berufstätigkeit zulässig und geboten. Unter derselben Gegend ist ein räumliches Gebiet zu verstehen, innerhalb dessen für gleichartige Arbeiter oder Angestellte in der Regel gleichmäßige Verdienstverhältnisse bestehen.

6) Feststellung.

Bei Prüfung der Erwerbsunfähigkeit können die Ergebnisse der ärztlichen Beurteilung des Grades der Minderung der Erwerbsfähigkeit auf Grund der Vorschriften des KB-Leistungsgesetzes nicht vorbehaltslos übernommen werden, weil für sie andere Gesichtspunkte maßgebend sind.

Für die Feststellung der Erwerbsunfähigkeit ist nicht nur das ärztliche Gutachten über den objektiven Befund und die Feststellung, inwieweit der Geschädigte infolge seines Gebrechens an dem freien Gebrauch seiner Kräfte behindert ist, maßgebend. Entschieden werden muß unter Berücksichtigung der gesamten Verhältnisse des Arbeitsmarktes und des Geschädigten auch die weitere Frage, ob auf Grund dieser ärztlichen Feststellungen die Erzielung des Mindestverdienstes für den Geschädigten ausgeschlossen ist. Auch bei der Beurteilung dieser Frage wird auf die Hilfe des ärztlichen Begutachters nicht verzichtet werden können.

7) Nachweis.

Die dauernde Erwerbsunfähigkeit ist durch ein amtsärztliches Zeugnis nachzuweisen, das auf Antrag der Soforthilfebehörde nach der SH.-DVO.. Ziff. 3 zu § 35 gebührenfrei zu erteilen ist.

cc. Geschädigte und hilfsbedürftige alleinstehende Frauen, die mindestens drei Kinder zu versorgen haben, erhalten die Unterhaltshilfe ohne Rücksicht auf ihr Alter und ihre Arbeitsunfähigkeit, da ihnen die Übernahme einer Berufsarbeit nicht zugemutet werden kann. Sie sind den Erwerbsunfähigen gleichgestellt; desgleichen die hilfsbedürftigen Vollwaisen. Die Bedürftigkeit muß auch hier auf der Schädigung beruhen.

1) Wegen des Begriffs „alleinstehend" vgl. die Bemerkung 2 a, aa oben.

2) Eine Versorgung liegt vor, wenn die alleinstehende Frau den Unterhalt der Kinder überwiegend bestreitet (SH.-DVO. zu § 35 Ziff. 10). Dabei kommt es nicht auf die rechtliche Verpflichtung, sondern auf die tatsächliche Gewährung des Unterhalts an. Der Unterhalt wird überwiegend bestritten, wenn die alleinstehende Frau für das Kind mehr als die Hälfte des Unterhaltsbetrags aufbringt.

Uneheliche Kinder und Pflegekinder, für die Unterhalt bzw. Pflegegeld gewährt wird, scheiden daher aus (vgl. SH.-DVO. zu § 35 Ziff. 10).

3) Als Kinder i. S. des § 35 Abs. 2 Ziff. 1 gelten eheliche Kinder (§§ 1591 ff. BGB.), eheliche Stiefkinder (das sind die von dem Mann in die Ehe eingebrachten Kinder), für ehelich erklärte Kinder (§§ 1723 ff. BGB.), Adoptivkinder (§§ 1741 ff. BGB.), uneheliche Kinder (§§ 1705 ff. BGB.) und Pflegekinder.

Pflegekindschaft setzt ein familienartiges, auf die Dauer berechnetes und auf sittlicher Grundlage beruhendes Band voraus. Uneheliche Kinder und Pflegekinder, für die die Mutter (bzw. Pflegemutter) Alimentenzahlungen oder Pflegegeld erhält, werden jedoch nicht berücksichtigt (vgl. oben 2). Als Kinder i. S. des § 35 Abs. 2 Ziff. 1 müssen auch Enkelkinder angesehen werden, deren Eltern verstorben oder zur Erfüllung ihrer Unterhaltsverpflichtungen außerstande sind.

4) Vollwaisen sind elternlose Kinder. Da das uneheliche Kind nach § 1589 Abs. 2 BGB. mit seinem Vater nicht verwandt ist, wird das uneheliche Kind mit dem Tod der Mutter Vollwaise, auch wenn der natürliche Vater noch lebt. Als Vollwaisen gelten auch Kinder, deren Eltern vermißt, verschollen, sich in Kriegsgefangenschaft befinden oder außerhalb der 4 Besatzungszonen und der Stadt Berlin festgehalten werden (vgl. SH.-DVO. Ziff. 11 zu § 35).

Die Vollwaisen gelangen in den Genuß der Unterhaltshilfe, wenn sie unmittelbar geschädigt sind. Sie müssen jedoch auch dann als geschädigt angesehen werden, wenn ein Elternteil, dessen gesetzliche Erben sie sind, dem Personenkreis der Geschädigten angehörte.

5) Alter der Kinder und Vollwaisen. Die Kinder und Vollwaisen müssen unter 15 Jahren sein. Befinden sie sich in „Berufsausbildung" oder bedürfen sie wegen Gebrechlichkeit besonderer Pflege, so erhöht sich die Altersgrenze auf 18 Jahre.

6) Berufsausbildung. Die Ausbildung zu einem Beruf kann entweder durch Unterweisung in einer Lehre oder durch Unterricht in einer Schule erfolgen. Die SH.-DVO. Ziff. 12 zu § 35 bestimmt daher, daß in Berufsausbildung Kinder stehen, die eine Schule (mit Ausnahme der Berufsschule) besuchen oder in einem Lehrverhältnis stehen. Es genügt die Erlernung irgendeines Berufs, wenn im Einzelfall genügend Anhaltspunkte dafür gegeben sind, daß dies mit der Absicht erfolgt, die erworbenen Fähigkeiten später berufsmäßig zu verwerten. Der Berufsausbildung dient im allgemeinen der Besuch jeder Schule (Volksschulen, höhere Schulen, kaufmännische Privatschulen, Meisterschulen, Fachschulen, höhere Lehranstalten, Hochschulen), soweit die Vorbildung dazu dient, später einen Lebensberuf gegen Entgelt auszuüben. Die Ausbildung muß Zeit und Arbeitskraft des Kindes überwiegend in Anspruch nehmen. Dagegen genügt nicht der Besuch der Berufsschule (Fortbildungsschule), der nur einige Stunden in der Woche in Anspruch nimmt. Das gleiche gilt von der Volkshochschule.

Volontäre, die sich zur Vorbereitung ihrer Ausbildung auf einer Fachschule praktisch in einem Betrieb betätigen, befinden sich ebenfalls in Berufsausbildung.

Auch die Ausbildung in der Hauswirtschaftslehre kann Berufsausbildung sein. Findet ein Lehrgang nicht statt, so ist nach den gesamten Umständen des Einzelfalles zu beurteilen, ob die Beschäftigung in der Hauswirtschaft der Berufsausbildung dient. Dagegen liegt eine Berufsausbildung nicht vor, wenn die Ausbildung in einer hauswirtschaftlichen Fertigkeit nach Art, Umfang und Dauer nicht über dasjenige Maß hinausgeht, das für den eigenen Bedarf des Lernenden ausreicht.

Der Abschluß eines Lehrvertrags ist nicht erforderlich. Der Jugendliche steht auch dann in Berufsausbildung, wenn die Lehrlingsvergütung den Kinderzuschlag übersteigt. Die Berufsausbildung kann auch bei den Eltern erfolgen.

Unterbrechungen (Krankheit, Ferien, Unterbringung in einer Erziehungsanstalt) schließen die Berufsausbildung nicht aus.

7) Gebrechlichkeit.

Jugendliche, die wegen Gebrechlichkeit besonderer Pflege bedürfen, können den Kinderzuschlag bis zur Vollendung des 18. Lebensjahrs erhalten. Gebrechen ist ein von der Regel abweichender körperlicher oder geistiger Zustand, mit dessen Dauer für nicht absehbare Zeit zu rechnen ist (z. B. auch Epilepsie).

b. Hilfsbedürftigkeit. Die Unterhaltshilfe können nur hilfsbedürftige Geschädigte erhalten, d. h. solche, die den notwendigen Lebensbedarf für sich und ihre unterhaltsberechtigten Angehörigen nicht oder nicht ausreichend aus eigenen Kräften und mit eigenen Mitteln beschaffen können. Diese Fassung ist dem § 5 der Reichsgrundsätze über Voraussetzung, Art und Maß der öffentlichen Fürsorge vom 1. August 1931 (RGBl. I S. 441) entnommen — unter Wegfall der Schlußworte „und ihn (d. h. den notwendigen Lebensbedarf) auch nicht von anderer Seite, insbesondere von Angehörigen erhält."

aa. Der Begriff des „notwendigen Lebensbedarfs" i. S. des § 35 deckt sich nicht mit dem gleichlautenden weitergehenden Begriff der öffentlichen Fürsorge; denn nach § 6 der Reichsgrundsätze umfaßt dieser Begriff neben dem Lebensunterhalt (insbesondere Unterkunft, Nahrung, Kleidung) auch Krankenhilfe, Wochenfürsorge sowie Erziehung und Erwerbsbefähigung, während als notwendiger Lebensbedarf im Sinne des § 35 nur die für den Geschädigten und seine Familie nach § 36 in Betracht kommenden festen Unterhaltshilfebeträge (für den Alleinstehenden monatlich 70.— DM, für kinderlos Verheiratete 100.— DM usw.) oder die ihnen entsprechenden Sachleistungen gelten (vgl. SH.-DVO. zu § 35 Ziff. 4). Es ist daher durchaus möglich, daß ein Geschädigter nach fürsorgerechtlichen Grundsätzen als hilfsbedürftig gilt, obwohl er den „notwendigen Lebensbedarf" i. S. des § 35 sich selbst beschaffen kann. Allerdings wird die Hilfsbedürftigkeit in der Regel ohne Einholung einer gutachtlichen Stellungnahme der Fürsorgebehörde als feststehend gelten können, wenn der Geschädigte bereits Fürsorgeunterstützung erhält (vgl. SHG.-Anleitung Ziff. 9 Abs. 1 Buchst. c); in anderen Fällen ist diese Stellungnahme einzuholen, falls nicht die

Aufgaben des Soforthilfeamts ohnedies von der Fürsorgebehörde wahrgenommen werden. Andererseits unterscheidet sich der Begriff der Hilfsbedürftigkeit i. S. des § 35 von dem fürsorgerechtlichen Begriff insofern zugunsten der Geschädigten, als diese nicht auf die Hilfe unterhaltspflichtiger Verwandter verwiesen werden dürfen (vgl. unten cc).

bb. Der Geschädigte muß den notwendigen Lebensbedarf nicht oder nicht ausreichend aus eigenen Kräften und Mitteln beschaffen können.

1) Einsatz der Arbeitskraft. Die Worte „aus eigenen Kräften" bedeuten nicht etwa, daß die Geschädigten, die wegen Erreichung der Altersgrenze oder wegen dauernder Erwerbsunfähigkeit einen Anspruch auf Unterhaltshilfe haben, zunächst auf die Möglichkeit verwiesen werden könnten, sich mit Hilfe einer etwa noch verbliebenen Arbeitskraft den notwendigen Lebensbedarf selbst zu verdienen. Die Verweisung auf den Einsatz der Arbeitskraft ist bei den unterhaltshilfeberechtigten Geschädigten nicht möglich. Der Hinweis auf die „eigenen Kräfte" in § 35 Abs. 1 Ziff. 2 kann vielmehr nur dahingehend ausgelegt werden, daß ein Antragsteller, der trotz seines Alters als Unternehmer, Angestellter oder Arbeiter einen ausreichenden Verdienst hat, keine Unterhaltshilfe beanspruchen kann (Binder-Wetter S. 33). Die Behandlung der Arbeitseinkünfte ist im übrigen äußerst problematisch, da diese nach § 36 Abs. 4 auf die Unterhaltshilfe nicht angerechnet werden dürfen (vgl. hierzu § 36 Anm. 4 a, bb).

Hat der Antragsteller kurze Zeit vor dem Inkrafttreten des Gesetzes oder der Erreichung des Mindestalters ein Arbeitseinkommen in Höhe des „notwendigen Lebensbedarfs" verdient und behauptet er nunmehr, erwerbsunfähig oder arbeitslos zu sein, ohne daß sich seine Arbeitsfähigkeit inzwischen wesentlich verändert hätte, so besteht die widerlegbare Vermutung, daß er absichtlich Verhältnisse herbeigeführt hat, um die Voraussetzungen nach § 35 zu schaffen. In diesem Falle besteht kein Anspruch auf Unterhaltshilfe (vgl. SH.-DVO. zu § 35 Ziff. 9).

2) Zu den „eigenen Mitteln" gehört in Anlehnung an § 8 der Reichsgrundsätze das gesamte verwertbare Vermögen (Grundbesitz, Kapitalvermögen usw.) und Einkommen des Geschädigten und seiner in § 36 Abs. 2 erwähnten Angehörigen (im Haushalt lebende Ehefrau und Kinder, sofern sie zuschlagsberechtigt sind). Hierher gehören vor allem Bezüge oder Ansprüche in Geld oder Geldeswert aus gegenwärtigem oder früherem Arbeits- oder Dienstverhältnis (Arbeitseinkommen) sowie Rentenansprüche (z. B. auch Leistungen auf Grund von Altenteilsverträgen, falls sie etwaige gesetzliche Unterhaltsleistungen übersteigen), desgleichen Einnahmen aus Vermögen (z. B. Miet- und Pachteinnahmen aus Grundbesitz, Zinsen und Dividenden aus Wert-

papieren). Wegen der Berücksichtigung des Mietwerts der Wohnung im eigenen Hause vgl. SH.-DVO. zu § 35 Ziff. 6. Bezieht der Antragsteller ein Arbeitseinkommen, das den „notwendigen Lebensbedarf" (d. h. 70.— DM für den Alleinstehenden usw.) erreicht, so gilt er nicht als „hilfsbedürftig", selbst wenn er das vorgeschriebene Mindestalter erreicht haben sollte. Da das Gesetz den Haushaltungsvorstand und seine zuschlagsberechtigten Angehörigen als Familieneinheit betrachtet, werden die eigenen Mittel zusammengerechnet. Erhält bei einem kinderlosen Ehepaar der 65jährige Mann 50.— DM Nettomieteinnahmen und die Ehefrau 100.— DM Arbeitsverdienst, so liegt keine Hilfsbedürftigkeit i. S. des § 35 Abs. 1 Ziff. 2 vor, da das Gesamteinkommen in Höhe von 150.— DM die Beträge der Unterhaltshilfe (100.— DM) übersteigt.

In Übereinstimmung mit § 8 Abs. 4 RGrS. zählen zu den eigenen Mitteln jedoch nicht freiwillige Leistungen, die dem Geschädigten von dritter Seite ohne rechtliche Verpflichtung gewährt werden (z. B. Leistungen seitens der freien Wohlfahrtspflege). Denn hierdurch könnte die Tätigkeit der freien Wohlfahrtspflege beeinträchtigt und die Gebefreudigkeit Dritter gehemmt werden.

cc. Abweichend vom Fürsorgerecht (§ 5, § 8 Abs. 1 RGrS.) gelten auch familienrechtliche Unterhaltsansprüche und Unterhaltsleistungen von Angehörigen nicht als eigene Mittel. Dies ergibt sich einerseits daraus, daß in § 35 Abs. 1 Ziff. 2, dessen Fassung sich wörtlich mit dem Begriff der Hilfsbedürftigkeit nach § 5 RGrS. deckt, dessen Schlußworte „und ihn (den notwendigen Lebensbedarf) auch nicht von anderer Seite, insbesondere von Angehörigen, erhält", nicht übernommen wurden. Es folgt aber auch aus der Tatsache, daß nach § 36 Abs. 4 „Leistungen Angehöriger" auf die Unterhaltshilfe nicht angerechnet werden dürfen. Auch die Begründung (S. 1051) weist auf diese verschiedene Definition der Hilfsbedürftigkeit ausdrücklich hin. Dabei macht es keinen Unterschied, ob diese Leistungen auf Grund gesetzlicher Unterhaltspflicht oder im Wege freiwilliger Zuwendung erbracht werden. Dem Geschädigten darf daher die Unterhaltshilfe nicht mit der Begründung versagt werden, daß er unterhaltsfähige und nach den Vorschriften des bürgerlichen Rechts (§§ 1601 ff. BGB.) unterhaltspflichtige Verwandte habe, durch deren Inanspruchnahme seine Hilfsbedürftigkeit entfalle. Er darf nicht auf die Unterhaltspflicht der Verwandten verwiesen werden. Auch in der Soforthilfe-DVO. zu § 35 Ziff. 5 ist ausdrücklich bestimmt, daß die familienrechtlichen Unterhaltsleistungen der Angehörigen nicht zu den „eigenen Mitteln" zählen.

dd. Anrechnungsfreies Vermögen. Der Geschädigte muß grundsätzlich — auch soweit er einkommenslos ist — die ihm verbliebenen Vermögenswerte veräußern, um sich die Mittel für den notwendigen

Lebensbedarf zu beschaffen, ehe er die Unterhaltshilfe in Anspruch nehmen kann.

Aus Billigkeitsgründen müssen jedoch dem Geschädigten in Anlehnung an die für die Empfänger der sog. gehobenen Fürsorge (Kriegsopfer, Kleinrentner, Sozialrentner) geltende Vorschrift des § 15 der Reichsgrundsätze bestimmte Vermögenswerte belassen werden, deren Verbrauch ihm nicht zugemutet werden kann. Hierzu gehören nach der SH.-DVO. zu § 35 Ziff. 7:

1) Das sog. Mindestvermögen, d. h. ein kleineres Kapitalvermögen bis zum Werte von 500.— DM für den alleinstehenden Geschädigten zuzüglich je 100.— DM für die zuschlagsberechtigten Angehörigen, jedoch nur bis zum Gesamtbetrag von 1000.— DM. Die Geschädigten sollen vor allem dagegen geschützt werden, daß sie noch die letzten Reste des ihnen nach der Währungsreform verbliebenen Vermögens angreifen müssen, ehe die Unterhaltshilfe einsetzt.

2) Ein angemessener Hausrat unter Berücksichtigung der bisherigen Lebensverhältnisse des Geschädigten.

3) Familien- und Erbstücke, deren Entäußerung den Geschädigten hart treffen würde oder deren Verkehrswert in keinem Verhältnis zu dem Wert steht, den sie für den Geschädigten und seine Familie haben.

4) Gegenstände, die zur Befriedigung geistiger, besonders wirtschaftlicher oder künstlerischer Bedürfnisse dienen und deren Besitz nicht Luxus ist.

5) Ein kleineres Hausgrundstück, das der Geschädigte allein oder zusammen mit bedürftigen Angehörigen, denen es nach seinem Tod weiter als Wohnung dienen soll, ganz oder zum größten Teil bewohnt. Was als kleineres Grundstück gilt, ist von Fall zu Fall nach der fürsorgerechtlichen Praxis zu entscheiden. Im allgemeinen fallen darunter Grundstücke, deren Einheitswert unter 7000.— DM liegt.

   Das Mindestvermögen (1) ist kumulativ neben den anderen Vermögenswerten 2)—5) zu belassen.

6) Auch die Verwertung oder der Verbrauch sonstigen, nicht zu den vorstehend erwähnten Werten gehörenden Vermögens darf nur verlangt werden, wenn dies keine besondere Härte für den Geschädigten bedeutet.

   Das Vorliegen von Hilfsbedürftigkeit im Sinne der Unterhaltshilfe ist auch Voraussetzung für die Gewährung der Unterhaltshilfe an die geschädigten alleinstehenden Frauen, die mindestens 3 Kinder zu versorgen haben, und die geschädigten Vollwaisen.

ee. Die Worte „nicht oder nicht ausreichend" in § 35 Abs. 1 Ziff. 2 bedeuten nicht etwa, daß die Unterhaltshilfe beim Vorhandensein von Arbeitseinkommen oder sonstigen Mitteln, die den Unterhaltshilfebetrag nicht ganz erreichen, nur in Hohe des Unterschiedsbetrags gewährt wird. Die Beträge der Unterhaltshilfe werden entweder ganz oder gar nicht gewährt (Binder-Wetter S. 32). Erreicht daher das Arbeitseinkommen des Geschädigten nicht den vollen Betrag der Unterhaltshilfe (70.— DM als Alleinstehender), so kann die volle Unterhaltshilfe beansprucht werden — vorbehaltlich der Vorschrift des § 36 Abs. 4, wonach Rentenleistungen und Einkünfte, die nicht Leistungen Angehöriger oder Arbeitseinkünfte sind, auf die Unterhaltshilfe in voller Hohe angerechnet werden.

c. Ursächlicher Zusammenhang zwischen Hilfsbedürftigkeit und Schädigung. Vgl. § 30 Anm. 2b.

§ 36

Beträge der Unterhaltshilfe

(1) **Die Unterhaltshilfe beträgt für den Anspruchsberechtigten monatlich 70 Deutsche Mark.**

(2) **Der Betrag der Unterhaltshilfe erhöht sich um monatlich 30 Deutsche Mark für die im Haushalt lebende Ehefrau und um monatlich 20 Deutsche Mark für jedes Kind im Sinne des § 35 Absatz 3 Satz 1.**

(3) **Bei Vollwaisen beträgt die Unterhaltshilfe monatlich 35 Deutsche Mark.**

(4) **Rentenleistungen sowie sonstige Einkünfte werden auf die Unterhaltshilfe in voller Höhe angerechnet; zu den sonstigen Einkünften gehören nicht Arbeitseinkünfte, gesetzliche Unterhaltsleistungen Angehöriger sowie Leistungen, die dem Geschädigten von Angehörigen oder von dritter Seite ohne rechtliche Verpflichtung gewährt werden.**

Durchführungs-VO.

Zu § 36.

Beiträge der Unterhaltshilfe

1. Im Haushalt des Anspruchsberechtigten lebende Abkömmlinge, deren Eltern verstorben oder zur Erfüllung ihrer Unterhaltsverpflichtung außerstande sind, werden den nach § 36 Absatz 2 zu berücksichtigenden Kindern gleichgestellt.

2. Befindet sich im Haushalt eines Ehepaares, das nach § 36 Absatz 1 und 2 Unterhaltshilfe bezieht, ein eheliches Stiefkind oder ein uneheliches Kind der Ehefrau oder ein Pflegekind, so ist ein solches Kind zu berücksichtigen, soweit ihm nicht von anderer Seite Unterhalt oder Pflegegeld gewährt wird.

3. Zu den nach § 36 Absatz 4 anzurechnenden Rentenleistungen gehören auch die Leistungen der Arbeitslosenfürsorge. Der Mietwert der Wohnung im eigenen Hause ist gemäß Ziffer 6 zu § 35 anzurechnen.

4. Im Sinne des § 36 Absatz 4 sind auch Rentenleistungen, die dem Geschädigten für zurückliegende Monate bewilligt werden, auf die für diese Monate gewährte Unterhaltshilfe nachträglich anzurechnen. Die Träger der Rentenversicherung sind daher verpflichtet, insoweit die Auszahlung der Renten an den Soforthilfefonds zu bewirken.

SHG-Anleitung (Ziff. 10)

10. Beträge der Unterhaltshilfe (§ 36)

(1) *Der Antragsteller kann Antrag nur auf Gewahrung von Unterhaltshilfe schlechthin stellen. Ob die Unterhaltshilfe in der Form des § 36 oder als Unterhaltszuschuß gemäß § 37 gewährt wird, entscheidet die Soforthilfebehörde.*

(2) *Die Sätze der Unterhaltshilfe sind so bemessen, daß sie im allgemeinen über den Fürsorgesätzen liegen werden. Soweit ausnahmsweise (namentlich in Großstädten) die bereits bewilligte Fursorgeunterstutzung höher sein sollte als die nach diesem Gesetz vorgesehene Unterhaltshilfe, bleibt insoweit die gesetzliche Verpflichtung der Fursorgeverbände, einer bestehenbleibenden Hilfsbedurftigkeit abzuhelfen, unberuhrt.*

(3) *Das Gesetz betrachtet den Haushaltsvorstand und die in § 36 Absatz 2 genannten Angehörigen als Familieneinheit. Hieraus ergibt sich die Zusammenrechnung der erlittenen Schäden (vgl. Soforthilfe-DVO Ziffer 1 zu § 33), die Zusammenrechnung der eigenen Mittel (vgl. Soforthilfe-DVO Ziffer 5 zu § 35) sowie die beschränkte Vererblichkeit der Ansprüche gemäß § 42 des Gesetzes. Haushaltsvorstand ist in der Regel der Ehemann; wegen der Ehefrau vgl. Soforthilfe-DVO Ziffer 1 zu § 35.*

(4) *Der Kinderzuschlag (§ 36 Absatz 2) kann für dasselbe Kind nicht mehreren Anspruchsberechtigten gewährt werden. Zweifelsfälle sind im Benehmen mit dem Vormundschaftsgericht bzw. dem Jugendamt zu klären. Von mehreren Anspruchsberechtigten wird im allgemeinen demjenigen der Vorrang in bezug auf den Kinderzuschlag zukommen, zu dessen Haushalt das Kind gehort.*

Erläuterungsübersicht

1. Allgemeines.

Die Höhe des laufenden Unterhaltsbetrages bemißt sich nicht etwa nach dem Umfang des erlittenen Schadens. Dieser spielt lediglich bei der Bemessung des Höchstbetrages für die Gesamtheit der Einzelleistungen der Soforthilfe bei Währungsgeschädigten und Sachgeschädigten nach § 33 eine Rolle. Die Sätze der Unterhaltshilfe sind vielmehr einheitlich.

Sie sollen nach den Motiven des Gesetzes (Begr. S. 1051) etwas über den durchschnittlichen Sätzen der öffentlichen Fürsorge (einschließlich der Mietbeihilfe) liegen, um die Geschädigten nicht nur rechtlich, sondern auch materiell aus dem Kreis der Fürsorgeempfänger herauszuheben. Sie sollen andererseits die Höhe der Löhne der ungelernten Arbeiter nicht übersteigen, um den Arbeitenden das demoralisierende Gefühl zu nehmen, schlechter als Nichtarbeitende gestellt zu sein. Auch von einer Staffelung der Sätze nach Ortsklassen, die den gegenwärtigen Lebensbedingungen vielfach nicht mehr entsprechen, wurde abgesehen, um vor allem der Neigung erwerbsunfähiger Geschädigter, in die Großstädte zu ziehen, entgegenzuwirken.

§ **36** unterscheidet zwischen der Unterhaltshilfe für den Anspruchsberechtigten, die monatlich 70.— DM beträgt (§ **36** Abs. 1), und den Zuschlägen für die Angehörigen (§ **36** Abs. 2). Vollwaisen (§ **36** Abs. 3) erhalten monatlich 35.— DM.

2. Anspruchsberechtigter.

Anspruchsberechtigter ist

a. ein Alleinstehender, der die Voraussetzungen für die Gewährung der Unterhaltshilfe nach § 35 erfüllt. Frauen gelten als alleinstehend, wenn der Ehemann verstorben oder unbekannten Aufenthalts ist (z. B. Verschollene, Vermißte), wenn er sich in Kriegsgefangenschaft oder in einem außerhalb der vier Besatzungszonen gelegenen Internierungslager befindet oder wenn sie auf Grund der Vorschriften des Familienrechts die Herstellung der ehelichen Lebensgemeinschaft verweigern dürfen und tatsächlich von ihrem Ehemann getrennt leben (vgl. SH.-DVO. zu § 35 Ziff. 1 und 2);

b. bei Haushaltsgemeinschaften mit Ehegatten oder Kindern, der Haushaltungsvorstand. Bei solchen Haushaltsgemeinschaften müssen daher die gesetzlichen Voraussetzungen für die Erlangung der Unterhaltshilfe nach § 35 in der Person des Haushaltungsvorstandes — das ist der Ehemann bzw. die Witwe — erfüllt sein. Der Ehemann muß also dem Personenkreis der Geschädigten angehören sowie die sonstigen Voraussetzungen des § 35 (Mindestalter oder Erwerbsunfähigkeit, Hilfsbedürftigkeit usw.) erfüllen. Dabei ist allerdings zu berücksichtigen, daß das Gesetz den Haushaltungsvorstand und die in § 36 Abs. 2 erwähnten Angehörigen als Familieneinheit betrachtet und demzufolge eine Zusammenrechnung der von den Familienangehörigen erlittenen Sachschäden und Währungsschäden zuläßt. Daraus folgt, daß der Ehemann als währungsgeschädigt oder sachgeschädigt gilt, auch wenn nur die Ehefrau oder die unterhaltsberechtigten Kinder solche Schäden erlitten haben. Der Ehemann muß aber die übrigen Voraussetzungen (Mindestalter usw.) in seiner Person erfüllen. Daß diese Voraussetzungen bei den Familienangehörigen vorliegen, ist unerheblich. Trotz des Grundsatzes der Familieneinheit wird dem Ehemann jedoch die Flüchtlingseigenschaft seiner Ehefrau nicht zugute kommen, das gleiche durfte hinsichtlich der Anerkennung der Ehefrau als politisch Verfolgter gelten.

Beispiel:

Der 66jährige Mann einer 61jährigen Frau, deren Miethaus, aus dessen Erträgnissen die Ehegatten lebten, einem Luftangriff zum Opfer fiel, erhält eine Unterhaltshilfe in Höhe von 70.— DM + 30.— DM = 100 DM;

c. bei Haushaltsgemeinschaften mit sonstigen Verwandten oder Personen ist derjenige anspruchsberechtigt, der in seiner Person die Voraussetzungen des § 36 erfüllt. Geschwister, die im gemeinsamen Haushalt eines Anspruchsberechtigten leben, gehören nicht zu den Zuschlagsempfängern. Sie erhalten die volle Unterhaltshilfe in Höhe von 70.— DM, wenn sie in ihrer Person die Voraussetzungen des § 35 erfüllen, da sie in diesem Fall selbst anspruchsberechtigt sind. Das gleiche gilt für Großeltern und sonstige Verwandte (Tante, Onkel, Neffe usw.), die in Haushaltsgemeinschaft mit dem Anspruchsberechtigten leben.

3. Zuschlagsberechtigte.

Zuschlagsberechtigt sind die im Haushalt lebende Ehefrau (monatlich 30.— DM) des Anspruchsberechtigten und die Kinder i. S. des § 35 Abs. 3 Satz 1 (monatlich je 20.— DM).

a. Ehefrau.

Erfüllt die im Haushalt des Ehemanns lebende Ehefrau neben ihrem Mann ebenfalls die Voraussetzungen der Unterhaltshilfe, so wird trotzdem nur der Ehefrauenzuschlag von monatlich 30.— DM gewährt. Erfüllt bei Ehegemeinschaften nur die Ehefrau die Voraussetzungen des § 35, nicht dagegen der Ehemann, so besteht kein Anspruch auf Unterhaltshilfe, wenn der Ehemann in der Lage ist, seiner gesetzlichen Unterhaltspflicht nachzukommen. Kann er jedoch den „notwendigen Lebensbedarf" nicht gewähren, so kann die Ehefrau nach der SH.-DVO. Ziff. 1 zu § 35 ausnahmsweise als Anspruchsberechtigte die Unterhaltshilfe mit etwaigen Kinderzuschlägen erhalten.

Beispiel:

Hat der Mann in dem obigen Beispiel zu Ziff. 2 b das 65. Lebensjahr noch nicht vollendet und kann er den „notwendigen Lebensbedarf" (d. h. 100.— DM) gewähren, so besteht kein Anspruch auf Unterhaltshilfe, obwohl die Frau sachgeschädigt ist und das Mindestalter erreicht hat; ist der Mann dagegen einkommenslos, so erhält die Frau eine Unterhaltshilfe in Höhe von 70.— DM; ein Zuschlag für den nichtgeschädigten Mann wird nicht gewährt. Lebt die Ehefrau berechtigterweise getrennt oder ist sie aus sonstigen Gründen alleinstehend, so kann sie die Unterhaltshilfe als Anspruchsberechtigte in Höhe von 70.— DM erhalten, wenn in ihrer Person die Voraussetzungen des § 35 gegeben sind (vgl. oben Anm. 2 a). Der Frauenzuschlag wird für eine anspruchsberechtigte, getrennt lebende Ehefrau nicht gewährt, auch wenn der Mann ebenfalls anspruchsberechtigt ist; in diesem Falle erhalten beide Ehegatten die Unterhaltshilfe im Betrage von je 70.— DM monatlich.

b. Kinder. Zuschlagsberechtigt sind die Kinder i. S. des § 35 Abs. 3 Satz 1. Es ist nicht erforderlich, daß die Kinder dem Anspruchsberechtigten gegenüber auf Grund der Vorschriften des Bürgerlichen Rechts unterhaltsberechtigt sind. Die Kinder dürfen das 15. und, sofern sie in Berufsausbildung (vgl. § 35 Anm. 2 a, cc, 6) stehen oder wegen Gebrechlichkeit besonderer Pflege bedürfen (vgl. § 35 Anm. 2 a, cc, 7), das 18. Lebensjahr noch nicht vollendet haben.

Zu den zuschlagsberechtigten Kindern gehören:

aa. eheliche Kinder (§§ 1591 ff. BGB.); hierzu gehören auch die durch nachfolgende Ehe legitimierten Kinder.

bb. für ehelich erklärte Kinder (§§ 1723 ff. BGB.).

cc. Adoptivkinder (§§ 1741 ff. BGB.), auch wenn sie nur von einem Elternteil an Kindes Statt angenommen sind.

dd. Uneheliche Kinder des Mannes und der Frau (§§ 1705 ff. BGB.).

Uneheliche Kinder einer zuschlagsberechtigten Frau erhalten den Zuschlag jedoch nur dann, wenn sie im gemeinsamen Haushalt leben und für sie nicht von anderer Seite (z. B. vom Vater) Unterhalt gewährt wird (vgl. SH.-DVO. zu § 36 Ziff. 2; dabei ist zu berücksichtigen, daß die Unterhaltspflicht des Vaters im allgemeinen nur bis zum vollendeten 16. Lebensjahr besteht (§ 1708 BGB.). Zu den unehelichen Kindern der Frau gehören auch die sog. Ehebruchskinder, deren Ehelichkeit mit Erfolg angefochten worden ist.

ee. Enkelkinder, deren Eltern verstorben oder zur Erfüllung ihrer Unterhaltsverpflichtung außerstande sind (auch wenn sie unbekannten Aufenthalts sind), können nach der SH.-DVO. zu § 36 Ziff. 1 den Zuschlag erhalten, wenn sie im Haushalt der Großeltern leben. Enkel ist auch das unehelich geborene Kind einer Tochter. Als Enkel wird aber auch das uneheliche Kind eines Sohnes zu gelten haben (trotz § 1589 Abs. 2 BGB.)· im Zweifel ist es Pflegekind. Diese Abkömmlinge erhalten jedoch den Betrag der Vollwaisen, wenn sie selbst geschädigt sind — es genügt, wenn ein Elternteil, den sie beerbt haben, dem Personenkreis der Geschädigten angehörte — und kein ausreichendes Einkommen besitzen.

ff. auch eheliche Stiefkinder der Ehefrau, d. h. die von ihr in die Ehe eingebrachten Kinder, und Pflegekinder, die sich im Haushalt eines Ehepaares befinden, können den Zuschlag erhalten, obwohl sie dem Anspruchsberechtigten gegenüber nicht unterhaltsberechtigt sind, es sei denn, daß sie von anderer Seite Unterhalt bzw. Pflegegeld erhalten (SH.-DVO. Ziff. 2 zu § 36).

Im Gegensatz zur Ehefrau ist Haushaltsangehörigkeit keine Voraussetzung für die Gewährung des Kinderzuschlags (mit Ausnahme der Stiefkinder und unehelichen Kinder der zuschlagsberechtigten Frau, der Enkelkinder und der Pflegekinder).

Für Kinder, die sich außerhalb des Haushalts befinden (z. B. in Pflegestellen oder Anstalten), erhält der anspruchsberechtigte Inhaber der elterlichen Gewalt bzw. der gesetzliche Vertreter den Kinderzuschlag.

Verlieren die Kinder oder die Vollwaisen nach Vollendung des 15. bzw. 18. Lebensjahres den Kinderzuschlag (bzw. den Vollwaisenbetrag), so konnen sie die volle Unterhaltshilfe in Höhe von 70.— DM erhalten, falls sie zum Personenkreis der Geschädigten gehören und die sonstigen Voraussetzungen des § 35 erfüllen. Dies kann für Jugendliche, die wegen korperlicher Gebrechen dauernd erwerbsunfähig sind, praktisch werden, bei den übrigen Jugendlichen fehlt es an dem Erfordernis der Erwerbsunfähigkeit.

4. Anrechnung von Einkünften bei Bemessung der Unterhaltshilfe. Ein wesentlicher Unterschied zwischen der Unterhaltshilfe und der öffentlichen Fürsorge besteht in der Behandlung der Anrechnungsfrage. Während in der offentlichen Fürsorge grundsätzlich alle Bezüge des Fürsorgeempfängers auf die Unterstützung angerechnet werden, bleiben bei der Soforthilfe vor allem die Arbeitseinkünfte des Unterhaltsberechtigten und die Leistungen seiner Angehorigen außer Ansatz.

a. Anrechnungsfreie Einkünfte.

aa. Leistungen Angehoriger.

Entsprechend der in der 1. SH.-DVO. zu § 35 Ziff. 5 getroffenen Regelung, wonach familienrechtliche Unterhaltsleistungen Angehöriger bei Prüfung der Voraussetzungen für die Gewährung der Unterhaltshilfe außer Betracht bleiben, weil sie nicht zu den ,,eigenen Mitteln" i. S. des § 35 Abs. 1 Ziff. 2 gehören, unterliegen die Leistungen Angehoriger auch nicht der Anrechnung auf die Unterhaltshilfe (vgl. § 35 Anm. 2 b, cc).

bb. Arbeitseinkunfte.

Die Anrechnung von Arbeitseinkünften unterblieb nach der amtl. Begründung (S. 1052), da nur alte und erwerbsunfähige Personen Anspruch auf Unterhaltshilfe haben und der Anreiz, sich durch Gelegenheitsarbeiten ein kleines Zusatzeinkommen zu schaffen, nicht beeinträchtigt werden sollte.

Die Frage der Anrechnung der Arbeitseinkünfte ist im übrigen dann ohne Bedeutung, wenn die wirtschaftliche Gesamtlage des Geschädigten die Hilfsbedürftigkeit ausschließt und daher ein Anspruch auf Unterhaltshilfe nicht besteht. Denn bei Prüfung der Voraussetzungen für die Gewährung der Unterhaltshilfe, insbesondere der Hilfsbedurftigkeit, sind die ,,eigenen Mittel", zu denen vor allem auch das Arbeitseinkommen gehört, zu berücksichtigen (vgl. § 35 Anm. 2b, bb). Beläuft sich daher das Arbeitsverdienst Geschädigter, die trotz ihres Alters oder ihrer Erwerbsunfähigkeit ausnahmsweise einer Arbeit nachgehen, auf den Unterhaltshilfebetrag, so liegt keine Hilfsbedürftigkeit i. S. des § 35 Abs. 1 Ziff. 2 vor und für die Anwendung des § 36 Abs. 4 besteht demzufolge kein Raum. Es bleiben daher nur solche Arbeitseinkünfte anrechnungsfrei, die wegen ihrer geringen Höhe zur Bejahung der Hilfsbedürftigkeit nach § 35 Abs. 1 Ziff. 2 geführt haben. Diese Regelung führt zu dem eigenartigen und unbefriedigenden Ergebnis, daß z. B. ein alleinstehender Anspruchsberechtigter, der weniger als 70.— DM monatlich verdient, die Unterhaltshilfe in vollem Umfange erhält, da sein Arbeitseinkommen in diesem Falle auf die Unterhaltshilfe nach § 36 Abs. 4 nicht angerechnet wird, während der Antrag eines Geschädigten, dessen Arbeitsverdienst etwas über 70.— DM liegt, abgelehnt werden muß, da er nicht mehr als hilfsbedürftig gilt. Diese unbefriedigende Regelung beruht darauf, daß, worauf der Nachrichtendienst des Deutschen Vereins für öffentliche und private Fürsorge (1948 Nr. 12 Seite 240) mit Recht hinweist, die Anrechnungsbestimmungen in der Unterhaltshilfe im Gegensatz zur öffentlichen Fürsorge hinsichtlich der Prüfung der Voraussetzungen und der Bemessung der Unterhaltshilfe nicht aufeinander abgestimmt sind.

Die Anrechnungsfreiheit der Arbeitseinkünfte gilt nur zugunsten des Anspruchsberechtigten. Das Arbeitseinkommen der zuschlagsberechtigten Ehefrau unterliegt dagegen der Anrechnung.

cc. Freiwillige Leistungen.

Da zu den eigenen Mitteln i. S. des § 35 Abs. 1 Ziff. 2 freiwillige Leistungen, die dem Geschädigten von dritter Seite ohne rechtliche Verpflichtungen gewährt werden, nicht gehören, sind diese Leistungen auch von der Anrechnung ausgeschlossen. Hierunter fallen vor allem Zuwendungen seitens der caritativen Verbände, Beihilfen aus Gefolgschaftsstiftungen, zweckgebundene Beihilfen der Hauptfürsorgestellen an Kriegsopfer u. a. m.

b. Anrechnung von Rentenleistungen und sonstigen Einkünften.

aa. Grundsatz.

Rentenleistungen und andere Einkünfte als die unter 4 a erwähnten werden auf die Unterhaltshilfe in voller Höhe angerechnet. Hierzu gehören insbesondere die Leistungen aus der Sozialversicherung (z. B. Invalidenrente, Unfallrente, Angestelltenrente), aus dem Körperbeschädigten-Leistungsgesetz (Beschädigtenrente, Witwen- und Waisenrente), Pensionen, Versorgungsbezüge, Leibrenten, Leistungen der Arbeitslosenfürsorge. Zu den sonstigen Einkünften rechnet auch der Mietwert der Wohnung im eigenen Hause; er ist jedoch höchstens mit 20.— DM für den Anspruchsberechtigten und je 5 weiteren D Mark für Ehefrau und Kinder anzurechnen (vgl. SH.-DVO. zu § 36 Ziff. 3). Kann dem Antragsteller eine räumliche Einschränkung durch Untervermietung zugemutet werden, so wird der Mietwert höher zu veranschlagen sein.

Beispiel:

Der erwerbsunfähige, verheiratete Ausgewiesene X mit 2 Kindern unter 15 Jahren verdient durch Gelegenheitsarbeiten ein zusätzliches Arbeitseinkommen von monatlich 80.— DM. Seine Frau bezieht eine Unfallrente von monatlich 30.— DM. Ein volljähriger, unterhaltsfähiger Sohn gewährt den Eltern einen monatlichen Zuschuß von 100.— DM.

Die Unterhaltshilfe beträgt	70.— DM	für den Ehemann
	+ 30.— ,,	Frauenzuschlag
	+ 40.— ,,	Kinderzuschläge
	140.— DM	

Da Arbeitsverdienst und Unfallrente (= 110.— DM) den Unterhaltshilfebetrag nicht übersteigen und der Unterhaltszuschuß des Sohnes nicht zu den „eigenen Mitteln" rechnet, liegt Hilfsbedürftigkeit vor. Der Anrechnung unterliegt nur die Unfallrente von 30.— DM, so daß die Unterhaltshilfe 110.— DM beträgt.

bb. Behandlung rückwirkend bewilligter Rentenleistungen.

Der Anrechnungszwang erstreckt sich auch auf rückwirkend bewilligte Rentenleistungen, sofern der Anspruchsberechtigte für die Monate, auf die die rückwirkenden Leistungen entfallen, Unterhaltshilfe erhalten hat. Die Träger der Rentenversicherung haben insoweit die fälligen Renten an den Soforthilfefonds abzuführen (vgl. auch Anm. 2 zu § 41).

Beispiel:

Der anspruchsberechtigte X bezieht seit 1. September 1949 eine Unterhaltshilfe im Betrage von 70.— DM monatlich. Durch Rentenbescheid vom 15. Oktober 1949 wird ihm rückwirkend ab 1. Januar 1949 eine Invalidenrente von monatlich 50.— DM bewilligt. Hatte die LVA. (z. B. durch Mitteilung seitens des Amts für Soforthilfe) Kenntnis von den Unterhaltshilfezahlungen, so hat sie die auf die Monate September und Oktober 1949 entfallenden Invalidenrentenbeträge an den Soforthilfefonds abzuführen. Andernfalls liegt dem Anspruchsberechtigten die Erstattungspflicht ob (vgl. Anm. 2 zu § 41).

5. Anrechnung der Unterhaltshilfebeträge auf den Höchstbetrag.

Bei Währungsgeschädigten und Sachgeschädigten sind bei der Berechnung der Unterhaltshilfe und des Unterhaltszuschusses der Höchstbetrag nach § 33 sowie die Anrechnungsvorschriften des § 38 (vgl. Anm. zu § 38) zu berücksichtigen.

§ 37

Unterhaltszuschuß

(1) **Ist der gemäß § 33 ermittelte Gesamtbetrag der Leistungen bei Sachgeschädigten (§ 31 Ziffer 2) und bei Währungsgeschädigten**

(§ 31 Ziffer 3) nicht höher als 1000 Reichsmark, so wird die Unterhaltshilfe nicht gemäß § 36, sondern als Unterhaltszuschuß gewährt.

(2) **Der Unterhaltszuschuß wird in monatlichen Teilbeträgen von 30 Deutschen Mark gewährt. Die Gewährung der Teilbeträge entfällt, sobald ihre Summe den Höchstbetrag gemäß § 33 erreicht hat.**

(3) **Die geleisteten Teilbeträge bleiben bei der Prüfung der Hilfsbedürftigkeit gemäß § 5 der Reichsgrundsätze über Voraussetzung, Art und Maß der öffentlichen Fürsorge vom 4. Dezember 1924 außer Kraft.**

(4) **§ 36 Absatz 4 findet keine Anwendung.**

Durchführungs-VO

Zu § 37.

Unterhaltszuschuß

Bei Zahlungen von Unterhaltszuschuß werden Zuschläge für Angehörige (§ 36 Absatz 2) nicht gewährt.

SHG-Anleitung (Ziff. 11)

11. Unterhaltszuschuß (§ 37)

(1) *Unterhaltszuschuß ist eine Sonderform der Unterhaltshilfe, die verhindern soll, daß Sachgeschädigte und Währungsgeschädigte für kurze Zeit aus der öffentlichen Fürsorge ausscheiden, dann aber in Auswirkung des § 33 von der öffentlichen Fürsorge wieder übernommen werden müssen.*

(2) *Die Vorschrift des § 33 (Höchstbetrag) kann dazu führen, daß in dem letzten Monat, für den Unterhaltszuschuß gewährt ist, weniger als 30.— DM zur Auszahlung kommen.*

Erläuterungsübersicht

1. Allgemeines
2. Höhe des Unterhaltszuschusses
3. Anrechnung von Rentenleistungen
4. Fürsorgeunterstützung
5. Beispiel

1. Allgemeines. Nach § **33** ist bei Sachgeschädigten und Währungsgeschädigten die Soforthilfe auf die Hälfte des nachweisbar erlittenen Gesamtschadens beschränkt. Beträgt bei einem derartigen Geschädigten der Gesamtbetrag, bis zu dem nach § **33** Leistungen gewährt werden dürfen, nicht mehr als 1000.— RM, so wird die Unterhaltshilfe nicht nach den Sätzen des § 36, sondern in der Sonderform eines Unterhaltszuschusses gewährt. Die Sonderregelung des § **37** findet in allen Fällen Anwendung, in denen der Gesamtschaden nicht mehr als 1700.— RM beträgt, weil sich in diesem Fall nach § **33** ein Höchstbetrag von weniger als 1000.— RM ergibt (vgl. auch Anm. 5 zu § 33). Für die Entscheidung, ob Unterhaltshilfe oder Unterhaltszuschuß zu gewähren ist, braucht daher lediglich festgestellt zu werden, ob der Gesamtschaden über 1700.— RM liegt.

2. Höhe des Unterhaltszuschusses. Der Unterhaltszuschuß beträgt monatlich 30.— DM und wird solange an den Geschädigten bzw. Anspruchsberechtigten bezahlt, bis die gewährten Teilbeträge den Hochstbetrag nach § 33 erreicht haben. Außer den 30.— DM werden keine weiteren Zahlungen, insbesondere keine Zuschläge an Angehorige, gewährt (vgl. 1 SH.-DVO. zu § 37). Auch fur Vollwaisen beträgt der Unterhaltszuschuß 30.— DM monatlich.

3. Eine **Anrechnung von Rentenleistungen** und sonstigen Einkunften, wie sie bei der Unterhaltshilfe nach § 36 Abs. 4 vorgenommen wird, findet auf den Unterhaltszuschuß nicht statt.

4. Der Unterhaltszuschuß bleibt bei der Prüfung der fürsorgerechtlichen Hilfsbedürftigkeit außer Ansatz; er wird daher an Fürsorgeempfänger zur **Fürsorgeunterstützung** zusätzlich gewährt, denn § 37 will verhüten, daß die hierunter fallenden Geschädigten für kurze Zeit als Bezieher von Unterhaltshilfe aus der offentlichen Fürsorge ausscheiden, um dann alsbald wieder in die Fürsorge überführt zu werden.

5. Beispiele:

a) Eine 65jährige Sozialrentnerin (Invalidenrente 40.— DM, Fürsorgeunterstützung 15.— DM) besaß am Währungsstichtag ein Sparguthaben von 680.— RM und 120.— RM Bargeld. Ihr Währungsschaden betrug nach Abzug der „Aufwertung" des Sparguthabens und des Bargeldes: 800—540 (Kopfquote) = 260; davon 6½% = 16,90 = (800—16,90) = 783,10 RM. Hiervon werden nach § 33 Satz 2 SHG. 300.— RM voll in Ansatz gebracht. Die Hälfte des Gesamtschadens, der die Gesamtleistungen der Soforthilfe nicht ubersteigen darf, beträgt daher:

$$\begin{array}{rl} & 783{,}10 \\ - & 300.\text{--} \\ \hline & 483.10 : 2 = 241{,}55 \\ & \qquad + \; 300.\text{—} \\ & \qquad = \underline{\underline{541.55 \text{ DM}}} \end{array}$$

Die Sozialrentnerin erhält — ohne Anrechnung ihrer Sozialrente — einen Unterhaltszuschuß von monatlich 30.— DM, so daß sie insgesamt 40.— DM Invalidenrente, 15.— DM Fursorgeunterstützung und 30.— DM Unterhaltszuschuß = 85.— DM erhält.

Dieser Unterhaltszuschuß wird nach der SH.-DVO. zu § 39 Ziff. 3 zunächst bis zum 31. März 1950 gewährt. Ohne diese zeitliche Begrenzung würde der Unterhaltszuschuß 18 Monate hindurch in Höhe von 30.— DM = 540.— DM gewährt. Im 19. Monat würde nur noch ein Betrag von

1.55 DM bezahlt, wie sich aus der Vorschrift des § 33 über den Höchstbetrag ergibt.

b. Hätte die Sozialrentnerin nur einen Gesamtschaden von 360.— RM erlitten, so würde sich folgende Berechnung ergeben: die ersten 300.— RM des Gesamtschadens werden voll in Ansatz gebracht. Danach verbleiben 60.— RM. Der Höchstbetrag des § 33 ist die Hälfte dieses Betrages (= 30.— RM) + 300.— RM = 330.— RM. Da dieser Betrag unter 1000.— RM liegt, kann die Geschädigte nur einen Unterhaltszuschuß nach § 37 Abs. 1 in monatlichen Teilbeträgen von 30.— DM erhalten, dessen Gewährung nach § 37 Abs. 2 Satz 2 entfallt, sobald der Höchstbetrag von 330.— DM erreicht ist. Der Unterhaltszuschuß kann daher nur für 11 Monate gewährt werden, da er nach § 38 in voller Höhe auf den Gesamtbetrag der Leistungen angerechnet wird.

§ 38

Anrechnung auf den Gesamtbetrag der Leistungen

Bei der Feststellung, ob der Gesamtbetrag der Leistungen nach § 33 erreicht ist, werden
angerechnet:
Leistungen nach § 36 Absatz 1 zur Hälfte,
Leistungen nach § 37 Absatz 2 in voller Höhe, soweit diese Leistungen nicht an Vollwaisen gewährt werden,
außer Ansatz gelassen:
Leistungen nach § 36 Absatz 2,
Leistungen an Vollwaisen nach § 36 Absatz 3 und § 37 Absatz 2.

Erläuterungsübersicht

1. Berücksichtigung der Unterhaltshilfe und des Unterhaltszuschusses bei der Feststellung des Höchstbetrages.
2. Beispiele.

1. Währungsgeschädigte und Sachgeschädigte können nach § 33 im Rahmen der Soforthilfe nicht mehr als die Hälfte des nachweisbar erlittenen Schadens erhalten (Höchstbetrag). § 38 bestimmt, in welchem Umfange die Unterhaltshilfe und der Unterhaltszuschuß bei der Feststellung, ob dieser Höchstbetrag erreicht ist, zu berücksichtigen sind.

Nach § 38 bleiben dabei:

a. Außer Ansatz:

aa. die Erhöhungen des Grundbetrags der Unterhaltshilfe, die in der Gewährung von Zuschlägen für die im Haushalt lebende Ehefrau (30.— DM) und die zuschlagsberechtigten Kinder (je 20.— DM) bestehen;

bb. die Unterhaltshilfe und der Unterhaltungszuschuß für Vollwaisen (35.— bzw. 30.— DM);

b. in voller Hohe wird der Unterhaltszuschuß (30.— DM) angerechnet, es sei denn, daß er Vollwaisen gewährt witd;

c. zur Hälfte wird der Unterhaltshilfebetrag für den Anspruchsberechtigten (70.— DM) angerechnet.

2. Beispiele.

a. Der Währungsschaden eines unterhaltshilfeberechtigten Ehepaars mit 2 zuschlagsberechtigten Kindern beträgt 2000.— RM. Der Höchstbetrag beläuft sich nach § 33 auf (2000 — 300 = 1700 : 2 = 850 + 300 =) 1150.— RM (vgl. § 33 Anm. 8a). Obwohl die Unterhaltshilfe in diesem Falle monatlich 140.— DM (70+30+20+20 DM) beträgt, werden auf den Höchstbetrag von 1150.— RM, jedoch monatlich nur 35.— DM angerechnet, so daß das Ehepaar (ohne die zeitliche Begrenzung nach der SH.-DVO. zu § 39 Ziff. 3) an sich rd. 33 Monate hindurch die Unterhaltshilfe erhalten konnte. Nimmt das Ehepaar eine Ausbildungshilfe in Anspruch, so wird diese in vollem Umfang auf den Höchstbetrag angerechnet und führt zu einer entsprechenden Verkürzung des Zeitraums, innerhalb dessen Unterhaltshilfe gewährt werden kann.

b. Betrug der Währungsschaden des Ehepaars zu a. nur 1000.— RM, so beläuft sich der Höchstbetrag nach § 33 auf 650.— RM, so daß die Unterhaltshilfe nach § 37 Abs. 1 in der Form des Unterhaltszuschusses gewährt werden muß. Auf den Hochstbetrag wird der monatliche Unterhaltszuschuß von 30.— DM in voller Hohe angerechnet, so daß der Zuschuß (ohne die zeitliche Begrenzung) nach rd 22 Monaten entfallen würde.

§ 39

Zeitraum

Unterhaltshilfe nach den §§ 36 und 37 wird vom 1. April 1949 ab gewährt. Wird der Antrag erst nach dem 30. September 1949 gestellt, so wird sie von dem Monatsersten ab gewährt, der auf die Einreichung des Antrags folgt.

Durchführungs-VO

Zu § 39.

Zeitraum

1. Geschädigte, die erst nach Inkrafttreten des Gesetzes das 65. (Frauen das 60.) Lebensjahr vollenden, erhalten Unterhaltshilfe mit Wirkung vom Ersten des Monats ab, in dem sie das 65. bzw. 60. Lebensjahr vollenden.

2. Wenn die auf Grund des § 39 für einen zurückliegenden Zeitraum nachzuzahlenden Beträge 100.— DM übersteigen, ist jeweils der für einen der zurückliegenden Monate nachzuzahlende Betrag mit einer Monatszahlung der laufenden Unterhaltshilfe so lange zu verbinden, bis der Gesamtbetrag nachgezahlt ist.

3. Unterhaltshilfe wird zunächst bis zum 31. März 1950 gewährt, soweit sie nicht nach § 33 in Verbindung mit § 37 Absatz 2 zu einem früheren Zeitpunkt entfällt.

SHG-Anleitung (Ziff. 12)

12. Zeitraum (§ 39)

(1) *Soforthilfe-DVO. Ziffer 1 zu § 39 stellt klar, von welchem Zeitpunkt ab Unterhaltshilfe gewährt werden kann. Von wann ab der Antragsteller die Hilfe tatsächlich erhält, hängt nach § 39 Satz 2 des Gesetzes vom Zeitpunkt der Antragstellung ab. Wird also beispielsweise der Antrag, wenn der 65. bzw. 60. Geburtstag in den Monat August 1949 fällt, bis zum 30. September 1949 gestellt, so kann die Unterhaltshilfe für die zurückliegenden Monate August und September gewährt werden. Wird der Antrag nach dem 30. September 1949 gestellt, so kann die Unterhaltshilfe frühestens für den der Antragstellung folgenden Monat bewilligt werden.*

(2) *Soweit nach § 39 Leistungen rückwirkend gewährt werden, ist § 75 (Anrechnung von Fürsorgeleistungen in der Übergangszeit) zu beachten. Da hiernach nur die nach dem 31. März 1949 empfangenen Leistungen angerechnet werden, bleibt die Überbrückungshilfe zu Weihnachten 1948 außer Betracht.*

(3) *Wegen der Nachzahlung für einen zurückliegenden Zeitraum ist Soforthilfe-DVO. Ziffer 2 zu § 39 zu beachten. Festzustellen ist der Gesamtbetrag der Nachzahlung nach Abzug etwa anzurechnender Leistungen und sonstiger Einkünfte. Bleibt der sich ergebende Betrag unter 100 DM, so ist er mit der ersten laufenden Zahlung in einer Summe nachzuzahlen; übersteigt er 100 DM, so ist nach Soforthilfe-DVO. Ziffer 2 zu § 39 zu verfahren.*

Erläuterungsübersicht

1. Beginn der Unterhaltshilfezahlungen
   a. Rückwirkende Zahlung
   b. Anträge nach dem 30. September 1949
   c. Übergangsbestimmung
2. Einreichung des Antrages
3. Dauer der Zahlung
4. Zahlungsperiode
5. Behandlung der Nachzahlungen
6. Beispiel

1. Beginn der Unterhaltshilfezahlungen.

a. Rückwirkende Zahlung. Die Unterhaltshilfe wird — auch soweit sie in Form des Unterhaltszuschusses (§ 38) gewährt wird — rückwirkend vom 1. April 1949 ab bewilligt, wenn die Voraussetzungen für ihre Gewährung zu diesem Zeitpunkt bereits vorlagen. Um die rückwirkenden Leistungen zu erhalten, muß der Antrag spätestens bis zum 30. September 1949 gestellt werden. (In Württbg.-Hohenzollern bis zum 15. 10. 1949).

Bei der Gewährung rückwirkender Zahlungen ist zu berücksichtigen, daß gleichartige Fürsorgeleistungen, welche die Geschädigten bis zur ersten Zahlung der Unterhaltshilfe für die Zeit nach dem 31. März 1949 erhalten haben, auf die Nachzahlungen der Unterhaltshilfe angerechnet werden (vgl. Anm. zu § 75).

b. Anträge nach dem 30. September 1949. Bei Anträgen, die erst nach dem 30. September 1949 gestellt werden, beginnt die Unterhaltshilfe mit dem Monatsersten, der auf die Einreichung des Antrags folgt, sofern die Voraussetzungen für ihre Gewährung am Monatsersten vorlagen. Wird der Antrag z. B. am 2. Oktober 1949 eingereicht, so wird die Unterhaltshilfe ab 1. November 1949 ab gewährt. Hinsichtlich des Mindestalters macht die SH.-DVO. zu § 39 Ziff. 1 insoweit eine Ausnahme, als die Unterhaltshilfe in diesem Falle rückwirkend gewährt wird, d. h. mit Wirkung vom Monatsersten ab, in dem das Mindestalter (65 bzw. 60 Jahre) erreicht worden ist, auch wenn der Antrag erst nach diesem Monat gestellt wurde; das Mindestalter darf allerdings erst nach Inkrafttreten des Gesetzes (vgl. § 84) vollendet sein. Vgl. ferner § 41 Abs. 2 wegen der Frage, von welchem Zeitpunkt ab nachträgliche Veränderungen zugunsten des Anspruchsberechtigten zu berücksichtigen sind.

c. Übergangsbestimmung. Nach § 85 kann der Termin für die Antragstellung hinausgeschoben werden, wenn das Gesetz erst nach dem 15. Juni 1949 in Kraft tritt und dies für die Durchführbarkeit des Gesetzes erforderlich ist. Nachdem das Gesetz erst im August die Genehmigung der Militärregierung erhielt, wurde der erwähnte Termin von dem Direktor der Verwaltung für Finanzen durch eine Anordnung v. 8. 8. 1949 (WiGBl. Nr. 28) vom 31. Juli 1949 auf den 30. September 1949 verlegt.

2. Einreichung des Antrages.

Maßgebend ist der Zeitpunkt der Einreichung des Antrages, d. h. der Zeitpunkt, an dem der Antrag bei der zuständigen Gemeindebehörde oder bei der von der Landesregierung bestimmten entsprechenden Behörde eingegangen ist. Der Eingang beim Amt für Soforthilfe, das den Antrag in jedem Falle zunächst der Gemeindebehörde zur Überprüfung und Stellungnahme zuleitet, ist nach der SH.-DVO. Ziff. 5 zu § 59 nicht maßgebend, es sei denn, daß auf Grund landesrechtlicher Vorschrift der Antrag auch beim Amt für Soforthilfe eingereicht werden kann.

3. Dauer der Zahlung.

Die Unterhaltshilfe wird nach der SH.-DVO. Ziff. 3 zu § 39 zunächst bis zum 31. März 1950 gewährt, da sich die endgültige Gestaltung des Lastenausgleichs noch nicht übersehen läßt. Sie ist früher einzustellen, wenn die Bestimmungen über den Höchstbetrag nach § 33 i. V. mit § 37 Abs. 2 dies erfordert oder wenn die Voraussetzungen für ihre Gewährung nachträglich entfallen (vgl. § 68).

4. Zahlungsperiode.

Die Unterhaltshilfe wird wie die Leistungen der Sozialversicherung und der Kriegsopferversorgung in Monatsbeträgen gewährt.

5. Behandlung der Nachzahlungen.

Um zu verhüten, daß durch die Auszahlung größerer nachzuzahlender Beträge wirtschaftspolitisch unerwünschte Folgen eintreten, bestimmt

Ziff. 2 der SH.-DVO. zu § 39, daß die Nachzahlungen, wenn sie den Betrag von 100.— DM übersteigen, monatlich auf die laufenden Unterhaltshilfebeträge in der Weise zu verteilen sind, daß der auf einen der zurückliegenden Monate entfallende Betrag jeweils mit einer Monatszahlung der laufenden Unterhaltshilfe solange zu verbinden ist, bis der fällige Gesamtbetrag nachgezahlt ist. Die nachzuzahlenden Beträge brauchen nicht für jeden einzelnen Monat gesondert berechnet werden; es genügt, wenn die Summe des Nachzahlungsbetrages durch die Zahl der Monate geteilt wird, für die Nachzahlung zu leisten ist, und diese Teilbeträge bis zur Erfüllung der Nachzahlungsverpflichtung zu den laufenden monatlichen Unterhaltshilfezahlungen geschlagen werden.

6. Beispiel.

Das Flüchtlingsehepaar X erhält seit 1. Januar 1948 monatlich eine Fürsorgeunterstützung in Höhe von 70.— DM. Es stellt am 15. September 1949 begründeten Antrag auf Unterhaltshilfe. Die rückwirkend ab 1. April 1949 nachzuzahlenden Beträge belaufen sich auf 6 × 100 = 600 DM, auf welche die gleichartigen Fürsorgeleistungen 6 × 70 = 420 DM angerechnet werden. Der nachzuzahlende Betrag beläuft sich auf 180.— DM, wovon auf jeden der zurückliegenden Monate 30.— DM entfallen. Es gelangen daher in den Monaten Oktober 1949—März 1950 je 130.— DM zur Auszahlung.

§ 40

Rechtsanspruch

(1) **Auf Unterhaltshilfe nach den Bestimmungen dieses Gesetzes haben die Geschädigten einen Rechtsanspruch.**

(2) **Der Anspruch kann nicht übertragen, verpfändet oder gepfändet werden.**

Durchführungs-VO

Zu § 40.

Rechtsanspruch

Der Rechtsanspruch auf Unterhaltshilfe steht vorbehaltlich des § 42 des Gesetzes nur dem unmittelbar Geschädigten zu (vgl. auch Ziffer 1 zu § 30).

Im Gegensatz zu den übrigen Leistungen der Soforthilfe (Ausbildungshilfe, Aufbauhilfe, Hausrathilfe, Gemeinschaftshilfe) haben die Geschädigten auf die Unterhaltshilfe einen Rechtsanspruch, der in einem besonderen gesetzlich geregelten Beschlußverfahren mit Beschwerdemöglichkeit (vgl. §§ 59 ff.) verfolgt werden kann. Vor den ordentlichen Gerichten kann der Anspruch jedoch nicht geltend gemacht werden (vgl. § 69 Abs. 3).

Für die Einführung dieses Rechtsanspruchs war nach der Begründung des Gesetzes vor allem der psychologische Grund ausschlaggebend, „daß der Unterhaltshilfe der Almosencharakter unter allen Umständen genommen werden musse " Im Gegensatz zur offentlichen Fursorge ist daher ihre Gewährung nicht in das Ermessen der Behörden gestellt. Sie muß gewährt werden, wenn ihre gesetzlichen Voraussetzungen vorliegen. Aus der Natur des Rechtsanspruchs und der Tatsache, daß der Gesetzgeber die Unterhaltshilfeempfänger aus der Sphäre der Fürsorge herausnehmen wollte, ergibt sich ferner, daß die Unterhaltshilfe im Gegensatz zu den Fürsorgeleistungen keiner Rückerstattungspflicht unterliegt.

Da die Unterhaltshilfe die Existenz des Geschädigten sichern soll, kann der Anspruch auf sie weder übertragen (abgetreten), verpfändet noch gepfändet werden. Ausnahmen von diesem auf sozialen Gründen beruhenden Verbot, wie sie z. B. auf dem Gebiet der Versorgung oder der Sozialversicherung (§ 119 RVO.) zugelassen sind, sind nicht vorgesehen, auch nicht mit Zustimmung des Landesamts für Soforthilfe oder einer sonstigen Sozialbehörde.

Wegen der Vererbung des Anspruchs auf die Unterhaltshilfe vgl. Anm. 9 zu § 30.

§ 41

Nachträgliche Veränderungen

(1) **Treten nachträglich Umstände ein, die für den Anspruch auf Unterhaltshilfe oder für seine Höhe von Bedeutung sind, so ist der Anspruchsberechtigte verpflichtet, dies anzuzeigen.**

(2) **Nachträglich eingetretene Umstände sind, soweit sie sich zugunsten des Anspruchsberechtigten auswirken, mit Wirkung vom Ersten des laufenden Monats, im übrigen mit Wirkung vom folgenden Monatsersten ab zu berücksichtigen.**

Durchführungs-VO.

Zu § 41.

Nachträgliche Veränderungen

1. Wenn der Anspruchsberechtigte verstorben oder nicht in der Lage ist, Anzeige zu erstatten, sind hierzu die Ehefrau und die Erben, gegebenenfalls deren gesetzliche Vertreter, verpflichtet.

2. Der Anspruchsberechtigte ist verpflichtet, dem Amt für Soforthilfe anzuzeigen, wenn ihm rückwirkend der Anspruch auf eine Rente für Monate zuerkannt wird, für die er Unterhaltshilfe bereits erhalten hat. Er hat, soweit der Träger der Rentenversicherung nicht die auf diese Monate entfallenden Rentenbeträge bis zur Höhe der Unterhaltshilfe unmittelbar an den Soforthilfsfonds abgeführt hat (vgl. Ziffer 4 zu § 36), diese Beträge dem Soforthilfefonds zu erstatten.

SHG.-Anleitung (Ziff. 13)

13. Nachträgliche Veränderungen (§ 41)

Das Verfahren im Fall des § 41 wird durch § 68 geregelt. Vorsätzliche Unterlassung der sich aus § 41 Absatz 1 ergebenden Anzeigepflicht kann ebenso wie jede vorsätzlich unrichtige oder unvollständige Angabe durch den Antragsteller den Tatbestand des Betrugs erfüllen. Es ist in diesen Fällen zu prüfen, ob Anzeige an die Staatsanwaltschaft zu erstatten ist.

Erläuterungsübersicht

1. Anzeigepflicht.

a. Anspruchsberechtigter.

§ 41 verpflichtet den Unterhaltshilfe-Anspruchsberechtigten, nachträglich eintretende Umstände, die die Unterhaltshilfe dem Anspruch oder der Höhe nach zum Nachteil des Geschädigten berühren, dem Amt für Soforthilfe anzuzeigen. Solche die Unterhaltshilfe berührenden Umstände sind z. B. Wegfall zuschlagsberechtigter Kinder durch Erlangung des 15. bzw. 18. Lebensjahres, Tod eines Zuschlagsempfängers, nachträgliche Erlangung von Renten oder sonstiger Einkünfte, die nach § 36 Abs. 4 der Anrechnung unterliegen; dies gilt namentlich auch, wenn die Rente (z. B. Versorgungsrente, Invalidenrente, Angestelltenrente) rückwirkend zuerkannt wird. Die Anzeigepflicht besteht aber auch für nachträglieh eintretende Umstände, die sich zugunsten des Anspruchsberechtigten auswirken, sofern er in den Genuß der Vergünstigungen gelangen will (vgl. Anm. 4).

b. Eine gleiche Anzeigepflicht liegt der Ehefrau und den Erben (gegebenenfalls deren gesetzlichen Vertretern) ob, wenn der Anspruchsberechtigte verstorben oder nicht in der Lage ist, selbst Anzeige zu erstatten (SH.-DVO. Ziff. 1 zu § 41).

c. Eine vorsätzliche Verletzung der Anzeigepflicht ist strafbar, sofern sie den Tatbestand des Betrugs erfüllt (vgl. SHG.-Anleitung zu § 41 Ziff. 13).

2. Behandlung fälliger Rentenleistungen.

Rentenleistungen, die dem Geschädigten für eine rückliegende Zeit bewilligt werden, während welcher er bereits Unterhaltshilfe erhalten hat, sind vom Träger den Rentenversicherung nach der SH.-DVO. zu § 36 Ziff. 4 bis zur Höhe der Unterhaltshilfe an den Soforthilfefonds abzuführen, da auch diese fälligen Leistungen auf die Unterhaltshilfe anzurechnen sind. Unterläßt der Träger die Auszahlung an den Fonds, weil ihm z. B. nicht bekannt war, daß der Rentenberechtigte Unterhaltshilfeempfänger war, so liegt die Erstattung dem Anspruchsberechtigten ob (vgl. das Beispiel zu § 36 Anm. 4 b, bb). Zu den Rentenleistungen gehören auch die Bezüge nach dem KB-Leistungsgesetz.

3. Rechtsfolgen der nachträglichen Änderungen.

In dem Umfang, in dem die Voraussetzungen für die Gewährung der Unterhaltshilfe entfallen, erlischt der Anspruch auf Unterhaltshilfe. Der Leiter des Amts für Soforthilfe verfügt in diesem Falle nach § 68 Abs. 1 die völlige oder teilweise Einstellung der weiteren Leistungen. Die Umstände, die sich zum Nachteil des Anspruchsberechtigten auswirken, sind nach § 41 Abs. 2 mit Wirkung von dem Monatsersten ab zu berücksichtigen, der auf das die Unterhaltshilfe berührende Ereignis folgt. Wegen des Verfahrens vgl. § 68 Abs. 3.

4. Nachträgliche Änderungen zugunsten des Geschädigten.

Ändern sich die Voraussetzungen der Unterhaltshilfe zugunsten des Geschädigten (z. B. durch Geburt eines Kindes oder durch Wegfall bisher angerechneter Renten), so hat der Geschädigte einen neuen Antrag zu stellen (vgl. SH.-DVO. zu § 68). In Abweichung von § 39 ist dabei der nachträglich eingetretene Umstand nach § 41 Abs. 2 mit Wirkung vom Ersten des laufenden Monats ab zu berücksichtigen. Wird dem Unterhaltshilfeempfänger am 27. Dezember 1949 ein zuschlagsberechtigtes Kind geboren, so erhält er den Zuschlag mit Wirkung vom 1. Dezember 1949.

§ 42

Verfahren bei Tod des Anspruchsberechtigten

Stirbt der Anspruchsberechtigte, dem Unterhaltshilfe gewährt wird, so erhalten die in § 36 Absatz 2 genannten Angehörigen Unterhaltshilfe in bisheriger Höhe bis zum Ablauf des auf den Todestag folgenden Monats weiter. Vom Beginn des darauffolgenden Monats ab tritt der überlebende Ehegatte ohne neuen Antrag an die Stelle des bisherigen Anspruchsberechtigten; die Zahlung von Kinderzuschlägen wird hierdurch nicht berührt.

Durchführungs-VO

Zu § 42.

Verfahren bei Tod des Anspruchsberechtigten

Im Falle des Todes des Anspruchsberechtigten werden rechtskräftig festgestellte Ansprüche auf Unterhaltshilfe für einen zurückliegenden Zeitraum (einschließlich des Todesmonats) in Abweichung von Ziffer 2 zu § 30 ausbezahlt.

SHG.-Anleitung (Ziff. 14)

14. Verfahren bei Tod des Anspruchsberechtigten (§ 42)

Nach § 42 wird für die Angehörigen des verstorbenen Anspruchsberechtigten ein Gnadenmonat gewährt. Vom darauffolgenden Monat ab erhält der überlebende zuschlagsberechtigte Ehegatte ohne neuen Antrag den Betrag der Unterhaltshilfe, den der Verstorbene bisher bekam; sein eigener Familienzuschlag kommt in Wegfall, etwaige Kinderzuschläge werden weiter gewährt. Zu Vollwaisen gewordene Kinder haben Antrag auf Gewährung der Unterhaltshilfe gemäß § 36 Absatz 3 zu stellen.

Erläuterungsübersicht

1. Grundsatz.

§ 42 will den Hinterbliebenen eines anspruchsberechtigten Unterhaltshilfeempfängers (Haushaltsvorstand), die den Zuschlag erhielten, die Umständlichkeiten eines neuen Antragsverfahrens ersparen, indem der überlebende Ehegatte nach Ablauf des auf den Todestag folgenden Monats automatisch „an die Stelle des bisherigen Anspruchsberechtigten" tritt. Die Hinterbliebenen werden in diesem Falle von der Einreichung eines besonderen neuen Antrags entbunden, jedoch selbstverständlich nicht von der Anzeigepflicht nach § 41. Sie erhalten ohne weiteres vom Amt für Soforthilfe die Unterhaltssätze, die sich ergeben würden, wenn der überlebende Ehegatte anspruchsberechtigt wäre. Der überlebende zuschlagsberechtigte Ehegatte wird dabei gewissermaßen als Rechtsnachfolger des verstorbenen Ehegatten behandelt. Während der überlebende Ehegatte bisher den Zuschlag von 30.— DM erhielt, wird ihm nunmehr, da er an die Stelle des Anspruchsberechtigten tritt, automatisch der Betrag von 70.— DM gewährt. Die Kinderzuschläge bleiben unberührt.

2. Vererbung des Anspruchs auf Soforthilfe.

Der Anspruch auf Soforthilfe ist nicht vererblich (vgl. § 30 Anm. 9). Im Falle des Todes des Anspruchsberechtigten wird jedoch die rechtskräftig festgestellte Unterhaltshilfe in bisheriger Höhe bis zum Ablauf des auf den Todestag folgenden Monats (als Gnadenmonat) und, sofern sie rückständig ist, für die Vergangenheit noch ausbezahlt (SH.-DVO. zu § 42). Die vor dem Tode des Antragstellers bewilligten, aber noch nicht bewirkten Leistungen der Ausbildungshilfe und der Aufbauhilfe können die Erben oder Angehörigen grundsätzlich nicht mehr erhalten (vgl. § 30 Anm. 9). Wegen der Hausrathilfe vgl. ebenfalls § 30 Anm. 9.

3. Rechtsnachfolge der Ehefrau.

Zweifelhaft erscheint es, ob und gegebenenfalls in welchem Umfang die überlebende Ehefrau, die an die Stelle des Anspruchsberechtigten tritt, auch ihrerseits die Voraussetzungen für die Erlangung der Unterhaltshilfe erfüllen muß. Der Wortlaut des Gesetzes ist nicht ganz eindeutig. Nach der alten Fassung des § 44 des vom Wirtschaftsrat genehmigten 1. LAG. sollten die Angehörigen die Unterhaltssätze erhalten, die sich nach § 36 „bei einem neuen Antrag" ergeben würden, d. h. sie mußten materiell auch ihrerseits die Voraussetzungen des § 38 erfüllen. Die SH.-DVO. Ziff. 2 zu § 44 stellte klar, daß die Angehörigen bei Anwendung dieser Vorschrift „als Geschädigte in demselben Umfang, in dem der Anspruchsberechtigte es war" gelten, d. h. daß die Geschädigteneigenschaft des verstorbenen Anspruchsberechtigten (einschl. der Höhe seines Währungs- oder Sachschadens) auf seine Angehörigen übergehen soll. Die neue Fassung muß dahin verstanden werden, daß der überlebende Ehegatte an die Stelle des Anspruchsberechtigten tritt, auch wenn er selbst die strengen Voraussetzungen des § 35 hinsichtlich des Alters und der Erwerbsunfähigkeit nicht erfüllt. Diese Auslegung würde der im Gesetz mehrfach betonten Familieneinheit (Zusammenrechnung der erlittenen Schäden und der eigenen Mittel) entsprechen. Es würde auch eine unbillige Härte bedeuten, wenn die das Mindestalter nicht erreichende Ehefrau, für die zu Lebzeiten ihres geschädigten Mannes ein Zuschlag von 30.— DM bezahlt wurde, nach dessen Tode keinerlei Unterhaltshilfebeträge mehr erhalten sollte. Demgegenüber wäre allerdings der Schlußsatz des § 42, wonach die Zahlung von Kinderzuschlägen durch diese Regelung nicht berührt wird, nur in Fällen verständlich, in denen dem überlebenden Ehegatten die Anspruchsberechtigung versagt wird, weil er nicht die strengen Voraussetzungen des § 35 hinsichtlich des Alters oder der Erwerbsunfähigkeit erfüllt. Denn in diesem Falle sollten trotz dieser Versagung wenigstens die Kinder ihren bisherigen Zuschlag weiterhin erhalten. Eine gesetzliche Klarstellung wäre angebracht.

Es versteht sich von selbst, daß die Unterhaltshilfe entfällt, wenn die Bedürftigkeit des überlebenden Ehegatten durch die spätere Erlangung ausreichenden Vermögens oder Einkommens entfällt.

Die „Rechtsnachfolge" des überlebenden Ehegatten setzt im übrigen nicht voraus, daß er auch Erbe des Anspruchsberechtigten geworden ist. Auch im Falle seiner Enterbung tritt der Übergang ein. Die dem bisherigen Anspruchsberechtigten entstandenen Schäden werden dem überlebenden Ehegatten zugerechnet.

4. Tod des Anspruchsberechtigten vor Entscheidung über den rechtlich begründeten Antrag.

Nach § 42 tritt der überlebende Ehegatte nur dann an die Stelle des verstorbenen Anspruchsberechtigten, wenn er beim Tode des Anspruchsberechtigten bereits Zuschläge zur Unterhaltshilfe erhalten hatte. Diese Vergünstigung wird jedoch billigerweise auch dann nicht versagt werden können, wenn der Antragsteller vor der Entscheidung über seinen rechtlich begründeten Antrag gestorben ist.

5. Tod der Witwe.

Stirbt eine anspruchsberechtigte Witwe, so würde es der Billigkeit entsprechen, daß die Kinder, für die bisher Kinderzuschläge nach § 36 Abs. 2 gezahlt worden sind, in entsprechender Anwendung des Grundgedankens des § 42 ohne neuen Antrag den Vollwaisenbetrag erhielten, sofern sie bedürftig sind, d. h. sofern ihre Einkunfte (Waisenrente u. a.) den Betrag von 35.— DM nicht übersteigen. Demgegenüber verlangt die SHG.-Anleitung zu § 42 in diesem Falle die Stellung eines Antrags nach § 36 Abs. 3. Die Vollwaisen brauchen nicht selbst geschädigt zu sein; die den Eltern entstandenen Schäden werden ihnen zugerechnet. Sie gelten in demselben Umfang als geschädigt, in dem der verstorbene Anspruchsberechtigte es war. Bei Prüfung der Frage, ob sie den Gesamtbetrag der nach § 33 zu gewährenden Leistungen erreicht haben, ist die Vorschrift des § 38 zu beachten, wonach die Leistungen an Vollwaisen bei dieser Feststellung außer Ansatz gelassen werden.

Dritter Abschnitt

Ausbildungshilfe, Aufbauhilfe, Hausrathilfe

§ 43

Ausbildungshilfe

Im Rahmen der verfügbaren Mittel können für in Ausbildung stehende Kinder und Jugendliche aus dem Kreis der in § 31 genannten Geschädigten Ausbildungszuschüsse gegeben werden, wenn dadurch eine abgeschlossene Berufsausbildung ermöglicht wird und die eigenen Mittel hierzu nicht ausreichen.

Durchführungs-VO

Zu § 43.

Ausbildungshilfe

1. Kinder und Jugendliche stehen in Ausbildung, wenn ihre Berufsausbildung noch nicht abgeschlossen ist. Sie dürfen nicht mehr volksschulpflichtig sein und sollen in der Regel das 30. Lebensjahr noch nicht vollendet haben.

2. Zum Kreise der Geschädigten zählen Kinder und Jugendliche auch dann, wenn sie Unterhaltsansprüche gegen Geschädigte geltend machen konnten, denen infolge der Schädigung die Übernahme der Ausbildungskosten ganz oder teilweise unmöglich geworden ist, ohne daß von anderer hierzu rechtlich verpflichteter Seite entsprechende Leistungen bewirkt werden können.

3. Ausbildungszuschüsse werden höchstens für die Dauer eines Jahres bewilligt. Sie werden in der Regel in monatlichen Teilbeträgen gezahlt. Wegen des Verfahrens gilt Ziffer 6 zu § 59. Die Zuschüsse können unmittelbar an die ausbildende Stelle gezahlt werden.

4. Ausreichende eigene Mittel sind auch dann nicht vorhanden, wenn dem Antragsteller oder den Unterhaltsverpflichteten unter Berücksichtigung ihrer sonstigen Verhältnisse nicht zugemutet werden kann, etwa vorhandenes eigenes Vermögen oder Einkommen einzusetzen.

Erläuterungsübersicht

1. Allgemeines.

§ **43** sieht die Gewährung von Ausbildungszuschüssen für in Ausbildung stehende Kinder und Jugendliche aus dem Kreise aller Geschädigtengruppen vor, um eine angemessene und abgeschlossene Berufsausbildung zu ermoglichen. Diese dient gleichzeitig dazu, die Familien der Geschädigten nach Moglichkeit in ihrer sozialen Schicht zu erhalten; sie bietet ferner eine willkommene Handhabe, um begabten und förderungswürdigen Jugendlichen zur Erlangung einer beruflichen Existenz zu verhelfen und ihre Eingliederung in den Wirtschaftsprozeß zu beschleunigen.

2. Voraussetzungen für die Gewährung der Ausbildungshilfe.

a. Geschädigteneigenschaft.

Die Kinder und Jugendlichen müssen — ohne Beschränkung auf einzelne Kategorien von Geschädigten — dem Kreis der in § **31** genannten Geschädigten angehoren. Sie zählen zu diesem Kreise, wenn sie selbst geschädigt sind oder wenn ihre unterhaltspflichtigen Eltern oder sonstige Personen, denen gegenüber sie Unterhaltsansprüche geltend machen konnten (z. B. Großeltern), geschädigt sind und infolge der Schädigung die Mittel zur Ermöglichung der Berufsausbildung nicht mehr oder nur teilweise bereitstellen können; dies gilt nicht, wenn von anderer hierzu rechtlich verpflichteter Seite entsprechende Leistungen bewirkt werden können (vgl. SH.-DVO. Ziff. 2 zu § **43**). Der Jugendliche selbst braucht also nicht geschädigt zu sein. Auch Vollwaisen, deren Eltern zu einer der Geschädigtengruppen gehörten, können die Ausbildungshilfe erhalten.

Im Gegensatz zur Aufbauhilfe und zur Hausrathilfe sind die Währungsgeschädigten von der Erlangung der Ausbildungshilfe nicht ausgeschlossen; denn nicht selten werden sie angesichts des Verlustes ihres Vermögens ohne Gewährung dieser Hilfe ihren Kindern eine begonnene Ausbildung versagen müssen.

Während der Unterhaltshilfe außer der Schädigung noch weitere Voraussetzungen verlangt (Alter, Erwerbsunfähigkeit), können die Ausbildungshilfe auch solche Kinder und Jugendliche erhalten, deren geschädigte unterhaltspflichtige Angehörigen diese strengen Voraussetzungen der Unterhaltshilfe nicht erfüllen. Die Ausbildungshilfe kann aber andererseits auch neben der Unterhaltshilfe gewährt werden.

Jedoch ist auch bei den Unterhaltsverpflichteten Bedürftigkeit erforderlich, die dann vorliegt, wenn diese keine ausreichenden eigenen Mittel besitzen, aus denen die Ausbildungskosten bestritten werden können. Dabei braucht eigenes Vermögen oder Einkommen nicht eingesetzt zu werden, wenn dies dem Antragsteller oder den Unterhaltsverpflichteten unter Berücksichtigung ihrer sonstigen Verhältnisse nicht zugemutet werden kann (vgl. SH.-DVO. Ziff. 4 zu § 43).

b. Berufsausbildung.

In Ausbildung stehen Personen, deren Berufsausbildung noch nicht abgeschlossen ist. Der Berufsausbildung dient der Besuch von Schulen aller Art (höhere Schulen, Fachschulen, Meisterschulen, höhere Lehranstalten, Hochschulen usw.). Dagegen kann die Ausbildungshilfe nicht zum Besuch der Volksschule, der kostenlos gewährt wird, in Anspruch genommen werden. In Berufsausbildung befinden sich auch Personen, die in einem handwerklichen Lehrverhältnis stehen und sich auf die Gesellenprüfung vorbereiten, sowie Gesellen, die die Meisterprüfung anstreben.

c. Alter.

Was das Alter anlangt, so bestimmt die SH.-DVO. zu § 43 Ziff. 1, daß die Jugendlichen nicht mehr volksschulpflichtig sein dürfen und in der Regel das 30. Lebensjahr noch nicht vollendet haben sollen. Diese höhere Festsetzung der Altersgrenze gegenüber der Unterhaltshilfe (= 18 Jahre) erklärt sich angesichts der Tatsache, daß zahlreiche Jugendliche durch den Krieg und seine Folgen, insbesondere infolge langjähriger Kriegsgefangenschaft, eine Berufsausbildung noch nicht beginnen oder abschließen konnten. In begründeten Fällen ist daher auch eine Überschreitung dieser Altersgrenze zulässig, um das Ziel der Ausbildungshilfe zu erreichen. Bei älteren Jugendlichen käme übrigens auch, namentlich zur Ermöglichung einer Umschulung, die Aufbauhilfe nach § 44 in Betracht.

3. Gewährung der Ausbildungshilfe.

a. Prüfung der Eignung.

Um Fehlleitungen der öffentlichen Mittel zu vermeiden, müssen die Soforthilfeausschüsse, die über die Anträge auf Ausbildungshilfe entscheiden, auf eine sorgfältige Auswahl der Begünstigten Bedacht nehmen. Die Gewährung der Ausbildungshilfe wird daher möglichst von einem beruflichen Befähigungsnachweis durch den Schulleiter abhängig gemacht werden. Auch wird sich die Einholung eines Gutachtens oder eine vorherige Eignungsprüfung des Berufsberaters des Arbeitsamts empfehlen, um sicherzustellen, daß sich der Jugendliche für den erstrebten Beruf eignet und in ihm ein wirtschaftliches Fortkommen findet.

b. Höhe der Ausbildungshilfe.

Die Ausbildungshilfe besteht „in Zuschüssen". Dieser Wortlaut legt die Annahme nahe, daß die Ausbildungskosten nicht voll übernommen werden können. Dies würde jedoch in vielen Fällen, in denen den Angehörigen die Mittel zur Übernahme der restlichen Ausbildungskosten fehlen, zu unbilligen Ergebnissen führen, insofern hierdurch gerade die Ärmsten verhindert wären, ihren Kindern eine angemessene Berufsausbildung zu ermöglichen.

Die Ermöglichung einer Berufsausbildung setzt nicht selten auch die Finanzierung des Lebensunterhalts während der Ausbildungszeit voraus. Auch diese Mittel werden im Rahmen der Ausbildungshilfe gewährt werden müssen, falls die unterhaltspflichtigen Verwandten hierzu nicht in der Lage sind und die Förderung des Jugendlichen nach seiner Begabung angezeigt erscheint. Sollten die Mittel der Ausbildungshilfe nicht ausreichen, so wird gegebenenfalls eine Doppelfinanzierung der Ausbildung durch Ausbildungszuschüsse und Fürsorgeleistungen anzustreben sein. Im übrigen hängt die Höhe der Ausbildungshilfe nicht etwa von der Höhe des erlittenen Schadens ab — mit Ausnahme der Währungsgeschädigten und Sachgeschädigten, für die der Höchstbetrag des § **33** gilt (vgl. Anm. 5). Es ist zu erwarten, daß der Präsident des HfS. noch Richtlinien darüber erteilen wird, bis zu welcher Höhe im Einzelfall Ausbildungshilfe gegeben werden kann.

c. Form der Ausbildungshilfe.

Die Ausbildungshilfe ist nach § **74** in einer Form zu gewähren, die den wirtschaftspolitischen Erfordernissen Rechnung trägt und die Verwendung für den vorgesehenen Zweck sichert (vgl. Anm. zu § **74**). Die Zuschüsse, die in Geld bestehen, können daher auch unmittelbar an die ausbildende Stelle geleistet werden. Sie werden in der Regel in monatlichen Teilbeträgen bewirkt, können aber auch in einer Summe gezahlt werden, wenn dies den Umständen nach angezeigt erscheint.

d. Dauer der Ausbildungshilfe.

Die Zuschüsse sind an sich für die bis zum Abschluß der Ausbildung voraussichtlich erforderliche Zeit zu gewähren. Leider können sie nach der SH.-DVO. zu § **43** Ziff. **3** höchstens für die Dauer eines Jahres bewilligt werden. Im Interesse einer erfolgreichen Durchführung der geförderten Berufsausbildung ist jedoch zu hoffen, daß eine Weiterfinanzierung der begonnenen Ausbildung im Rahmen des künftigen Lastenausgleichs möglich sein wird. Der Soforthilfeausschuß wird daher eine Ausbildungshilfe nicht versagen, auch wenn der Abschluß der Berufsausbildung vor Ablauf eines Jahres nicht möglich ist.

4. Verfahren.

a. Antrag auf Ausbildungshilfe konnen auch Jugendliche über 18 Jahren stellen, die sich zum Zwecke der Berufsausbildung außerhalb des Wohnsitzes des Unterhaltsverpflichteten aufhalten (SH.-DVO. Ziff. 6 zu § 59).

b. Über die Gewährung der Ausbildungshilfe entscheidet der Soforthilfeausschuß durch Bescheid (vgl. §§ 63, 64).

Auf die Ausbildungshilfe besteht kein Rechtsanspruch. Ihre Gewährung steht vielmehr im pflichtgemäßen Ermessen der über den Antrag entscheidenden Stelle und hängt von dem Vorhandensein ausreichender Mittel ab. Die Ausbildungshilfen werden „im Rahmen der verfügbaren Mittel" gegeben. Diese Mittel werden vor allem dem innerhalb des Soforthilfefonds gebildeten Sonderkonto entnommen, in das die Erträge der Soforthilfesonderabgaben fließen (vgl. § 79) und das ausschließlich für die produktiven Arten der Soforthilfe (mit Ausnahme der Hausrathilfe) bestimmt ist.

5. Berücksichtigung des Höchstbetrages.

Stellen Währungsgeschädigte oder Sachgeschädigte Antrag auf Ausbildungshilfe, so ist stets zu prüfen, ob nicht der für sie vorgeschriebene Höchstbetrag der Soforthilfeleistungen (§ 33) durch die Gewährung von Unterhaltshilfe oder Unterhaltszuschuß oder, soweit Sachgeschädigte in Betracht kommen, auch der übrigen Einzelhilfen bereits erschöpft ist.

6. Allgemeine Weisungen des Präsidenten des HfS.

Nach § 70 Abs. 2 gibt der Präsident die allgemeinen Weisungen über die Verwendung der für die Zwecke der Ausbildungshilfe vorgesehenen Mittel.

§ 44

Aufbauhilfe

(1) **Im Rahmen der verfügbaren Mittel können Flüchtlingen (§ 31 Ziffer 1), Sachgeschädigten (§ 31 Ziffer 2) und politisch Verfolgten (§ 31 Ziffer 4) Aufbauhilfen gegeben werden, wenn dadurch der Aufbau einer angemessenen, der Vorbildung des Geschädigten entsprechenden Existenz oder die Umschulung für einen neuen Beruf ermöglicht wird und die eigenen Mittel hierzu nicht ausreichen.**

(2) **Die Beihilfe kann auch für den Ausbau beschädigten Wohnraums zur Schaffung von Wohnmöglichkeit für den Geschädigten oder zu dem Zweck gewährt werden, dem Geschädigten die Erstellung von Wohnraum im Wege der Selbsthilfe zu ermöglichen.**

(3) **Die Beihilfe soll vorzugsweise solchen Geschädigten, die bisher an Orten zu leben gezwungen waren, an denen sie eine geeignete und zumutbare Arbeit nicht finden konnten, die Arbeitsaufnahme an Orten ermöglichen, an denen entsprechende Arbeitsplätze zur Verfügung stehen.**

Durchführungs-VO

Zu § 44.

Aufbauhilfe

1. Hilfe nach § 44 Absatz 1 kann gewährt werden, wenn glaubhaft gemacht wird, daß der Geschädigte zur Zeit der Gewährung sich und seiner Familie nicht durch eigene, der Vorbildung entsprechende Tätigkeit den ausreichenden Lebensunterhalt zu beschaffen vermag und daß durch die Gewährung, gegebenenfalls zusammen mit sonstigen mit Sicherheit zu erwartenden Maßnahmen, die Voraussetzungen für die Erlangung einer gesicherten Existenz, auch mittels Umschulung für einen neuen Beruf, geschaffen werden. Aufbauhilfe ist in der Regel in einem Betrag zu gewähren.

2. Beihilfe für den Ausbau beschädigten Wohnraums oder für die Erstellung von Wohnraum im Wege der Selbsthilfe (§ 44 Absatz 2) ist nur zu gewähren, wenn der Geschädigte durch den Schadensfall angemessene Wohnmöglichkeit verloren hat und wenn sichergestellt ist, daß die Beihilfe wirtschaftlich in vollem Umfang dem Geschädigten zugute kommt.

Erläuterungsübersicht

1. Amtliche Begründung (S. 1053).

„Die Aufbauhilfe soll gleichermaßen den Interessen der Geschädigten wie denen der Allgemeinheit dienen. Ihr Anliegen ist in erster Linie die Wiedereinfügung des Geschädigten in den Wirtschaftsprozeß, sei es zur Ausübung des erlernten Berufes, sei es im Wege der Umschulung für einen neuen Beruf. Sie will außerdem den Geschädigten den Ausbau von zerstörtem Wohnraum ermöglichen und dabei auch die Kräfte der Selbsthilfe tunlichst nutzbar machen.

Die Aufbauhilfe ist in verschiedener Form denkbar. Zunächst kommen natürlich in Betracht Leistungen geldlicher Art, wie z. B. die Gewährung verlorener Zuschüsse sowie zinsloser und verzinslicher Darlehen, die Übernahme von Zinsgarantien und Ausfallbürgschaften zugunsten des Geschädigten, die Ermöglichung des Erwerbes von Teilhaberschaften an Gewerbebetrieben. Des weiteren wird Aufbauhilfe aber auch in der Form von Sachleistungen zu gewähren sein, wie z. B. durch Bereitstellung von Werkstätten sowie Beschaffung von Maschinen und Handwerkszeug. Um dem Geschädigten bei dem Ausbau und der Erstellung von Wohnraum wirksam zu helfen, werden ihm Bauland und Baustoffe zur Verfügung gestellt werden können. Gegebenenfalls wäre auch daran zu denken, ihm Mittel zum Erwerb von Anteilen an einer Wohnungsbaugenossenschaft an die Hand zu geben.

Daß bei der Gewährung von Aufbauhilfe auf die volkswirtschaftlichen Erfordernisse besondere Rücksicht zu nehmen sein wird und daß sie in einer Form gegeben werden muß, die eine mißbräuchliche Verwendung unter allen Umständen ausschließt, ist bereits hervorgehoben worden. Dem Zwecke der Aufbauhilfe entspricht es, daß sie nur für Geschädigte vorgesehen werden kann, denen es vornehmlich darauf ankommt, baldigst die Möglichkeit für den Neuaufbau einer eigenen wirtschaftlichen Existenz zu erhalten. Das trifft im wesentlichen nur zu für die Flüchtlinge, die Kriegssachgeschädigten und die politisch Verfolgten.

Die Gewährung der Aufbauhilfe mußte jedoch von dem Vorhandensein ausreichender Mittel abhängig gemacht werden. Ein Rechtsanspruch auf Aufbauhilfe besteht nicht."

2. Zweck der Aufbauhilfe.

Durch die Gewährung der Aufbauhilfe soll vor allem den zahlreichen erwerbsfähigen Personen geholfen werden, die durch den Krieg und seine Folgen ihre Existenzgrundlage verloren haben und auf fremde Hilfe angewiesen sind, um sich eine neue Existenz zu schaffen. Diese auf die Wiedereingliederung des Geschädigten in den Wirtschaftsprozeß gerichteten Ziele verfolgt die „Starthilfe"

a. durch die Ermöglichung der Gründung einer angemessenen, der Vorbildung des Geschädigten entsprechenden Existenz,

b. durch die Umschulung für einen neuen Beruf und

c. durch Schaffung von Wohnmöglichkeiten — sei es durch Ausbau geschädigten Wohnraums, sei es durch die Erstellung neuen Wohnraums im Wege der Selbsthilfe.

Währungsgeschädigte sind vom Bezug der Aufbauhilfe ausgeschlossen (vgl. Anm. 3e).

3. Voraussetzungen für die Gewährung der Aufbauhilfe.

a. Bedürftigkeit. Nach § 30 Ziff. 1 können nur solche Geschädigte die Vergünstigungen der Soforthilfe erhalten, die infolge der Schädigung der Hilfe bedürfen. Wegen des Kausalzusammenhangs vgl. § 30 Anm. 2b. Der Aufbauhilfe bedarf der Geschädigte dann, wenn er den ausreichenden Lebensunterhalt für sich und seine Familie nicht durch eigene, der Vorbildung entsprechende Tätigkeit zu beschaffen vermag.

b. Existenzaufbau. Um eine Fehlleitung der öffentlichen Mittel zu vermeiden, muß der Geschädigte nach der SH.-DVO. Ziff. 1 zu § 44 nicht nur die Bedürftigkeit nachweisen, sondern auch glaubhaft machen, daß durch die Gewährung der Aufbauhilfe — gegebenenfalls in Verbindung mit sonstigen mit Sicherheit zu erwartenden Maßnahmen — die Voraussetzungen für die Erlangung einer gesicherten Existenz, eventuell auch mittels Umschulung für einen neuen Beruf geschaffen werden.

Im Wege der Aufbauhilfe können z. B. finanziert werden: Gewährung eines Kapitals zur Errichtung oder Übernahme eines gewerblichen Unternehmens, Beschaffung von Werkzeugen und sonstigem Arbeitsgerät, um die Ausübung des Berufs zu ermöglichen, Anschaffung eines ärztlichen Instrumentariums zur Eroffnung einer ärztlichen Praxis, Beschaffung einer Büroeinrichtung, Erwerb eines Fahrrads zur Erreichung einer entlegenen Arbeitsstätte, Beihilfen zur Ablegung von Prüfungen (z. B. Meisterprüfung für handwerkliche Betriebe usw.).

c. Umschulung für einen neuen Beruf. Während die Ausbildungshilfe in der Regel die Fortsetzung einer bereits begonnenen Berufsausbildung ermöglichen soll, können im Wege der Aufbauhilfe auch die Kosten der Umschulung für einen andersartigen neuen Beruf übernommen werden. Eine Umschulung kommt dann in Betracht, wenn der Geschädigte im bisherigen Beruf keine gesicherte Existenz erlangen kann. Die finanzielle Unterstützung der Umschulung erfordert eine sorgfältige Eignungsprüfung des Antragstellers für den erstrebten Beruf, sowie eine Feststellung darüber, ob dieser Beruf nach der Arbeits- und Wirtschaftsmarktlage vor aussichtlich die Grundlage für eine ausreichende Existenz bietet. Im allgemeinen wird möglichst ein verwandter Beruf zu wählen sein, in dem der Geschädigte seine Kenntnisse nutzbringend verwerten kann. Auch ist zu prüfen, ob die Umschulungsmaßnahme, die in Betrieben oder in besonderen Kursen erfolgen kann, eine erfolgreiche Ausbildung gewährleistet und ob der Umschulungsträger geeignet ist, die erforderlichen beruflichen Kenntnisse zu vermitteln (vgl. auch Anm. 4). Gegebenenfalls sind auch Mittel für den Unterhalt der Familienmitglieder bereitzustellen (vgl. auch § 43 Anm. 3b).

d. Wohnraumbeschaffung. Beihilfen zum Ausbau beschädigten oder zur Erstellung neuen Wohnraums (letzteres im Wege der Selbsthilfe) können nur Geschädigte erhalten, die „durch den Schadenfall" eine angemessene Wohnmöglichkeit verloren haben (SH.-DVO. § 44 Ziff. 2). Das trifft zu bei Flüchtlingen, bei Ausgebombten sowie bei politisch Verfolgten, die zur Aufgabe ihrer Wohnung gezwungen worden waren.

Die Beihilfe muß außerdem dem Geschädigten wirtschaftlich in vollem Umfange zugute kommen.

e. Personenkreis. Von der Vergünstigung der Aufbauhilfe sind die Währungsgeschädigten ausgeschlossen, da sie nur finanzielle Verluste erlitten, aber nicht die Existenzgrundlage durch Zerstörung oder zwangsweise Aufgabe ihres Gewerbebetriebs oder einer sonstigen Arbeitsstätte verloren haben.

Im Gegensatz zur Ausbildungshilfe ist die Aufbauhilfe nicht an ein bestimmtes Alter gebunden, so daß namentlich bei den Umschulungen auch solche Personen berücksichtigt werden können, die wegen Überschreitung des „Jugendlichen"-Alters nicht mehr in den Genuß der Ausbildungshilfe gelangen können.

4. Prüfung der Voraussetzungen.

Um einen erfolgversprechenden Einsatz der Mittel zu sichern, haben die Soforthilfeausschüsse Anträge auf Gewährung von Aufbauhilfe sorgfältig zu prüfen. Sie müssen sich über die Vorbildung, die frühere Betätigung, die Fähigkeiten, die Zuverlässigkeit und die Kreditwürdigkeit des Antragstellers in geeigneter Weise (Auskünfte der Ortsbehörden, des Vertrauensmanns der Flüchtlinge usw.) näher unterrichten. Sie werden sich durch Einholung von gutachtlichen Äußerungen der berufsständischen Vertretungen (Industrie- und Handelskammer, Handwerkskammer, Landwirtschaftskammer usw.) über die Aussichten der vom Antragsteller geplanten Projekte und die Rentabilität des von ihm erstrebten Verwendungszwecks zu vergewissern haben, sowie die Höhe des erforderlichen Geldbetrages feststellen müssen. Sie werden gegebenenfalls auch bei den Arbeitsämtern um Auskunft darüber einzuholen haben, ob das Vorhaben des Antragstellers bei der gegenwärtigen Arbeitsmarktlage Erfolg verspricht. Eine Prüfung der wirtschaftlichen Verhältnisse des Antragstellers ist schon um deswillen erforderlich, weil Bedürftigkeit eine der Voraussetzungen für die Gewährung der Aufbauhilfe bildet.

Der Soforthilfeausschuß hat ferner durch geeignete Maßnahmen darauf hinzuwirken, daß die Mittel auch tatsächlich dem zur Erlangung der Existenzgrundlage dienenden Verwendungszweck zugeführt und nicht mißbräuchlich verwendet werden.

5. Form der Aufbauhilfe.

Wie bei der Ausbildungshilfe gilt auch bei der Aufbauhilfe der Grundsatz des § 74, wonach diese Hilfe in einer Form zu gewähren ist, die den wirtschaftspolitischen Erfordernissen Rechnung trägt und die Verwendung für den vorgesehenen Zweck sichert. Wie die Begründung bemerkt, kann die Hilfe in verschiedener Form gewährt werden. In Betracht kommen:

a. Gewährung verlorener Zuschüsse;

b Krediteinräumung durch Gewährung zinsloser oder verzinslicher Darlehen;

c. Übernahme von Ausfallbürgschaften oder Zinsgarantien;

d. Gewährung von Sachleistungen (Überlassung von Werkstätten, Beschaffung von Maschinen und Arbeitsgerät);

e. Bereitstellung von Bauland und Baustoffen, um den Ausbau oder die Erstellung von Wohnraum zu ermöglichen.

Welche Form der Hilfe gewährt wird, hängt von den Umständen des einzelnen Falles ab, insbesondere auch von der künftigen Entwicklung der wirtschaftlichen Lage des Geschädigten. Die Kredithilfe hätte den Vorteil, daß mit den rückfließenden Mitteln in weiteren Fällen geholfen werden kann.

Der Aufbauhilfe ist in der Regel in einem Betrage zu gewähren, jedoch wird bei Umschulungen häufig die Zahlung laufender Beträge in Betracht kommen.

Erfolgt die Hilfe in Form von Darlehen, so wird es sich nicht selten empfehlen, daß sich das Amt für Soforthilfe das Eigentum an dem mit Hilfe des Darlehens erworbenen Gegenständen bis zur Zurückzahlung des Darlehens vorbehält. Um die Verwendung der Aufbauhilfe für den vorgesehenen Zweck zu sichern, wird auch der Kaufpreis häufig unmittelbar an den Verkäufer zu entrichten sein.

6. Allgemeine Weisungen des Präsidenten des HfS.

Es ist zu erwarten, daß der Präsident des HfS. auf Grund des § 70 Abs. 2 noch nähere Richtlinien über die Verwendung der für die Zwecke der Aufbauhilfe vorgesehenen Mittel erläßt.

7. Konkurrierende Einzelhilfen.

Die Aufbauhilfe kann auch neben der Hausrathilfe und der Ausbildungshilfe (für Kinder) gegeben werden. Dagegen liegt es in der Natur der Sache, daß die Aufbauhilfe nur erwerbsfähigen Personen gewährt werden kann; Unterhaltshilfeempfänger können daher die Aufbauhilfe nicht erhalten.

8. Verfahren.

Vgl. die Erläuterungen zu § 43 Anm. 4 b, die entsprechend gelten.

9. Berücksichtigung des Höchstbetrages.

Beantragen Sachgeschädigte Ausbildungshilfe, so ist stets zu prüfen, ob nicht der für sie vorgeschriebene Höchstbetrag der Soforthilfeleistungen (§ 33) durch die Gewährung von Hausrathilfe oder Ausbildungshilfe bereits erschöpft ist.

§ 45

Hausrathilfe

Im Rahmen der verfügbaren Mittel kann Flüchtlingen (§ 31 Ziffer 1), Sachgeschädigten (§ 31 Ziffer 2) und politisch Verfolgten

(§ 31 Ziffer 4), die den existenznotwendigen Hausrat (Wohnungsausstattung, Gerät, Bekleidung) verloren haben, durch Hausratbeihilfen die Beschaffung fehlenden Hausrats ermöglicht oder erleichtert werden, soweit ein sofortiger dringender Bedarf gegeben ist und dieser aus eigenen Mitteln nicht gedeckt werden kann.

Durchführungs-VO

Zu § 45.

Hausrathilfe

1. Ein sofortiger dringender Bedarf ist gegeben, soweit dem Geschädigten unter Berücksichtigung seiner beruflichen Tätigkeit und der Zahl seiner Angehörigen die unentbehrlichen Gegenstände an Kleidung, Gerät und Einrichtung fehlen; ein sofortiger dringender Bedarf an Einrichtungsgegenständen liegt nur vor, soweit außerdem die Voraussetzungen für die Führung eines eigenen Haushalts gegeben sind, insbesondere wenn der notwendige Wohnraum vorhanden ist.

2. Aus eigenen Mitteln kann der Bedarf nicht gedeckt werden, wenn dem Geschädigten eigenes Vermögen oder Einkommen, das er unter Berücksichtigung seiner sonstigen Verpflichtungen zur Beschaffung des notwendigen Hausrats einsetzen könnte, nicht zur Verfügung steht.

3. In Abweichung von Ziffer 2 zu § 30 wird eine bewilligte Hausrathilfe auch gewährt, wenn der Antragsteller selbst vor der Bewirkung stirbt, aber Angehörige nach § 36 Absatz 2 des Gesetzes vorhanden sind, bei denen ein Bedarf gleicher Art und gleichen Umfanges vorliegt.

Erläuterungsübersicht

1. Allgemeines.

Die Hausrathilfe soll den Geschädigten, die den existenznotwendigen Hausrat verloren haben, die Wiederbeschaffung des fehlenden unentbehrlichen Hausrats ermöglichen oder erleichtern. Währungsgeschädigte sind vom Bezug der Hausrathilfe ausgeschlossen (vgl. Anm. 3e). Da die Milliardenbeträge, die erforderlich wären, um den Wert des im Kriege zerstörten

Hausrats zu ersetzen, nicht zur Verfügung stehen, können die Ansprüche nur in den allerdringendsten Fällen befriedigt werden.

Diese Begrenzung der Hausrathilfe auf Fälle eines „sofortigen dringenden Bedarfs" ist angesichts der beschränkten Mittel und der zu erwartenden zahlreichen Anträge eine zwingende Notwendigkeit

2. Hausrat.

Der Begriff „Hausrat" ist weit auszulegen und umfaßt nicht nur alle zur nötigsten Wohnungsausstattung gehörenden Gegenstände, insbesondere Betten, Stühle, Tische, Schränke, sondern auch Herde, Beheizungskörper, Haushaltsgeräte (Küchengeschirr) und sonstige Haushaltsgebrauchsartikel, Beleuchtungskörper, Bettwäsche sowie Bekleidung (Kleider, Schuhwerk und Leibwäsche)

Nach dem „Hausratshilfeprogramm 1949" (abgedr im Anhang) wird die Hausrathilfe zunächst zur Anschaffung folgender Gegenstände gewährt

„Wäsche, Kleidung und Schuhwerk aller Art,

Bettgestelle und Betten (für Kinder auch Wagen), Tische, Stühle, Schränke, Haushaltsgebrauchsartikel aller Art (z B Töpfe, Teller, Tassen, Bestecke, Besen usw),

Fahrräder, falls für Berufszwecke dringend benötigt "

3. Voraussetzungen für die Gewährung der Hausrathilfe.

a Kausalzusammenhang zwischen Schädigung und Bedürfnis

Nach § 30 Ziff 1 können die Geschädigten nur insoweit die Vergünstigungen der Soforthilfe erhalten, als sie infolge der Schädigung der Hilfe bedürfen Der Verlust des Hausrats muß daher auf der Kriegszerstörung, der Flucht oder der Beschlagnahme beruhen. Das schädigende Ereignis muß die Geschädigten des notwendigsten Hausrats beraubt haben

b Sofortiger dringender Bedarf

Die Hausrathilfe setzt das Vorliegen eines sofortigen dringenden Bedarfs voraus Dieser ist dann gegeben, wenn dem Geschädigten unter Berücksichtigung seiner beruflichen Tätigkeit und der Zahl seiner Angehörigen die unentbehrlichen Gegenstände an Kleidung, Gerät und Einrichtung fehlen.

Der Geschädigte muß außerdem den notwendigen Wohnraum besitzen, um mit den beantragten Einrichtungsgegenständen einen eigenen Haushalt führen zu können (SH -DVO Ziff 1 zu § 45) Geschädigte, die bei Verwandten oder in möblierter Untermiete wohnen, werden in der Regel den notwendigsten Hausrat in Gebrauch haben, so daß bei ihnen die Voraussetzungen für die Gewährung der Hausrathilfe entfallen Können die Geschädigten andererseits durch den Erwerb eigener Einrichtungsgegenstände eine Senkung des Mietzinses erzielen, so sollte man ihnen die Hausrathilfe nicht versagen, da sie durch die Bezahlung einer höheren Miete doppelt geschädigt sind

Es versteht sich von selbst, daß Geschädigte, soweit sie den existenznotwendigen Hausrat bereits aus eigener Kraft beschaffen konnten, keine Hausrathilfe mehr erhalten können.

c. Bedürftigkeit.

Die Erlangung der Hausrathilfe setzt außerdem Bedürftigkeit voraus. Diese liegt vor, wenn der Geschädigte den Bedarf „aus eigenen Mitteln nicht decken" kann, d. h., wenn ihm eigenes Vermögen oder Einkommen, das er unter Berücksichtigung seiner sonstigen Verpflichtungen zur Beschaffung des notwendigen Hausrats einsetzen könnte, nicht zur Verfügung steht (vgl. SH.-DVO. Ziff. 2 zu § 45). Bei Prüfung der Bedürftigkeit ist die Zahl der Haushaltsangehörigen zu berücksichtigen und insbesondere zu prüfen, ob dem Antragsteller bei der Höhe seines Arbeitsverdienstes zugemutet werden kann, die benötigten Einrichtungsgegenstände auf Abzahlung zu erwerben.

d. Personenkreis.

Die Hausrathilfe ist auf Flüchtlinge, Sachgeschädigte und politisch Verfolgte beschränkt. Währungsgeschädigte sind von ihrem Bezug ausgeschlossen, da sie nur Geld- und keinen Sachschaden erlitten haben und daher im Besitze ihres Hausrats geblieben sind.

4. Form der Hausrathilfe.

Die Hausrathilfe ist nach § 74 in einer Form zu gewähren, die den volkswirtschaftlichen Erfordernissen Rechnung trägt und eine mißbräuchliche Verwendung ausschließt.

Nach dem „Hausrathilfeprogramm 1949" (abgedr. im Anhang) wird die Hausrathilfe in bar und nicht etwa in Hausratsbeschaffungsscheinen (Bedarfsdeckungsscheinen) gewährt. Der Hausrat kann unter Vorlage des Bewilligungsbescheids mit Verwendungsnachweis in allen Verkaufsstellen des Handels und Gewerbes gekauft werden. Über den Kauf ist dem Amt für Soforthilfe über die Gemeindebehörde ein Verwendungsnachweis auf einem dem Bescheid beigefügten Formblatt zu führen.

5. Höhe der Hausrathilfe.

Auf Grund des § 70 Abs. 2 kann der Präsident des HfS. nähere Richtlinien über die Höhe der Hausrathilfe, insbesondere über einen Höchstbetrag, bis zu dem die Hausrathilfe bewilligt werden darf, erlassen. In diesen Richtlinien kann vorgesehen werden, daß die Beschaffungsscheine von dem zuständigen Finanzamt zur Entrichtung der Soforthilfeabgabe in Zahlung genommen oder auf andere fällige Steuerverbindlichkeiten verrechnet werden (vgl. § 65 StDVO.-SHG.).

Nach den vorläufigen Richtlinien zur Durchführung der Hausrathilfe (Hausrathilfeprogramm 1949) beträgt die Hausrathilfe im Rahmen dieses ersten Programms regelmäßig

bei Alleinstehenden . . . . 100 DM,
bei Antragstellern, mit denen in Haushaltsgemeinschaft leben:
bis zu 2 weitere Personen . . . . 150 DM,
mehr als 2 weitere Personen . . . . 200 DM.

Von den in Haushaltsgemeinschaft lebenden Personen bleiben solche außer Betracht, die nicht vom Antragsteller versorgt werden oder die über hinreichende eigene Einkünfte verfügen.

Die vorstehenden Beträge sind Höchstsätze; in besonderen Fällen kann die Hilfe auf einen geringeren Betrag festgesetzt werden.

6. Konkurrierende Einzelhilfen.

Die Hausrathilfe kann neben den übrigen Einzelhilfen (Ausbildungshilfe, Aufbauhilfe und Unterhaltshilfe) gewährt werden.

7. Verfahren.

Vgl. die Erläuterungen zu § 43 Anm. 4b, die entsprechend gelten, sowie die vorläufigen Richtlinien zur Durchführung des Hausrathilfeprogramms 1949 (abgedr. im Anhang).

8. Berücksichtigung des Höchstbetrages.

Beantragen Sachgeschädigte die Hausrathilfe, so ist stets zu prüfen, ob nicht der für sie vorgeschriebene Höchstbetrag der Soforthilfeleistungen (§ 33) durch die Gewährung anderer Einzelhilfen bereits erschöpft ist.

9. Vorschußweise Gewährung von Mitteln.

Wegen der vorschußweisen Gewährung von Mittel zur Durchführung der Hausrathilfe vgl. § 81 Abs. 3.

Vierter Abschnitt

Gemeinschaftshilfe

Vorbemerkung

Die Gemeinschaftshilfe, die als Hilfe für wirtschaftliche Vorhaben (§ 46), sowie als Hilfe an Gemeinschaftseinrichtungen (§ 47) „im Rahmen der verfügbaren Mittel" gewährt werden kann, tritt neben die Formen der Einzelhilfe (Unterhaltshilfe, Ausbildungshilfe usw.). Sie kommt den Geschädigten mittelbar zugute und kann nach § 32 Abs. 2 auch an juristische Personen gewährt werden.

§ 46

Hilfe fur wirtschaftliche Vorhaben

Im Rahmen der verfügbaren Mittel können Beträge für wirtschaftliche Vorhaben (z. B. gewerbliche Erzeugung, Schaffung von Arbeitsplätzen, Wohnungsbau, Siedlung, Errichtung von Heimen und Ausbildungsstätten für heimat- und berufslose

Jugendliche) bereitgestellt werden, wenn gewährleistet ist, daß die Ergebnisse Flüchtlingen (§ 31 Ziffer 1), Sachgeschädigten (§ 31 Ziffer 2) oder politisch Verfolgten (§ 31 Ziffer 4), die einer solchen Hilfe bedürfen, zugute kommen, und daß den Geschädigten hierdurch wirksam geholfen werden kann.

Durchführungs-VO

Zu § 46.

Hilfe für wirtschaftliche Vorhaben

1. Über Maßnahme nach § 46 entscheidet der Präsident des Hauptamts für Soforthilfe (Präsident). Anträge auf Leistungen nach § 46 sind beim Landesamt für Soforthilfe einzureichen.

2. Die Höhe der Gemeinschaftshilfe ist in der Regel so zu bemessen, daß die auf diesem Wege den einzelnen Geschädigten zukommende Hilfe sich in einem Rahmen hält, der dem Umfang der Leistungen entspricht, die als Aufbauhilfe dem einzelnen gewährt werden können.

Erläuterungsübersicht

1. Amtliche Begründung
2. Unterstützung wirtschaftlicher Vorhaben
3. Entscheidung über die Bereitstellung der Mittel
4. Antrag
5. Höhe der Leistungen nach § 46

1. Amtliche Begründung.

„Die Möglichkeiten der produktiven Einzelhilfe, wie sie der Entwurf vorsieht, beschränken sich im wesentlichen auf Ausbildungszuschüsse und Aufbauhilfe. Wie bereits mehrfach ausgeführt, kann aber der schon mit dem vorliegenden Entwurf verfolgte Zweck eines produktiven Lastenausgleichs nur erreicht werden, wenn neben den produktiven Einzelleistungen auch noch Maßnahmen durchgeführt werden, die auf eine großzügige Förderung produktiver Unternehmen von allgemeinwirtschaftlicher Bedeutung aus Mitteln des Ausgleichsfonds angelegt sind.

Ein Kernproblem des deutschen Aufbaus ist die Schaffung ausreichenden Wohnraums. Um in angemessener Zeit auch nur den vordringlichsten Bedarf befriedigen zu können, wird es notwendig sein, die Mittel für ein weitreichendes Wohnungsbauprogramm zusammenzufassen und nicht durch Einzelaktionen zu zersplittern. Damit hängt zusammen das Bedürfnis nach Schaffung von Arbeitsplätzen für Geschädigte, die entweder keine Arbeit haben oder berufsfremd beschäftigt sind, weil sie nicht wohnen können, wo sie gebraucht werden. Die Währungsreform hat ferner zahlreiche Flüchtlingsindustrien, in denen Flüchtlinge bereits eine nützliche Betätigung gefunden haben und teilweise sogar für den Export arbeiten konnten, in eine äußerst schwierige Lage gebracht. Schließlich bedarf auch die ländliche Siedlung erheblicher Investitionen, damit Geschädigte der hier in Betracht kommenden Art angesetzt werden können. Für derartige produktive Zwecke Mittel des Lastenausgleichs bereitzustellen, ist die Absicht der Bestimmungen des § 46. Die Notwendigkeit eines überlegten Einsatzes dieser Mittel nach volkswirtschaftlichen Gesichtspunkten und zum Nutzen der Geschädigten wird hier und in § 74 besonders hervorgehoben."

2. Unterstützung wirtschaftlicher Vorhaben.

Im Rahmen der Gemeinschaftshilfe sollen umfangreichere wirtschaftliche Vorhaben gefördert werden, die von den einzelnen Geschädigten nicht durchgeführt werden können. Wie die Begründung bemerkt, soll dabei in erster Linie der Wohnungsbau gefördert werden, der als das „Kernproblem des deutschen Aufbaus" bezeichnet wird. Es ist zu erwarten, daß sich der Bund der Wohnungspolitik annimmt und ein Wohnungsbauprogramm festlegt, zu dessen Finanzierung die Mittel des Soforthilfefonds im größeren Umfang herangezogen werden. Mit den Mitteln können jedoch nur solche Bauprogramme gefördert werden, die im Endergebnis den Geschädigten — die Währungsgeschädigten sind hiervon ausgenommen — zugute kommen. Wegen anderer produktiver Zwecke, für welche die Mittel des Soforthilfefonds bereitgestellt werden sollen (Unterstützung von Flüchtlingsindustrien, Förderung der ländlichen Siedlung und sonstiger produktiver Unternehmen von allgemeinwirtschaftlicher Bedeutung) wird auf die Begründung verwiesen.

3. Entscheidung über die Bereitstellung der Mittel.

Die Entscheidung darüber, welche Mittel für die Einzelhilfen und die Gemeinschaftshilfe zur Verfügung gestellt werden, liegt dem Präsidenten des HfS ob, der hierzu der Zustimmung des Kontrollausschusses bedarf. Der Präsident entscheidet ferner darüber, welche Einzelvorhaben aus den für die Zwecke der Gemeinschaftshilfe bereitgestellten Mittel gefördert werden sollen Er bedarf dazu nicht der Zustimmung des Kontrollausschusses (vgl. SH.-DVO. Ziff. 1 Satz 1 zu § 46).

4. Antrag.

Anträge auf Leistungen nach § 46 sind nach der SH.-DVO. Ziff. 1 Satz 2 zu § 46 beim LfS. einzureichen, das sie mit eingehender Stellungnahme an den Präsidenten des HfS. zur Entscheidung weiterleitet.

5. Höhe der Leistungen nach § 46.

Die wirtschaftlichen Vorhaben werden nur unter der Voraussetzung gefördert, daß sie den einer solchen Hilfe bedürfenden Flüchtlingen, Sachgeschädigten oder politisch Verfolgten eine wirksame Hilfe bringen. Diese Hilfe soll in der Regel den Leistungen entsprechen, die der einzelne bedachte Geschädigte als Aufbauhilfe erhalten könnte. Die Beträge für die wirtschaftlichen Vorhaben sind dementsprechend zu bemessen.

§ 47

Hilfe an Gemeinschaftseinrichtungen

(1) **Im Rahmen der verfügbaren Mittel können Trägern von Versorgungsleistungen, insbesondere den Trägern der Sozialversicherung, Beträge zum Ausgleich von Leistungen zur Verfügung gestellt werden, die sie Flüchtlingen unter den Voraussetzungen des § 35 bis zur Höhe der Unterhaltshilfe (§ 36) gewähren.**

(2) **Im Rahmen der verfügbaren Mittel können ferner Verbänden der Wohlfahrtspflege zum Aufbau von Einrichtungen Beträge zur Verfügung gestellt werden, die der Versorgung der Geschädigten (§ 31) dienen.**

Durchführungs-VO

Zu § 47.

Hilfe an Gemeinschaftseinrichtungen

1. Als Träger von Versorgungsleistungen nach § 47 Absatz 1 gelten Einrichtungen, soweit sie nach Gesetz oder Satzung laufende Leistungen zum Zwecke der Lebenssicherung gewähren. Als Träger von Versorgungsleistungen gelten z. B. auch die Träger der Rentenversicherung, die Pensionskassen sowie hinsichtlich der Zahlung von Vorzugsrenten nach dem Anleiheablösungsgesetz die Schuldenverwaltung des Vereinigten Wirtschaftsgebiets.

2. Als Verbände der Wohlfahrtspflege nach § 47 Absatz 2 gelten Verbände und Einrichtungen, soweit es ihnen nach Satzung oder nach sonstiger auf die Dauer verbindlicher Regelung obliegt, Personen zu unterstützen, die infolge ihrer körperlichen oder geistigen Beschaffenheit oder ihrer wirtschaftlichen Lage der Hilfe bedürfen. Für die Höhe der Leistungen, die diesen Verbänden und Einrichtungen gewährt werden können, gilt Ziffer 2 zu § 46 entsprechend.

Erläuterungsübersicht

1. Amtliche Begründung.

„Auf Grund der Bestimmung des Absatzes 1 soll den Geschädigten mittelbare Hilfe dadurch gewährt werden können, daß Rentenversicherungsanstalten, Pensionskassen usw. aus Mitteln des Ausgleichsfonds instand gesetzt werden, wieder bis zur Höhe der in § 36 festgelegten Sätze der Unterhaltshilfe Zahlungen zu leisten. Auch würde die Bestimmung die Möglichkeit. geben, daß die Schuldenverwaltung des Vereinigten Wirtschaftsgebiets aus dem Lastenausgleich Mittel erhält, um in den Grenzen der für Unterhaltshilfe bestimmten Sätze die Zahlung von Vorzugsrenten nach dem Anleiheablösungsgesetz wieder aufnehmen zu können. Dem Ausgleichsfond entstünde dadurch keine zusätzliche Mehrbelastung, da diese Rentenleistungen auf die Unterhaltshilfe angerechnet werden (vgl. § 36 Abs. 4). In allen diesen Fällen würde die Auszahlung der Renten den bisherigen Trägern der Versorgungsleistungen überlassen bleiben und damit das durch die Währungsreform erschütterte Vertrauen in die Nützlichkeit eigener Vorsorge für Alter und Invalidität wieder gestärkt werden. Die Fassung der Bestimmung des Absatzes 1 würde es überdies auch erlauben, die Sozialversicherungsträger gegebenenfalls mit Mitteln des Ausgleichsfonds auszustatten.

Die Bestimmung des Absatz 2 geht davon aus, daß die Verbände der Wohlfahrtspflege sich vielfach schon bisher die Aufgabe gestellt haben, dieselben sozialen Notstände zu beheben und denselben Personenkreisen zu dienen, die ·der vorliegende Entwurf berücksichtigt. Durch Kriegseinwirkung und zuletzt durch die Währungsreform sind die Einrichtungen dieser Verbände in ihrer Existenz bedroht. Der Entwurf will die Möglichkeit schaffen, diesen bewährten Einrichtungen bei der Fortführung ihrer Arbeit zu helfen und dadurch insbesondere zu verhindern, daß die bisher von ihnen Betreuten die öffentliche Fürsorge in Anspruch nehmen müssen. Dementsprechend nimmt der Entwurf in Aussicht, den Wohlfahrtsverbänden aus dem Ausgleichsfonds verfügbare Mittel zum Aufbau von Einrichtungen zu überweisen, die der Versorgung der Geschädigten dienen."

2. Bereitstellung von Mitteln für Träger von Versorgungsleistungen.

a. Allgemeines. Wie die Begründung bemerkt, sollen die Träger von Versorgungsleistungen aus dem Soforthilfefonds Mittel erhalten, um den von ihnen betreuten unterhaltshilfeberechtigten Flüchtlingen Zahlungen bis zur Höhe der Unterhaltshilfebeträge leisten zu können. Dadurch soll auch das durch die Währungsreform erschütterte Vertrauen in die Zweckmäßigkeit der Vorsorge für Alter und Erwerbsunfähigkeit und in die Nützlichkeit des Sparens wieder gefestigt werden. Die Träger der Sozialversicherung werden außerdem in den Stand gesetzt, in die Verpflichtungen der für die Flüchtlinge früher zuständigen Versicherungsträger in gewissem Umfange einzutreten.

b. Träger von Versorgungsleistungen. Darunter fallen nach der SH.-DVO Ziff. 1 zu § 47 Einrichtungen, soweit sie gesetz- oder satzungsmäßig laufende Leistungen zum Zwecke der Lebenssicherung gewähren. Hierher gehören vor allem die Träger der Sozialversicherung (vgl. § 11 StDVO.-SHG.), sonstige Träger der Rentenversicherung, die Pensionskassen sowie die Schuldenverwaltung des Vereinigten Wirtschaftsgebietes, insoweit sie an Stelle der früheren Reichsschuldenverwaltung die nach dem Zusammenbruch eingestellte Zahlung von Vorzugsrenten nach dem Anleiheablösungsgesetz wieder aufnimmt.

c. Begünstigte. An Träger von Versorgungsleistungen konnen Ausgleichsbeträge nur für unterhaltshilfeberechtigte Flüchtlinge gewährt werden. Der Anspruch der Flüchtlinge muß einwandfrei feststehen. Er müßte daher in jedem Einzelfall durch die Soforthilfebehörden in dem Verfahren nach §§ 59 ff. endgültig festgestellt sein, falls der Präsident des HfS. über den Nachweis der Anspruchsberechtigung nichts anderes bestimmen sollte. Dem Sinn des Gesetzes entspricht es, daß die Beträge über die Empfänger der Gemeinschaftshilfe ausgezahlt werden sollen.

3. Bereitstellung von Mitteln für Verbände der freien Wohlfahrtspflege.

a. Allgemeines. § 47 Abs. 2 gibt die Möglichkeit, den Verbänden und Einrichtungen der Wohlfahrtspflege, denen satzungsgemäß die Unterstützung bedürftiger Personen obliegt, einen gewissen Ausgleich für den schweren wirtschaftlichen Verlust zu gewähren, den sie durch die Währungsreform erlitten haben.

b. Verbände der Wohlfahrtspflege. Zu diesen Verbänden gehören vor allem die sog. Spitzenverbände der freien Wohlfahrtspflege (Arbeiterwohlfahrt, Caritas, Innere Mission, Rotes Kreuz) sowie sonstige die öffentliche Fürsorge unterstützende oder ergänzende Einrichtungen caritativer Art (Samariterverein, Blindenverbände usw.).

c. Verwendung und Höhe der Mittel. Die Beträge müssen zum Aufbau von Einrichtungen, die der Versorgung der Geschädigten dienen, verwendet werden. Hierher gehören vor allem Altersheime, Pflegeanstalten, Kinderheime oder Lehrlingsheime für Flüchtlinge und sonstige Geschädigte. Aus der Begründung geht hervor, daß unter dem ,,Aufbau" nicht nur die Neuerstellung von Einrichtungen, sondern auch Ausbau, Instandsetzung und Unterhaltung bereits bestehender Einrichtungen zu verstehen sind. Wegen der Höhe der Leistungen gelten die Ausführungen zu § 46 Anm 5. Die Höhe der Gemeinschaftshilfe muß in der Regel so bemessen sein, daß die auf diesem Wege auf den einzelnen Geschädigten voraussichtlich entfallende mittelbare Hilfe sich in einem Rahmen hält, der dem Umfang der Leistungen entspricht, die dem Einzelnen als Aufbauhilfe gewährt werden können (vgl. SH.-DVO. zu § 47 Ziff. 2 Satz 2).

Die Verbände der Wohlfahrtspflege können gegebenenfalls auch neben der Gemeinschaftshilfe nach § 47 Abs. 2 Leistungen im Rahmen des § 46 für wirtschaftliche Vorhaben erhalten.

Fünfter Abschnitt

Soforthilfefonds

§ 48

(1) **Alle Abgaben, die nach diesem Gesetz erhoben werden, sind einem Sondervermögen (Soforthilfefonds) zuzuführen. Hierzu**

gehören die Zuschläge nach § 18, sonstige Zuschläge zu den Abgaben sowie Geldstrafen, sofern sie nicht in gerichtlichen Verfahren verhängt werden.

(2) **Aus dem Soforthilfefonds werden ausschließlich die in § 32 genannten Leistungen bewirkt.**

Erläuterungsübersicht

1. Bildung des Soforthilfefonds
2. Verwaltung des Soforthilfefonds
3. Mittel des Soforthilfefonds
4. Finanzielle Beziehungen zwischen Soforthilfefonds und Länder

1. Bildung des Soforthilfefonds.

§ 29 des Umstellungsgesetzes bestimmt, daß die zur Durchführung des Lastenausgleichs erforderlichen Mittel durch besondere Vermögensabgaben aufzubringen und daß die Erträge einem außeretatmäßigen „Ausgleichsfonds“ zuzuführen sind. Dieses von den übrigen Haushaltsmitteln getrennte Sondervermögen wird durch § 48 in Gestalt des Soforthilfefonds gebildet. Träger des Soforthilfefonds ist das Währungsgebiet. Wegen des „Sonderkontos innerhalb des Soforthilfefonds“, dem die Erträge, die auf die Soforthilfesonderabgabe entfallen, zufließen: vgl. § 79.

2. Verwaltung des Soforthilfefonds.

Die Verwaltung des Soforthilfefonds liegt dem Präsidenten des Hauptamts für Soforthilfe nach Richtlinien ob, die der Verwaltungsrat im Einvernehmen mit einem Bevollmächtigten der französischen Zone erteilt (vgl. § 70 Abs. 1). Diese Richtlinien bedürfen der Zustimmung des beim Hauptamt gebildeten Kontrollausschusses (vgl. §§ 71, 55), der berechtigt ist, vom Präsidenten des Hauptamtes jederzeit Auskunft über Verwaltung, Bestand und Verwendung der Mittel des Soforthilfefonds zu verlangen. Die Zusammensetzung des Kontrollausschusses bietet Gewähr dafür, daß die Länder des Währungsgebietes an der Verwaltung dieses Sondervermögens ausreichend beteiligt sind.

3. Mittel des Soforthilfefonds.

In den außeretatmäßigen Fonds fließen alle Mittel, die im Rahmen des Soforthilfegesetzes erhoben werden. Hierzu gehören nicht nur die allgemeine Soforthilfeabgabe nach §§ 14 ff., sondern auch die im § 18 geregelte Soforthilfesonderabgabe, mit der das Vorratsvermögen belastet ist (vgl. § 79), sowie die sonstigen Zuschläge zu den Soforthilfeabgaben, insbesondere auch die Zuschläge zur Soforthilfesonderabgabe (Reuezuschlag, Strafzuschlag, Säumniszuschlag) und Geldstrafen, die nicht in gerichtlichen Verfahren verhängt werden, d. h. Geldstrafen, die wegen

Steuerhinterziehung oder Steuergefährdung im Verwaltungsstrafverfahren (einschließlich Unterwerfungsverfahren) nach den Vorschriften der Reichsabgabenordnung verhängt werden

Die Mittel sind zweckgebunden und dürfen nach § 48 Abs. 2 nur für die Zwecke der Soforthilfe (Einzelhilfen und Gemeinschaftshilfe) verwendet werden Die mit der Durchführung des Soforthilfegesetzes verbundenen Verwaltungskosten dürfen dem Soforthilfefonds nicht entnommen werden (vgl § 78 Satz 1)

4. Wegen der **finanziellen Beziehungen zwischen** den **Ländern und** dem **Soforthilfefonds,** der Vorschusse der Länder an den Fonds und der etwaigen Zuweisungen aus dem Fonds an die Länder vgl §§ 81, 76.

Sechster Abschnitt

Organisation

§ 49

Behörden

(1) **Die Durchführung des Zweiten Teiles dieses Gesetzes wird**
1. den Ämtern für Soforthilfe,
2. den Landesämtern für Soforthilfe,
3. dem Hauptamt für Soforthilfe
übertragen.

(2) **Die Aufgaben der Ämter für Soforthilfe und der Landesämter für Soforthilfe sind von den Landesregierungen bestehenden Behörden nach Maßgabe der Bestimmungen dieses Abschnitts zu übertragen.**

(3) **Das Hauptamt für Soforthilfe wird als besondere Behörde errichtet.**

Durchführungs-VO

Zu § 49

Behörden

Die mit der Durchführung des Zweiten Teiles des Gesetzes beauftragten Dienststellen einschließlich der bei diesen gebildeten Ausschüsse und des Spruchsenats werden unter der Bezeichnung „Soforthilfebehörden" zusammengefaßt.

SHG-Anleitung (Ziff 16)

16. Behörden (§ 49)

Die Soforthilfebehörden können ihre Aufgabe nur erfüllen, wenn sie ihre Arbeit im engsten Einvernehmen mit den sonstigen Behörden durchführen. Insbesondere wird sich ein Bild über die persönlichen Verhältnisse des Antragstellers meist nur in Zusammenarbeit mit den Fürsorgebehörden gewinnen lassen Ferner sind bei der

Bearbeitung der Anträge von Flüchtlingen die Flüchtlingsbehörden, von Sachgeschädigten die Feststellungsbehörden, von Währungsgeschädigten die Abwicklungsbanken und von politisch Verfolgten die zuständigen staatlichen Betreuungsstellen zuzuziehen Es empfiehlt sich, die Zusammenarbeit mit diesen Stellen alsbald zu regeln.

Erläuterungsübersicht

1. Grundsatz.

Das Gesetz sieht von der Schaffung einer neuen Behördenorganisation in Form einer eigenen Sonderverwaltung zur Durchführung der Soforthilfemaßnahmen bewußt ab Es verpflichtet die Länder, mit der Durchführung der Soforthilfe bereits bestehende Behörden zu betrauen Es bestimmt, daß die „Ämter für Soforthilfe" und die „Landesämter für Soforthilfe", denen die Durchführung der Soforthilfe in erster und zweiter Instanz übertragen wird, durch die Landesregierungen innerhalb der bestehenden Behorden der allgemeinen Verwaltung zu errichten sind (§ 49 Abs 2, § 50, § 52 Abs 1)

Die Ämter fur Soforthilfe und Landesämter für Soforthilfe bilden daher trotz ihrer besonderen Bezeichnung keine neuen Behörden, sondern lediglich Amtsstellen innerhalb der bestehenden Behördenorganisationen der Länder, also nur Teile von Behörden

2. Hauptamt für Soforthilfe.

Als einzige Behörde wird lediglich das Hauptamt für Soforthilfe neu errichtet, das keinen Behördenunterbau besitzt (§§ 54, 70). Seine Bildung war erforderlich, da die Verwaltung des Soforthilfefonds als eines Sondervermögens des gesamten Währungsgebietes (vgl § 48) einer bereits bestehenden Behorde nicht übertragen werden konnte. Durch die Sachaufsicht des Präsidenten des HfS soll die zweckentsprechende Verfügung über die Mittel des Soforthilfefonds sichergestellt werden.

§ 50

Ämter für Soforthilfe

Durch die Landesregierungen wird innerhalb der bestehenden Behörden der allgemeinen Verwaltung für jeden Landkreis und jeden Stadtkreis ein Amt für Soforthilfe errichtet. Im Bereich der Hansestädte Hamburg und Bremen können mehrere Ämter für Soforthilfe errichtet werden.

Durchführungs-VO

Zu § 50

Ämter für Soforthilfe

1. Die Ämter für Soforthilfe werden bei den Behörden der allgemeinen Verwaltung in der Kreisstufe gebildet; sie führen die Bezeichnung dieser

Behörden mit dem Zusatz „Amt für Soforthilfe". Soweit ein Bedürfnis vorliegt, können Zweigstellen errichtet werden.

2. Die Landesregierung kann nähere Bestimmungen über die Organisation erlassen.

Erläuterungsübersicht

1. Errichtung der Ämter für Soforthilfe.

Die Ämter für Soforthilfe sind nach § 50 innerhalb der bestehenden Behörden der allgemeinen Verwaltung in der Kreisstufe zu bilden; für jeden Landkreis und jeden Stadtkreis ist ein Amt für Soforthilfe zu errichten. Die Schaffung neuer Behörden ist untersagt. Die Behörden der allgemeinen Verwaltung wurden nach der Begründung des Gesetzes um deswillen mit der Durchführung der Soforthilfe betraut, weil sie aus ihrer bisherigen Arbeit auf verwandten Sachgebieten (öffentliche Fürsorge, Familienunterhalt, Flüchtlingsbetreuung usw.) über weitreichende Erfahrungen und Arbeitsunterlagen verfügen, die für die Durchführung der Soforthilfe unentbehrlich sind. Dabei wird bemerkt, daß z. B. die Finanzämter oder Krankenkassen weder personell noch sachlich diese ihnen bisher fremden Aufgaben ohne weitgehende Mitwirkung der Stadt- und Landkreise bewältigen könnten.

Welche Behörden im Rahmen der allgemeinen Verwaltung mit den Aufgaben der Soforthilfe betraut werden, bleibt der Entscheidung der Landesregierung überlassen, die auch nähere Bestimmungen über die Organisation der Soforthilfeämter erläßt. Die Länder haben überwiegend den staatl. Landratsämtern oder den kommunalen Kreisverbänden die Aufgaben der Ämter für Soforthilfe übertragen. Werden diese Aufgaben (z. B. in Württemberg-Hohenzollern) den kommunalen Verbänden übertragen, so nehmen sie diese als staatl. Auftragsangelegenheit wahr. Wenngleich eine Beauftragung der kommunalen Fürsorgeämter (Wohlfahrtsämter, Sozialämter) mit der Durchführung der Soforthilfe bei der verschiedenen Rechtsnatur von Unterhaltshilfe und Fürsorge und aus psychologischen Gründen nicht angezeigt erscheint, so dürfte es sich doch häufig empfehlen, ähnlich wie beim Familienunterhalt, beide Ämter in Personalunion führen zu lassen.

2. Zweigstellen.

Die SH.-DVO. bestimmt, daß Zweigstellen (Außenstellen, Nebenstellen) von Soforthilfeämtern errichtet werden können, soweit ein Bedurfnis hierfür besteht. Von dieser Befugnis wird namentlich in Großstädten durch die Errichtung von Nebenstellen sowie für größere kreisangehörige Städte durch die Errichtung von Außenstellen Gebrauch gemacht werden. Diese Zweigstellen können mit selbständigen Soforthilfeausschüssen ausgestattet werden.

3. Bezeichnung.

Die Ämter für Soforthilfe führen die Bezeichnung der Behörde, in die sie eingegliedert werden, mit einem entsprechenden Zusatz (z. B. „Kreisverband Balingen — Amt für Soforthilfe"). Auch die Bezeichnung „Kreisamt für Soforthilfe" ist zulässig.

4. Aufgaben der Soforthilfeämter.

a. Vorbescheid.

Während über die Anträge auf Ausbildungshilfe, Aufbauhilfe und Hausrathilfe die bei jedem Amt für Soforthilfe gebildeten Soforthilfeausschüsse entscheiden, entscheidet der Leiter des Amts für Soforthilfe über Anträge auf Unterhaltshilfe nach § 60 durch Vorbescheid, wenn der Antrag in vollem Umfang begründet erscheint.

b. Vorbereitende Tätigkeit.

Die Ämter für Soforthilfe haben ferner dafür zu sorgen, daß die bei den Gemeindebehörden eingereichten Anträge auf Einzelhilfe ordnungsmäßig ausgefüllt sind. Sie haben erforderlichenfalls ihre Vervollständigung zu veranlassen und die Entscheidung der Soforthilfeausschüsse vorzubereiten.

c. Einleitung und Durchführung des Zahlungsverfahrens

Die Ämter für Soforthilfe haben schließlich das Zahlungsverfahren nach endgültigem Abschluß eines Soforthilfeverfahrens durchzuführen (vgl. z. B. SH.-DVO. Ziff. 5 zu § 63).

5. Aufsicht.

Die Ämter für Soforthilfe unterstehen der Sachaufsicht der übergeordneten Soforthilfebehorden (Landesämter für Soforthilfe und Hauptamt für Soforthilfe). Daneben besteht die allgemeine Kommunalaufsicht, die durch die spezielle Sachaufsicht nach dem Soforthilfegesetz selbstverständlich unberührt geblieben ist.

§ 51

Soforthilfeausschüsse

(1) **Bei jedem Amt für Soforthilfe werden Soforthilfeausschüsse in der erforderlichen Zahl gebildet. Sie bestehen aus**

1. **dem Leiter der zuständigen Behörde oder einem Vertreter als Vorsitzendem;**

2. **zwei Beisitzern, von denen einer der Geschädigtengruppe zu entnehmen ist, welcher der Antragsteller angehört.**

(2) **Die Beisitzer werden in den Landkreisen vom Kreistag und in den Stadtkreisen von der Stadtverordnetenversammlung auf die Dauer eines Jahres gewählt.**

Durchführungs-VO

Zu § 51.

Soforthilfeausschüsse

1. Die Zahl der zu bildenden Soforthilfeausschüsse richtet sich nach den örtlichen Bedürfnissen.

2. Die Vertretungskörperschaften der Stadt- und Landkreise wählen mindestens die doppelte Anzahl der erforderlichen Beisitzer, damit die Besetzung der Ausschüsse jederzeit gesichert ist.

3. Vor der Wahl der Beisitzer kann Vertretern anerkannter Organisationen der Geschädigtengruppen Gelegenheit zur Stellungnahme gegeben werden.

4. Die Reihenfolge der Heranziehung der Beisitzer ist durch das Amt für Soforthilfe im voraus festzulegen. Die Landesregierung oder an deren Stelle das Landesamt für Soforthilfe kann nähere Weisungen erlassen.

5. Die Landesregierung erläßt Bestimmungen über die Gewährung von Tagegeldern und Reisekostenvergütung an die Beisitzer.

Durchführungs-VO

Zu §§ 51, 53 und 56.

Die Wahl von Beisitzern aus der Gruppe der Währungsgeschädigten kann unterbleiben. Insoweit wirken in den Ausschüssen Beisitzer mit, die nicht ausdrücklich als Angehörige einer Geschädigtengruppe gewählt worden sind.

SHG.-Anleitung (Ziff. 17)

17. Soforthilfeausschüsse und Beschwerdeausschüsse (§§ 51, 53)

Nach den §§ 51 und 53 ist einer der beiden Beisitzer der Geschädigtengruppe zu entnehmen, welcher der Geschädigte angehört. Zu den Geschädigten gehören nach § 2 der Anordnung nach § 73 auch die Spätheimkehrer, die unter den angegebenen Voraussetzungen Ausbildungshilfe und Aufbauhilfe erhalten können. Beim zweiten Beisitzer ist die Zugehörigkeit zu einer Geschädigtengruppe nicht erforderlich. Um auf einen Ausgleich der Interessen in den Ausschüssen hinzuwirken, wird es sich empfehlen, den zweiten Beisitzer aus Bevölkerungskreisen außerhalb der Geschädigtengruppen zu wählen.

Erläuterungsübersicht

1. Zusammensetzung der Soforthilfeausschüsse
   a. Vorsitzender
   b. Beisitzer
      aa. Wahl
      bb. Stellung der Beisitzer

2. Aufgaben und Rechtsstellung der Soforthilfeausschüsse
3. Verfahren usw
4. Beauftragter des HfS.

1. Zusammensetzung der Soforthilfeausschüsse.

Die bei den Ämtern für Soforthilfe (§ 50) zu errichtenden Soforthilfeausschüsse sind kollegiale Organe, die aus **3** Mitgliedern bestehen (dem Vorsitzenden und 2 Beisitzern). Die örtlichen Bedürfnisse bestimmen die erforderliche Zahl der bei jedem Amt für Soforthilfe zu bildenden Ausschüsse. Die Interessen der Geschädigten sind durch die Mitwirkung je eines Vertreters ihrer Gruppe als Beisitzer im Verfahren gewahrt.

a. Vorsitzender.

Den Vorsitz im Ausschuß führt der Leiter des Amts für Soforthilfe (das ist der Landrat bzw. der Oberbürgermeister, wenn die Stadt- und Landkreise die Aufgaben dieses Amts wahrnehmen) oder ein „ad hoc" bestellter Vertreter, der also nicht der ständige Vertreter des Leiters des Soforthilfeamts zu sein braucht. Der Vorsitzende kann mehreren, bei demselben Soforthilfeamt gebildeten Ausschüssen angehören. Die Befähigung zum Richteramt oder zum höheren Verwaltungsdienst braucht der Vorsitzende nicht zu besitzen, obwohl über Rechtsansprüche bei Anträgen anf Gewährung von Unterhaltshilfe entschieden wird.

b. Beisitzer.

aa. Wahl. Die Beisitzer müssen von den Vertretungskörperschaften der Stadtkreise (Stadtverordnetenversammlung) bzw. der Landkreise (Kreistag) gewählt werden. Es ist nicht erforderlich, daß die Beisitzer Mitglieder der wählenden Körperschaften sind. Die Wahl erfolgt auf die Dauer eines Jahres. Vor der Wahl der Beisitzer kann den Interessenvertretungen der Geschädigtengruppen (Flüchtlingsorganisation usw.) Gelegenheit zur Äußerung gegeben werden; die vorherige Anhorung dieser Organisationen ist nicht zwingend vorgeschrieben, wird sich jedoch in der Regel als zweckmäßig erweisen.

Der eine Beisitzer muß der Geschädigtengruppe des Antragstellers angehören; er muß also Flüchtling sein, wenn über den Soforthilfeantrag eines Flüchtlings entschieden wird. Der 2. Beisitzer soll tunlichst neutral sein. Er wirkt als Vertreter der nichtgeschädigten Bürgerschaft mit, wird aber im Zweifel immer währungsgeschädigt sein. Nach der SH.-DVO. zu §§ 51, 53 und 56 kann die Wahl von Beisitzern aus der Gruppe der Währungsgeschädigten unterbleiben, da zu ihr fast jede Person gehört. Unterbleibt diese Wahl, so wirken an Stelle der Währungsgeschädigten neutrale Beisitzer mit, die nicht ausdrücklich als Angehörige einer Geschädigtengruppe gewählt worden sind. Um eine ständige ordnungsmäßige Besetzung der Ausschüsse sicherzustellen, müssen auch die Vertreter der Beisitzer gewählt werden. Es müssen daher mindestens 8—10 Beisitzer gewählt werden (2 Flüchtlinge, 2 Sachgeschädigte, 2 politisch Verfolgte, 2 Neutrale und eventuell 2 Währungsgeschädigte).

Das Amt für Soforthilfe muß die Reihenfolge, in der die gewählten Beisitzer zu den Ausschußsitzungen heranzuziehen sind, vor Beginn der Tätigkeit der Ausschüsse festlegen.

bb. Stellung der Beisitzer. Nach § 77 sind Personen, die zur ehrenamtlichen Mitarbeit als Beisitzer aufgefordert werden, zu dieser Mitarbeit verpflichtet. Nach der SH.-DVO. zu § 77 kann diese ehrenamtliche Mitarbeit nur aus wichtigen Gründen abgelehnt werden. Wegen der Ablehnungsgründe vgl. die Anm. zu § 77.

Die Beisitzer des Soforthilfeausschusses genießen nicht die Vergünstigungen der Beisitzer des Beschwerdeausschusses und des Spruchsenats, die als solche unabhängig und nur dem Gesetz unterworfen sind (§ 69 Abs. 2).

Die Beisitzer haben Anspruch auf Gewährung von Tagegeldern und Reisekostenvergütung, deren Höhe die Landesregierung bestimmt (SH.-DVO. zu § 51 Ziff. 5).

2. Aufgaben und Rechtsstellung der Soforthilfeausschüsse.

Die Soforthilfeausschüsse entscheiden nach § 69 Abs. 1 als Verwaltungsbehörden und sind an die allgemeinen Weisungen des Präsidenten des Hfs. gebunden. Sie entscheiden über Anträge auf Ausbildungshilfe, Aufbauhilfe und Hausrathilfe durch Bescheid (§ 63). Über Anträge auf Unterhaltshilfe, denen nicht bereits der Leiter des Amts für Soforthilfe durch endgültigen Vorbescheid entsprochen hat, entscheiden sie durch Beschluß (§ 60 Abs. 2). Auch ist die Anrufung des Soforthilfeausschusses gegen einen Vorbescheid des Leiters des AfS. durch den Beauftragten möglich (§ 60 Abs. 1 Satz 2).

3. Verfahren usw.

Wegen des Verfahrens, der Beschlußfähigkeit des Ausschusses, der Form seiner Entscheidungen, ihrer Bekanntgabe und der gegen seine Entscheidungen zulässigen Rechtsbehelfe vgl. die Erläuterungen zu den §§ 60 und **63.**

4. Wegen des **Beauftragten des HfS.** beim Soforthilfeausschuß vgl. § 57. Er ist nach SH.-DVO. Ziff. 2 zu §§ 60—64 zu allen Ausschußsitzungen zu laden. Ist er geladen, so hängt die Beschlußfähigkeit des Ausschusses nicht von seiner Anwesenheit ab (vgl. § 60 Anm. 2 c).

§ 52

Landesämter für Soforthilfe

(1) **Durch die Landesregierungen werden innerhalb der Behörden, die den in § 50 vorgesehenen Behörden übergeordnet sind, Landesämter für Soforthilfe errichtet.**

(2) **Die Landesämter für Soforthilfe üben die Sachaufsicht über die Ämter für Soforthilfe ihres Bereiches aus.**

Durchführungs-VO

Zu § 52.

Landesämter für Soforthilfe

1. Die Landesregierung bestimmt, bei welchen Landesbehörden Landesämter für Soforthilfe zu bilden sind; sie führen die Bezeichnung dieser Behörden mit dem Zusatz „Landesamt für Soforthilfe". Die Landesämter für Soforthilfe sind im Zuge der Sachaufsicht die einzigen Zwischenstellen zwischen den Ämtern für Soforthilfe und dem Hauptamt für Soforthilfe. Werden die Landesämter für Soforthilfe bei einer obersten Landesbehörde gebildet, so können in größeren Ländern Außenstellen bei den Regierungspräsidenten oder den diesen entsprechenden Behörden errichtet werden; werden die Landesämter für Soforthilfe bei den Regierungspräsidenten oder den diesen entsprechenden Behörden gebildet, so kann die Landesregierung bei einer obersten Landesbehörde eine Verbindungsstelle einrichten.

2. Es geben abschriftlich Kenntnis
a. der Präsident von seinen Weisungen an die Landesämter für Soforthilfe oder deren Außenstellen,
b. die Landesämter für Soforthilfe oder deren Außenstellen von ihren Berichten an den Präsidenten
der Verbindungsstelle bei der obersten Landesbehörde,
c. die Landesämter für Soforthilfe oder deren Außenstellen von ihren Weisungen an die Ämter für Soforthilfe
dem Präsidenten.

Erläuterungsübersicht

1. Errichtung
2. Verbindungsstellen
3. Außenstellen
4. Aufgaben

1. Errichtung.

Die Landesämter fur Soforthilfe (LfS.) werden innerhalb der Behörden errichtet, die den Behörden übergeordnet sind, denen die Ämter für Soforthilfe angegliedert sind. Diese können Mittelinstanzen (z. B. Regierungspräsidenten) oder oberste Landesbehörden (z. B. Innenministerium, Sozialministerium, Finanzministerium) sein. Die LfS. werden ebenso wie die Soforthilfeämter im Rahmen der bestehenden Behördenorganisation der Länder errichtet. Die Errichtung von Sonderbehörden zur Erfüllung der den LfS. obliegenden Aufgaben ist unzulässig. Die neuen Landesämter führen die Bezeichnung der Landesbehörde, der sie zugeteilt werden, mit einem entsprechenden Zusatz (z. B. „Regierungspräsident Düsseldorf — Landesamt für Soforthilfe").

2. Verbindungsstellen.

Werden die Mittelinstanzen (Regierungspräsidenten und entsprechende Behörden) mit den Aufgaben des LfS. betraut, so können die Landesregierungen zwecks Koordinierung ihrer Maßnahmen bei einer obersten

Landesbehörde (Ministerium) eine Verbindungsstelle einrichten Diese Verbindungsstellen erhalten abschriftlich Kenntnis von den Weisungen des Präsidenten des HfS und von den Berichten der LfS an den Präsidenten. Der Präsident verkehrt unmittelbar mit den Landesämtern.

3. Außenstellen.

Wird das LfS. bei der obersten Landesbehörde gebildet, so können in größeren Ländern selbständige Außenstellen bei den Mittelinstanzen errichtet werden, die eigene Beschwerdeausschüsse besitzen (vgl SH.-DVO. Ziff. 1 zu § 53) und mit dem Präsidenten des HfS unmittelbar verkehren können Von ihren Weisungen an die Ämter für Soforthilfe haben sie dem Präsidenten des HfS. abschriftlich Kenntnis zu geben

4. Aufgaben.

Den LfS liegt die Sachaufsicht über die ihnen unterstehenden Ämter für Soforthilfe ob. Sie haben insbesondere über die Dienstaufsichtsbeschwerden zu entscheiden, die nach allgemeinen Verwaltungsgrundsätzen gegen die Entscheidungen des Amts für Soforthilfe zulässig sind. Sie haben als Zwischenstellen die Weisungen des Präsidenten des HfS. an die Ämter für Soforthilfe weiterzuleiten und deren Befolgung im Rahmen der Sachaufsicht zu überwachen Von ihren Weisungen an die Ämter für Soforthilfe haben sie dem Präsidenten des HfS abschriftlich Kenntnis zu geben (SH-DVO Ziff 2 zu § 52)

Die LfS unterliegen der Sachaufsicht des Präsidenten des HfS. (§ 54 Abs 3)

5. Wegen des **Beauftragten des HfS.** beim LfS vgl § 57 Abs 1 Satz 2.

§ 53

Beschwerdeausschüsse

(1) **Bei den Landesämtern für Soforthilfe werden Beschwerdeausschüsse in der erforderlichen Zahl gebildet. Sie bestehen aus**

1. **dem Leiter der Behörde oder einem Vertreter als Vorsitzendem,**
2. **zwei Beisitzern, von denen einer der Geschädigtengruppe zu entnehmen ist, welcher der Antragsteller angehört.**

(2) **Die Beisitzer werden vom Parlament des Landes auf die Dauer eines Jahres gewählt.**

Durchführungs-VO

Zu § 53

Beschwerdeausschüsse

1. Soweit Außenstellen der Landesämter für Soforthilfe errichtet werden, werden auch bei diesen Außenstellen Beschwerdeausschüsse gebildet.

2. Im übrigen gelten die Durchführungsbestimmungen zu § 51 entsprechend.

SHG.-Anleitung (Ziff. 17)
Vgl. § 51.

Erläuterungsübersicht

1. Zusammensetzung des Beschwerdeausschusses
   a. Vorsitzender
   b. Beisitzer
   c. Fachliche Qualifikation
2. Aufgaben des Beschwerdeausschusses
3. Verfahren usw.
4. Rechtsbeschwerde
5. Beauftragter des HfS.

1. Zusammensetzung des Beschwerdeausschusses.

Die bei den Landesämtern für Soforthilfe gebildeten Beschwerdeausschüsse sind entsprechend den Soforthilfeausschüssen bei den Ämtern für Soforthilfe (§ 51) zusammengesetzt. Sie sind ebenfalls kollegiale Organe, die aus 3 Mitgliedern bestehen und in denen die Geschädigten durch einen Beisitzer ihrer Gruppe vertreten sind.

a. Vorsitzender.

Den Vorsitz im Beschwerdeausschuß führt der Leiter des LfS. oder ein „ad hoc" bestellter Vertreter. Soweit Außenstellen der LfS. errichtet worden sind, ist der Leiter der Außenstelle Vorsitzender des bei dieser Stelle zu bildenden Beschwerdeausschusses oder ein Vertreter.

b. Beisitzer.

Die Beisitzer müssen vom Landtag gewählt werden, brauchen ihm jedoch nicht anzugehören. Die Wahl erfolgt auf die Dauer eines Jahres. Wegen der Wahl und der Stellung der Beisitzer (vgl. im übrigen § 51 Anm. 1 b).

c. Im Gegensatz zum Spruchsenat (§ 56) verlangt das Gesetz weder vom Vorsitzenden des Beschwerdeausschusses noch von einem Beisitzer die Befähigung zum Richteramt oder zum höheren Verwaltungsdienst. Da der Ausschuß auch über Rechtsansprüche (vgl. § 40) entscheidet und in der Regel die Schlußinstanz bildet, dürfte es sich empfehlen, daß die Länder wenigstens von einem Mitglied des Beschwerdeausschusses die fachliche Qualifikation zur Ausübung einer richterlichen Tätigkeit verlangen (so z. B. in Württemberg-Hohenzollern).

2. Aufgaben des Beschwerdeausschusses.

Der Beschwerdeausschuß entscheidet über Beschwerden gegen Beschlüsse (§ 61) und Bescheide (§ 64) der Soforthilfeausschüsse.

3. Verfahren usw.

Wegen des Verfahrens, der Beschlußfähigkeit des Ausschusses, der Form seiner Entscheidungen, ihrer Bekanntgabe und des Charakters des Ausschusses vgl. die Erläuterungen zu den §§ 61, 64, 65 und 69.

4. **Rechtsbeschwerde** gegen den Beschluß des Beschwerdeausschusses: § 62.

5. **Beauftragter des HfS.** beim Beschwerdeausschuß: § 57.

§ 54

Hauptamt für Soforthilfe

(1) **Das Hauptamt für Soforthilfe wird dem Direktor der Verwaltung für Finanzen des Vereinigten Wirtschaftsgebiets unmittelbar unterstellt; er übt seine Befugnisse im Einvernehmen mit einem von den Regierungen der Länder der französischen Besatzungszone benannten Bevollmächtigten aus.**

(2) **Den Präsidenten des Hauptamts für Soforthilfe ernennt auf Vorschlag des Direktors der Verwaltung für Finanzen des Vereinigten Wirtschaftsgebiets der Verwaltungsrat des Vereinigten Wirtschaftsgebiets im Einvernehmen mit den Regierungen der Länder der französischen Besatzungszone.**

(3) **Der Präsident des Hauptamts für Soforthilfe übt die Sachaufsicht über die Ämter für Soforthilfe und die Landesämter für Soforthilfe aus.**

Durchführungs-VO

Zu § 54.

Hauptamt für Soforthilfe

Der Präsident verkehrt mit den Ämtern für Soforthilfe, den Soforthilfeausschüssen und den Beschwerdeausschüssen in der Regel über das Landesamt für Soforthilfe. Ein unmittelbarer Geschäftsverkehr mit diesen Stellen beschränkt sich auf Ausnahmefälle, insbesondere auf Eilsachen; in diesen Fällen gibt der Präsident Abschrift seiner Weisung an das Landesamt für Soforthilfe oder gegebenenfalls an die Verbindungsstelle bei der obersten Landesbehörde (vgl. Ziffer 1 zu § 52).

SHG.-Anleitung (Ziff. 18)

18. Hauptamt für Soforthilfe (§ 24)

Die Anschrift des Hauptamts lautet:

Hauptamt für Soforthilfe
(16) Bad Homburg v. d. H.
Terrassenstr. 1 (Bürohaus 2)

1. Neue Behörde.

Das Hauptamt für Soforthilfe (HfS.) ist die einzige Behörde, die zur Durchführung der Soforthilfe neu errichtet worden ist (vgl. Anm. 2 zu § 49).

2. Aufgaben.

Zum Wirkungskreis des Präsidenten des HfS. gehören folgende Aufgaben:

a. Er übt die Sachaufsicht über die Soforthilfebehörden (Ämter für Soforthilfe und Landesämter für Soforthilfe) aus, um die ordnungsmäßige Verwendung der Mittel des Soforthilfefonds für die vorgesehenen Zwecke durchzusetzen (§ 54 Abs. 3). Ein Eingriff in die Behandlung von Einzelfällen seitens des HfS. ist nicht beabsichtigt. Der Präsident wird sich bei Ausübung der Sachaufsicht in der Regel auf allgemeine Weisungen beschränken. Die allgemeine Dienstaufsicht der Länderverwaltungen über ihre Soforthilfebehörden bleibt selbstverständlich unberührt.

b. Ihm liegt ferner die Verwaltung des Soforthilfefonds nach den vom Verwaltungsrat erteilten Richtlinien ob (§ 70 Abs. 1).

c. Er erteilt den Soforthilfebehörden die allgemeinen Weisungen über die Verwendung der Mittel für Zwecke der Einzelhilfen (§ 70 Abs. 2) und versieht insbesondere seinen die Interessen des Soforthilfefonds wahrnehmenden Beauftragten (vgl. § 57) mit entsprechenden Instruktionen.

d. Er entscheidet über die Bereitstellung von Mitteln für Zwecke der Gemeinschaftshilfe (§ 70 Abs. 3) und über Maßnahmen nach § 46 (vgl. SH.-DVO. Ziff. 1 zu § 46).

3. Überwachung.

Dem HfS. steht als überwachendes bzw. beratendes Organ ein Kontrollausschuß und ein ständiger Beirat zur Seite (§§ 55, 71, 72). Durch die Einrichtung des ständigen Beirats, in dem 11 Geschädigte vertreten sind, ist die Mitwirkung der Geschädigten beim HfS. sichergestellt. Der Präsident des HfS. hat dem Kontrollausschuß und dem ständigen Beirat auf Verlangen Auskunft über die Verwaltung, den Bestand und die Verwendung des Soforthilfefonds zu erteilen (§ 71 Abs. 2, § 72 Satz 3).

4. Kosten des HfS. Die Kosten dieses Amtes trägt nach § 78 Satz 2 das Vereinigte Wirtschaftsgebiet bis zur Übernahme durch den Bund.

§ 55

Kontrollausschuß und ständiger Beirat

(1) **Beim Hauptamt für Soforthilfe wird ein Kontrollausschuß von 25 Mitgliedern gebildet. 8 Mitglieder wählt der Wirtschaftsrat des Vereinigten Wirtschaftsgebiets. Je 1 Mitglied wählen die Parlamente der Länder der französischen Besatzungszone, 3 Mitglieder ernennt der Verwaltungsrat des Vereinigten Wirtschaftsgebiets, davon 1 Mitglied auf Vorschlag der Regierungen der Länder der französischen Besatzungszone. Je 1 weiteres Mitglied ernennen die Regierungen der Länder des Währungsgebiets.**

(2) **Beim Hauptamt für Soforthilfe wird ferner ein ständiger Beirat, bestehend aus 11 Vertretern der Geschädigten und 4 Sachverständigen, gebildet. Je einen Vertreter der Geschädigten wählen die Parlamente der Länder des Währungsgebiets. Die**

4 Sachverständigen ernennt der Verwaltungsrat des Vereinigten Wirtschaftsgebiets.

(3) Die Wahl und die Ernennung der Mitglieder des Kontrollausschusses und des ständigen Beirats erfolgt jeweils auf die Dauer eines Jahres.

Durchführungs-VO

Zu § 55.

Kontrollausschuß und ständiger Beirat

1. Ernannte Mitglieder des Kontrollausschusses und des ständigen Beirats können sich in den Sitzungen vertreten lassen.

2. Die Mitglieder des Kontrollausschusses wählen aus ihrer Mitte einen Vorsitzenden und dessen Stellvertreter. Das gleiche gilt für den ständigen Beirat.

1. Kontrollausschuß.

Angesichts der umfangreichen, aus dem Volksvermögen stammenden Mittel, die der Soforthilfefonds jährlich vereinnahmt und verausgabt, sowie der sozial- und wirtschaftspolitischen Bedeutung, die der Verwendung dieser Mittel zukommt, wird das HfS. der Kontrolle eines Ausschusses unterstellt, dessen Mitglieder teils von den Parlamenten gewählt, teils von den Regierungen der Länder des Währungsgebietes und dem Verwaltungsrat der Vereinigten Wirtschaftsgebietes auf die Dauer eines Jahres ernannt werden. Die von den Regierungen und dem Verwaltungsrat ernannten Mitglieder können sich nach der SH.-DVO zu § 55 Ziff. 1 in den Sitzungen vertreten lassen. Eine Vertretung der gewählten Mieglieder ist nicht zulässig.

Die Aufgaben und Befugnisse des Kontrollausschusses ergeben sich aus § 71 und § 83 Abs. 2 Satz 2.

2. Ständiger Beirat.

Durch die Bildung eines ständigen Beirats soll vor allem den Vertretern der Geschädigten Gelegenheit gegeben werden, an zentraler Stelle ihre Interessen zur Geltung zu bringen. Die Mitglieder, die als Vertreter der Geschädigten dem ständigen Beirat angehören, werden von den Parlamenten der Länder auf die Dauer eines Jahres gewählt; sie müssen Geschädigte im Sinne des Gesetzes sein. Die vom Verwaltungsrat des Vereinigten Wirtschaftsgebiets ernannten 4 Sachverständigen können sich in den Sitzungen vertreten lassen.

Wegen der beratenden Funktion des ständigen Beirats und seiner sonstigen Aufgaben vgl. § 72 und § 83 Abs. 2 Satz 2. Die Befugnis des Kontrollausschusses, vom Präsidenten des HfS. jederzeit Auskunft über die Verwaltung, den Bestand und die Verwendung der Mittel des Soforthilfefonds zu verlangen, steht dem ständigen Beirat ebenfalls zu.

§ 56

Spruchsenat

(1) Beim Hauptamt für Soforthilfe wird ein Spruchsenat gebildet. Er besteht aus:

1. dem Präsidenten des Hauptamts für Soforthilfe oder einem von ihm bestimmten Beamten des Hauptamts für Soforthilfe als Vorsitzendem,

2. vier Beisitzern.

(2) Der Vorsitzende und zwei Beisitzer müssen die Befähigung zum Richteramt oder zum höheren Verwaltungsdienst haben. Sie werden hauptamtlich ernannt. Vertreter aus der französischen Besatzungszone sind angemessen zu berücksichtigen.

(3) Die beiden übrigen Beisitzer müssen Geschädigte sein; von ihnen ist einer der Geschädigtengruppe zu entnehmen, welcher der Antragsteller angehört. Beide Beisitzer werden vom Wirtschaftsrat des Vereinigten Wirtschaftsgebiets auf die Dauer eines Jahres gewählt.

Durchführungs-VO

Zu § 56.

Spruchsenat

1. Die Ziffern 3 und 4 zu § 51 gelten entsprechend.

2. Der Präsident erläßt Bestimmungen über die Gewährung von Tagegeldern und Reisekostenvergütung an die Beisitzer.

1. Zusammensetzung

Die Bildung eines Spruchsenats beim HfS. dient dazu, die Einheit der Rechtsprechung im Währungsgebiet sicherzustellen. Der Spruchsenat wird nach denselben Gesichtspunkten besetzt, die für die Besetzung der Soforthilfeausschüsse und der Beschwerdeausschüsse gelten. Ein Unterschied besteht darin, daß die Zahl seiner Mitglieder 5 Personen (statt 3) beträgt. Da der Spruchsenat nur über Fälle von grundsätzlicher Bedeutung zu entscheiden hat, deren Beurteilung in der Regel besondere Rechtskenntnisse erfordert, wird ferner verlangt, daß der Vorsitzende und zwei Beisitzer die erforderliche fachliche Qualifikation zur Ausübung der richterlichen Tätigkeit besitzen. Der Vorsitzende und die beiden juristischen Beisitzer werden hauptamtlich ernannt.

Die beiden Laienbeisitzer werden vom Wirtschaftsrat auf die Dauer eines Jahres gewählt. Sie fungieren als Vertreter der Geschädigten.

2. Aufgabe.

Der Spruchsenat entscheidet über Rechtsbeschwerden gegen die Beschlüsse der Beschwerdeausschüsse über Anträge auf Unterhaltshilfe. Wegen der Einzelheiten vgl. § 62 und § 69 Anm. 3.

3. Richterliche Unabhängigkeit.

Die Mitglieder des Spruchsenats genießen nach § 69 Abs. 2 richterliche Unabhängigkeit (vgl. § 69 Anm. 2b).

§ 57

Beauftragte des Hauptamts für Soforthilfe

(1) **Der Präsident des Hauptamts für Soforthilfe bestellt bei den Soforthilfeausschüssen und bei den Beschwerdeausschüssen aus der Zahl der Beamten der am Ort bestehenden Behörden im Einvernehmen mit der obersten Landesbehörde Beauftragte des Hauptamts für Soforthilfe. Der Beauftragte des Hauptamts für Soforthilfe beim Soforthilfeausschuß ist zugleich Beauftragter beim Amt für Soforthilfe, der Beauftragte beim Beschwerdeausschuß ist zugleich Beauftragter beim Landesamt für Soforthilfe.**

(2) **Der Beauftragte des Hauptamts für Soforthilfe nimmt die Interessen des Soforthilfefonds wahr. Er ist an die Weisungen des Präsidenten des Hauptamts für Soforthilfe gebunden. Er ist befugt, an den Sitzungen der Soforthilfeausschüsse und der Beschwerdeausschüsse teilzunehmen und Anträge zu stellen.**

Durchführungs-VO

Zu § 57.

Beauftragter des Hauptamts für Soforthilfe

1. Zum Beauftragten des Hauptamts für Soforthilfe (Beauftragter) soll in der Regel ein Beamter der Finanzverwaltung bestellt werden.

2. Dem Beauftragten ist von allen Soforthilfebehörden Unterstützung, insbesondere Einsicht in die Akten zu gewähren, um ihn in den Stand zu setzen, die Interessen des Soforthilfefonds wahrzunehmen und entsprechende Anträge im Verfahren zu stellen. Er ist nicht befugt, Weisungen zur Durchführung des Gesetzes zu erteilen.

1. Bestellung.

Der Beauftragte des HfS. soll zur Vermeidung zusätzlicher Personalbedarfs in der Regel aus den Beamten der am Ort der Ausschüsse bestehenden Finanzverwaltung bestellt werden. Im Interesse der Verwaltungsvereinfachung besteht Personalunion zwischen den Beauftragten der Ausschüsse und den Beauftragten der Ämter, bei denen diese Ausschüsse errichtet sind.

2. Befugnisse des Beauftragten des HfS.

Der Beauftragte hat die Interessen des Soforthilfefonds wahrzunehmen und soll insbesondere verhindern, daß die Ausschüsse den gesetzlichen Vorschriften zuwider Entscheidungen zu Lasten dieses Fonds treffen. Er entspricht dem „Vertreter des Reichsinteresses" bei den früheren Kriegsschädenfeststellungsbehörden. Er ist an die Weisungen des Präsidenten des HfS. gebunden.

Der Beauftragte nimmt an den Sitzungen der Soforthilfe- und Beschwerdeausschüsse teil mit der Befugnis, Anträge im Verfahren zu stellen. Er kann zu diesem Zweck Einsicht in die Akten der Soforthilfebehörden, die zu seiner Unterstützung verpflichtet sind, verlangen. Er ist vor allem zur Einlegung von Rechtsmitteln gegen folgende Entscheidungen der Soforthilfebehörden befugt:

a. Er kann gegen den Vorbescheid des Leiters des Amts für Soforthilfe, der ihm nach der SH.-DVO. Ziff. **3** zu § **60** bekanntzugeben ist, die Entscheidung des Soforthilfeausschusses anrufen (§ 60 Abs. 1 Satz 2).

b. Er kann gegen die Beschlüsse der Soforthilfeausschüsse über Anträge auf Unterhaltshilfe, von denen er Abschrift erhält (SH.-DVO. Ziff. 7 zu § 60), Beschwerde an den Beschwerdeausschuß einlegen (§ 61).

c. Er kann gegen den Beschluß des Beschwerdeausschusses Rechtsbeschwerde an den Spruchsenat einlegen, wenn er glaubt, daß der Sache grundsätzliche Bedeutung zukommt, auch wenn der Beschwerdeausschuß die Rechtsbeschwerde nicht zugelassen hat (§ 62 Abs. 2).

d. Er kann schließlich auch gegen die Bescheide der Soforthilfeausschüsse über Anträge auf Ausbildungshilfe, Aufbauhilfe und Hausrathilfe die Entscheidung des Beschwerdeausschusses nach § 64 anrufen.

Dagegen ist er nicht befugt, den Soforthilfebehörden Weisungen zur Durchführung des Gesetzes zu erteilen (SH.-DVO. Ziff. 2 Satz 2 zu § 57). Dieses Recht bleibt dem LfS. und dem HfS. vorbehalten.

§ 58

Amts- und Rechtshilfe

Alle Behörden haben den in diesem Abschnitt genannten Behörden und Amtsstellen unentgeltlich Amts- und Rechtshilfe zu leisten.

Durchführungs-VO

Zu § 58.

Amts- und Rechtshilfe

Die Soforthilfebehörde kann im Wege des Amtshilfeersuchens auch Auskunft über die steuerlichen Verhältnisse des Geschädigten verlangen; aus dem Ersuchen muß hervorgehen, daß der Geschädigte sich mit der Erteilung dieser Auskunft einverstanden erklärt hat.

1. Die **Begründung** bemerkt dazu folgendes:

„Ein Bedürfnis für Amts- und Rechtshilfe wird sich vielfach ergeben, insbesondere weil die Geschädigten häufig nicht in der Lage sein werden, die Voraussetzungen für die Gewährung von Leistungen nach diesem Gesetz durch Urkunden zu belegen."

2. Behörden.

Zu den Behörden gehören nicht nur die Verwaltungsbehörden, sondern auch die Gerichte. Ihre Rechtshilfe wird insbesondere dann in Anspruch genommen werden, wenn die Soforthilfeausschüsse eine eidliche Vernehmung von Zeugen oder von Sachverständigen für notwendig erachten. Da der Beschwerdeausschuß und der Spruchsenat nach § 69 als Verwaltungsgerichte entscheiden, finden auf sie auch die Vorschriften der Verwaltungsgerichtsbarkeitsgesetze über die Rechtshilfe Anwendung (vgl. z. B. § 20 des Württg.-Bad. Gesetzes Nr. 110 über die Verwaltungsgerichtsbarkeit vom 16. Oktober 1946, RegBl. S. 221).

Auskunft über die steuerlichen Verhältnisse des Geschädigten darf vom Finanzamt nur eingeholt werden, wenn sich der Geschädigte damit einverstanden erklärt hat.

3. Unentgeltlichkeit.

Die Amts- und Rechtshilfe ist unentgeltlich zu leisten. Es dürfen weder Gebühren noch Stempel usw. für die erbetene Hilfe verlangt werden. Das ist insbesondere von Bedeutung, wenn die Gesundheitsämter um gutachtliche Äußerungen über die Erwerbsfähigkeit eines Antragstellers ersucht werden. Die gebührenfreie Erteilung der amtsärztlichen Bescheinigungen über die dauernde Erwerbsunfähigkeit ist in der SH.-DVO zu § 35 Ziff. 3 besonders vorgeschrieben.

Siebenter Abschnitt

Verfahren

§ 59

Einreichung der Anträge

(1) Anträge auf Unterhaltshilfe, Ausbildungshilfe, Aufbauhilfe oder Hausrathilfe sind an das für den Wohnsitz oder den Ort des dauernden Aufenthalts des Geschädigten zuständige Amt für Soforthilfe zu richten.

(2) Die Anträge sind bei der für den Wohnsitz oder den Ort des dauernden Aufenthalts des Geschädigten zuständigen Gemeindebehörde einzureichen, soweit nicht etwas anderes bestimmt wird.

Durchführungs-VO

Zu § 59.

Einreichung der Anträge

1. Die Anträge sind auf vorgeschriebenem Formblatt einzureichen. Dabei ist zu erklären, mit welchen Urkunden der Antragsteller seine Angaben belegen kann (z. B. Ausweis als Flüchtling oder politisch Verfolgter, Abrechnung der Abwicklungsbank).

2. Die Beschaffung der Formblätter bleibt der Regelung durch die Länder vorbehalten.

3. Andere Stellen als die Gemeindebehörden oder die von der Landesregierung bestimmten entsprechenden Behörden sind zur Entgegennahme von Anträgen bis auf weiteres nicht ermächtigt.

4. Die Gemeindebehörde oder die von der Landesregierung bestimmte entsprechende Behörde hat, soweit die Anträge nicht hinreichend begründet sind oder Angaben zu einzelnen Teilen fehlen, auf Ergänzung zu dringen, gegebenenfalls den Antragsteller zu diesem Zweck vorzuladen. Alsdann hat sie die Anträge mit kurzer eigener Stellungnahme dem Amt für Soforthilfe zuzuleiten.

5. Maßgebend im Sinne des § 39 ist der Zeitpunkt der Einreichung des Antrags bei der Gemeindebehörde oder der von der Landesregierung bestimmten entsprechenden Behörde, nicht der Eingang beim Amt für Soforthilfe.

6. Jugendliche, die das 18. Lebensjahr vollendet haben und sich zum Zwecke der Berufsausbildung außerhalb des Wohnsitzes des Unterhaltsverpflichteten aufhalten, können Antrag auf Ausbildungshilfe selbst stellen. Der Präsident kann das Amt für Soforthilfe des Ausbildungsortes für zuständig erklären.

SHG.-Anleitung (Ziff. 19)

19. Einreichung der Anträge, Entscheidungen über Unterhaltshilfe, Beschwerde gegen Entscheidungen über Unterhaltshilfe (§§ 59—61)

(1) *Es ist Aufgabe der Ämter für Soforthilfe, dafür zu sorgen, daß die Gemeindebehörden über die wesentlichen Bestimmungen des Zweiten Teils des Soforthilfegesetzes und der Durchführungsbestimmungen hierzu und über ihre Mitwirkungspflicht bei der Einreichung von Anträgen durch die Geschädigten eingehend unterrichtet werden.*

(2) *Die Ämter für Soforthilfe stellen den Gemeindebehörden die erforderliche Zahl von amtlichen Formblättern zur Verfügung. Die Beschaffung der Formblätter wird durch die Landesregierungen geregelt.*

(3) *Die Ämter für Soforthilfe haben dafür zu sorgen, daß öffentlich bekanntgegeben wird, bei welchen Dienststellen der Gemeinden die Formblätter in Empfang genommen und die Anträge gestellt werden können.*

(4) *Nach Eingang der Anträge beim Amt für Soforthilfe ist zu prüfen, ob die Anträge die erforderlichen Angaben vollständig enthalten. Fehlendes ist je nach Zweckmäßigkeit durch die Gemeindebehörde oder in unmittelbarem Benehmen mit dem Antragsteller zu ergänzen.*

(5) *Nach Vervollständigung der Anträge ist zu ermitteln, welche Ansprüche des Geschädigten anzuerkennen sind. Daraufhin ist die Entscheidung vorzubereiten.*

(6) *Sind die Voraussetzungen des § 60 Absatz 1 und der Soforthilfe-DVO. Ziffer 1 zu § 60 gegeben, so ist der Vorbescheid durch den Leiter des Amts für Soforthilfe zu verfügen. Die Akten samt Vorbescheid und einer für den Beauftragten des Hauptamts für Soforthilfe (Beauftragter) bestimmten Ausfertigung sind diesem zuzuleiten.*

(7) *Hat der Beauftragte innerhalb der Frist von einer Woche nicht die Entscheidung des Soforthilfeausschusses angerufen oder hat er erklärt, daß er auf diese verzichte (Soforthilfe-DVO. Ziffer 3 zu § 60), so hat er die Vorgänge zurückzugeben; eine Ausfertigung des Vorbescheids ist alsdann dem Antragsteller bekanntzugeben. Nach dieser Bekanntgabe (Soforthilfe-DVO. Ziffer 4 zu § 60) ist das Zahlungsverfahren einzuleiten.*

(8) *Hat der Beauftragte fristgemäß die Entscheidung des Soforthilfeausschusses angerufen, so sind die Vorgänge alsbald dem Soforthilfeausschuß zuzuleiten.*

(9) *Mündliche Verhandlung vor dem Soforthilfeausschuß ist nicht vorgeschrieben, kann aber zweckmäßig sein. Wegen der Teilnahme des Beauftragten gilt Soforthilfe-DVO. Ziffer 2 zu §§ 60 bis 64.*

(10) *Die Entscheidung des Soforthilfeausschusses ist nach § 65 schriftlich zu begründen und mit einer Rechtsmittelbelehrung zu versehen.*

(11) *Die Entscheidung des Soforthilfeausschusses ist dem Beauftragten und dem Antragsteller gemäß Soforthilfe-DVO. Ziffer 7 zu § 60 bekanntzugeben.*

(12) *Wird gegen den Beschluß des Soforthilfeausschusses, durch den Unterhaltshilfe bewilligt wird, nicht innerhalb der in § 61 bestimmten Frist von 2 Wochen Beschwerde eingelegt, so ist das Zahlungsverfahren einzuleiten.*

(13) *Wird Beschwerde nach § 61 eingelegt, so ist nach Soforthilfe-DVO. zu § 61 zu verfahren. Für die Nachholung der Begründung ist dem Beschwerdeführer gegebenenfalls eine angemessene Frist zu setzen. Nach deren Ablauf ist nach Lage der Akten zu entscheiden.*

(14) *Für das Verfahren vor dem Beschwerdeausschuß gelten die Absätze 9 bis 12 sinngemäß.*

Erläuterungsübersicht

1. Adressat der Anträge auf Einzelhilfe.

Die Anträge auf Gewährung von Unterhaltshilfe, Ausbildungshilfe, Aufbauhilfe oder Hausrathilfe sind an diejenige Stelle zu richten, die über den Antrag zu entscheiden hat, d. i. an dasjenige Amt für Soforthilfe, das für den Wohnsitz oder dauernden Aufenthalt des Geschädigten zuständig ist. Da für jeden Stadt- und Landkreis in der Kreisstufe ein Soforthilfeamt zu bilden ist (§ 50), wird dieses in der Regel seinen Sitz in der Kreisstadt haben.

2. Einreichung der Anträge.

Um dem Geschädigten den mit Kosten und Zeitverlust verbundenen Weg zur Kreisstadt zu ersparen, bestimmt § 59 Abs. 2, daß die Anträge bei der Gemeindebehörde d. h. dem Bürgermeister derjenigen Gemeinde einzureichen sind, in der der Geschädigte wohnt oder sich dauernd aufhält. Die Anträge können auch bei den von der Landesregierung bestimmten entsprechenden Behörden (z. B. Soforthilfeamt oder Zweigstelle des Soforthilfeamts, Verwaltungsaktuar) eingereicht werden. Die Anträge sind auf besonderen amtlichen Formblättern einzureichen, deren Beschaffung durch die Länder geregelt wird und die den Gemeindebehörden in der erforderlichen Zahl von den Ämtern für Soforthilfe zur Verfügung gestellt werden.

Den Anträgen sind alle erforderlichen Unterlagen beizufügen, um die Richtigkeit der Angaben, die die Geschädigteneigenschaft rechtfertigen, zu beweisen

3. Antragsberechtigung.

Der Antrag kann nur von dem Geschädigten selbst, nicht etwa von einem Erben gestellt werden, weil die Soforthilfe nur dem unmittelbar Geschädigten gewährt wird (vgl im übrigen § **37**) Eine Ausnahme sieht die SH-DVO zu § 59 Ziff 6 für Jugendliche, die das 18. Lebensjahr vollendet haben und sich zum Zwecke der Berufsausbildung außerhalb des Wohnsitzes des Unterhaltspflichtigen aufhalten, vor Sie können den Antrag auf Ausbildungshilfe auch stellen, wenn sie selbst nicht unmittelbar geschädigt sind Der Präsident der HfS kann bestimmen, daß das für den Ausbildungsort zuständige Amt für Soforthilfe zur Entscheidung derartiger Anträge zuständig ist

4. Wirkung der Einreichung des Antrags.

Der Zeitpunkt der Einreichung des Antrags bei der Gemeindebehorde ist für die Gewährung der Unterhaltshilfe insofern von besonderer Bedeutung, als die Unterhaltshilfe nach § **39** grundsätzlich vom Monatsersten ab gewährt wird, der auf die Einreichung des Antrags folgt, während dem Eingang des Antrags beim Amt für Soforthilfe keine besondere Wirkung zukommt (vgl SH-DVO Ziff. 5 zu § 59)

5. Mitwirkungspflicht der Gemeindebehörden.

Die Gemeindebehorde, die mit den Verhältnissen des Geschädigten am ehesten vertraut ist, ist verpflichtet, die Anträge nach Eingang insbesondere daraufhin zu überprufen, ob sie die erforderlichen Angaben enthalten und die zur Begründung des Antrags erforderlichen Beweismittel (Flüchtlingsausweis, Abrechnung der Abwicklungsbank usw.) vorhanden sind. Ist der Antrag nicht ausreichend begründet oder fehlen notwendige Angaben, so hat die Gemeindebehörde seine Ergänzung zu veranlassen Sie kann zu diesem Zweck den Antragsteller vorladen und im Benehmen mit ihm die Ergänzung vornehmen. Der vervollständigte Antrag ist mit einer kurzen Stellungnahme der Gemeindebehörde dem Amt für Soforthilfe zuzuleiten. Die Gemeindebehörde kann erforderlichenfalls zu dem Antrag auch die Vertrauensperson der Organisationen der in Betracht kommenden Geschädigtengruppen hören.

§ 60

Entscheidungen über Unterhaltshilfe

(1) **Über Anträge auf Unterhaltshilfe entscheidet der Leiter des Amts für Soforthilfe durch Vorbescheid, wenn dem Antrag auf Grund der Angaben des Antragstellers nach den bestehenden Bestimmungen in vollem Umfange stattgegeben werden kann.**

Gegen den Vorbescheid kann der Beauftragte des Hauptamts für Soforthilfe binnen einer Woche nach Bekanntgabe die Entscheidung des Soforthilfeausschusses anrufen.

(2) Soweit der Leiter des Amts für Soforthilfe nicht endgültig durch Vorbescheid einem Antrag auf Unterhaltshilfe entsprochen hat, erkennt der Soforthilfeausschuß über den Antrag durch Beschluß.

Durchführungs-VO

Zu §§ 60 bis 64

1. Für die Bescheide und Beschlüsse der Soforthilfebehörden sind vorgeschriebene Formblätter zu verwenden. Die Beschaffung der Formblätter bleibt der Regelung durch die Länder vorbehalten.

2. Der Beauftragte ist zu allen Ausschußsitzungen zu laden; die Ausschüsse sind auch beschlußfähig, wenn der Beauftragte zwar geladen, in der Sitzung aber nicht anwesend ist.

Durchführungs-VO

Zu § 60

Entscheidungen über Unterhaltshilfe

Zu § 60 Absatz 1 (Vorbescheid)

1. Anträge, denen durch Vorbescheid ohne weiteres stattgegeben werden kann, sind vorweg zu bearbeiten. Die Entscheidung durch Vorbescheid ist stets zulässig, wenn der Antragsteller sich mit dem Inhalt der beabsichtigten Entscheidung einverstanden erklärt hat.

2. Der Vorbescheid ergeht schriftlich. Aus ihm muß sich ergeben, ob der Geschädigte die Unterhaltshilfe als Flüchtling, Sachgeschädigter, Währungsgeschädigter oder als politisch Verfolgter erhält und worauf die Bewilligung gestützt ist.

3. Der Vorbescheid ist dem Beauftragten und, falls dieser nicht binnen einer Woche nach Bekanntgabe den Soforthilfeausschuß anruft, dem Antragsteller bekanntzugeben. Verzichtet der Beauftragte schon vor dem Ablauf der Frist auf die Anrufung des Soforthilfeausschusses, so kann der Vorbescheid dem Antragsteller alsbald bekanntgegeben werden.

4. Die Bekanntgabe wird durch eingeschriebenen Brief (gegen Rückschein) oder in der Weise bewirkt, daß das Schriftstück dem Empfänger durch das Amt für Soforthilfe oder in dessen Auftrag durch die Gemeindebehörde oder die von der Landesregierung bestimmte entsprechende Behörde gegen datierte Empfangsbestätigung ausgehändigt wird.

Zu § 60 Absatz 2 (Entscheidungen des Soforthilfeausschusses)

5. Dem Antragsteller ist in jedem Falle Gelegenheit zur Stellungnahme zu geben, bevor sein Antrag ganz oder teilweise abgelehnt wird.

6. Aus dem Beschluß des Soforthilfeausschusses muß sich ergeben, ob der Geschädigte die Unterhaltshilfe als Flüchtling, Sachgeschädigter, Währungsgeschädigter oder als politisch Verfolgter erhält.

7. Der Beschluß ist dem Beauftragten und dem Antragsteller bekanntzugeben. Für die Form gilt Ziffer 4.

Erläuterungsübersicht

1. Vorbescheid.

a. Grundsatz. Während uber die Anträge auf Gewährung von Ausbildungshilfe, Aufbauhilfe und Hausrathilfe der Soforthilfeausschuß in erster Instanz entscheidet, läßt das Gesetz im Interesse der Vereinfachung und Beschleunigung des Verfahrens bei Anträgen auf Unterhaltshilfe eine Entscheidung des Leiters des Amts für Soforthilfe durch Vorbescheid zu. Der Vorbescheid führt gleichzeitig zu einer Entlastung des Soforthilfeausschusses. Er ist nur in einfach gelagerten Fällen, deren Entscheidung keine Schwierigkeiten bereitet, zulässig.

b. Zulässigkeit des Vorbescheids.

Durch Vorbescheid kann nur in folgenden beiden Fällen entschieden werden:

aa wenn dem Antrage nach den bestehenden Bestimmungen auf Grund der vom Antragsteller gemächten und ordnungsmäßig begründeten Angaben ohne Einschränkung, d. h. in vollem Umfange, stattgegeben werden kann (§ 60 Abs. 1 Satz 1);

bb wenn der Antragsteller sich mit dem Inhalt der beabsichtigten Entscheidung, die von dem gestellten Antrag abweicht, einverstanden erklärt hat (SH.-DVO. zu § 60 Ziff. 1).

c) Prüfung des Amts für Soforthilfe. Die mit einer Stellungnahme der für die Einreichung des Antrags zuständigen Gemeindebehörde versehenen Anträge sind nach Eingang vom Amt für Soforthilfe zunächst daraufhin zu prüfen, ob die Anträge die erforderlichen Angaben enthalten und mit beweisfähigen Unterlagen hinreichend begründet sind. Unvollständige Anträge sind durch die zuständige Gemeindebehörde oder, falls es für zweckdienlicher gehalten wird, in unmittelbarem Benehmen mit dem Antragsteller zu ergänzen. Nach Ergänzung ist die Berechtigung der Ansprüche des Geschädigten zu prüfen und, sofern die Voraussetzungen für die Gewährung der beantragten Unterhaltshilfe vorliegen, vom Leiter des Amts für Soforthilfe durch Vorbescheid zu entscheiden. Kann dem Antrage nicht in vollem Umfange entsprochen werden, so ist das Einverständnis des Antragstellers mit der beabsichtigten Entscheidung einzuholen und bejahendenfalls durch Vorbescheid zu entscheiden. Anträge, denen durch Vorbescheid ohne weiteres stattgegeben werden kann, sind nach der SH.-DVO. Ziff. 1 zu § 60 vorweg zu bearbeiten. Ist der Antragsteller mit der in Aussicht genommenen Entscheidung nicht einverstanden, so ist, insbesondere im Falle der Ablehnung des Antrags, die Entscheidung des Soforthilfeausschusses vorzubereiten und einzuholen.

d. Form des Vorbescheids. Der Vorbescheid ist schriftlich unter Verwendung eines vorgeschriebenen Formblatts zu erteilen. Aus ihm muß ersichtlich sein, in welcher Geschädigteneigenschaft der Antragsteller die Unterhaltshilfe erhält und worauf die Bewilligung gestützt ist (Alter, Erwerbsunfähigkeit, Bedürftigkeit usw.).

e. Bekanntgabe des Vorbescheids.

aa. An Beauftragten des HfS. Der Vorbescheid ist zunächst dem Beauftragten des HfS. unter Zuleitung der Akten bekanntzugeben. Dadurch soll verhindert werden, daß der Behördenleiter in der Bewilligung der Unterhaltshilfe zu weitherzig verfährt, wodurch der Soforthilfefonds übermäßig belastet würde; denn der Beauftragte des HfS. hat die Möglichkeit, gegen den Vorbescheid binnen einer Woche nach Bekanntgabe die Entscheidung des Soforthilfeausschusses anzurufen.

bb. An Antragsteller. Ruft der Beauftragte des HfS. innerhalb der vorgesehenen Frist von einer Woche den Soforthilfeausschuß nicht an, oder erklärt er schon vor Ablauf der Frist, daß er auf die Anrufung des Ausschusses verzichte, so ist der Vorbescheid endgültig, dem Antragsteller alsbald bekanntzugeben und das Zahlungsverfahren einzuleiten.

cc. Form. Die Bekanntgabe erfolgt durch eingeschriebenen Brief oder durch Aushändigung der Ausfertigung des Vorbescheids gegen datierte Empfangsbescheinigung an den Empfänger durch das Amt für Soforthilfe oder die zuständige Gemeindebehörde (vgl. SH.-DVO. Ziff. 4 zu § 60).

f. Rechtsbehelf. Dem Geschädigten steht gegen den Vorbescheid kein Rechtsmittel zu, da der Bescheid seinem Antrag entspricht oder nur mit seinem Einverständnis ergeht. Der Beauftragte des HfS. kann binnen 1 Woche nach Bekanntgabe die Entscheidung des Soforthilfeausschusses anrufen (§ 60 Abs. 1 Satz 2).

2. Entscheidung des Soforthilfeausschusses.

a Zuständigkeit Über Anträge auf Unterhaltshilfe, denen nicht bereits der Leiter des Amts für Soforthilfe nach § 60 Abs. 1 durch endgültigen Vorbescheid entsprochen hat, entscheidet der beim Amt für Soforthilfe gebildete Soforthilfeausschuß (§ 51). Der Vorbescheid wird endgültig, wenn der Beauftragte des HfS binnen einer Woche nach Bekanntgabe des Bescheids von seiner Befugnis, die Entscheidung des Soforthilfeausschusses anzurufen, keinen Gebrauch gemacht hat

b Rechtsstellung des Ausschusses Der Soforthilfeausschuß entscheidet nach § 69 Abs 1 als Verwaltungsbehorde und ist an die allgemeinen Weisungen des Präsidenten des HfS gebunden

c Beschlußfähigkeit Die Entscheidungen des mit 3 Mitgliedern besetzten Soforthilfeausschusses erfolgen mit Stimmenmehrheit. Zur Wirksamkeit der Beschlußfassung ist die Anwesenheit und Mitwirkung aller Mitglieder erforderlich Fehlt ein Mitglied, so ist der Ausschuß nicht beschlußfähig Das gleiche gilt, wenn der Beauftragte des HfS. in der Ausschußsitzung deshalb nicht anwesend ist, weil seine Ladung versäumt wurde (vgl SH -DVO Ziff 2 zu §§ 60—64) Dem Ausschuß ermangelt ferner die Beschlußfähigkeit, wenn kein Beisitzer die Geschädigtengruppe vertritt, welcher der Antragsteller angehört Dem Vorsitzenden, der von den Beisitzern überstimmt wird, stehen keine Rechtsbehelfe zur Verfügung

d Verfahren Der Soforthilfeausschuß kann auf Grund der Akten entscheiden Er hat von Amts wegen die Erkundigungen einzuziehen, die zur Klärung der Zugehörigkeit des Antragstellers zum Personenkreis der Geschädigten erforderlich sind Der Antragsteller ist andererseits verpflichtet, selbst alle für ihn erreichbaren Unterlagen beizubringen. Mündliche Verhandlung mit dem Antragsteller ist nicht vorgeschrieben, wird aber in der Regel zweckmäßig sein. Der Beauftragte des HfS. ist nach der SH -DVO zu §§ 60—64 Ziff 2 zu allen Ausschußsitzungen zu laden Soll der Antrag ganz oder teilweise abgelehnt werden, so muß dem Antragsteller zuvor Gelegenheit zur Äußerung gegeben werden. Vertretung durch einen Rechtsbeistand ist zugelassen. Im Gegensatz zu den Sitzungen des Beschwerdeausschusses und des Spruchsenats ergehen die Verhandlungen des Soforthilfeausschusses nicht in öffentlicher Sitzung.

Der Ausschuß kann Zeugen und Sachverständige vernehmen. Da er jedoch nur als Verwaltungsbehörde entscheidet, ist er zu einer eidlichen Vernehmung nicht befugt, er muß sich insoweit der Rechtshilfe des zuständigen Amtsgerichts nach § 58 bedienen. Dagegen wird er von dem Antragsteller eine eidesstattliche Versicherung der Richtigkeit seiner Angaben verlangen können Wegen der Gebühren und Kosten des Verfahrens vgl § 67.

e. Form der Entscheidungen. Die Entscheidungen des Soforthilfeausschusses müssen schriftlich begründet werden und mit einer Rechtsmittelbelehrung versehen sein (§ 65). Die Entscheidungen ergehen in der

Form des Beschlusses. Für den Beschluß sind vorgeschriebene Formblätter zu verwenden. Die Unterschrift des Vorsitzenden genügt (vgl. SH.-DVO. zu § 65).

f. Bekanntgabe des Beschlusses. Der Beschluß des Soforthilfeausschusses ist dem Geschädigten und dem Beauftragten des HfS. in der in der SH.-DVO. zu § 60 Ziff. 4 vorgeschriebenen Form bekanntzugeben (vgl. Anm. 1 e, cc).

g. Rechtsbehelf. Gegen den Beschluß des Soforthilfeausschusses ist das Rechtsmittel der Beschwerde gegeben. Das Nähere ist aus den Ausführungen zu § 61 ersichtlich.

§ 61

Beschwerde gegen Entscheidungen über Unterhaltshilfe

Gegen den Beschluß des Soforthilfeausschusses (§ 60 Absatz 2) können der Geschädigte und der Beauftragte des Hauptamts für Soforthilfe binnen zwei Wochen nach Bekanntgabe Beschwerde an den Beschwerdeausschuß einlegen.

Durchführungs-VO

Zu § 61.

Beschwerde gegen Entscheidungen über Unterhaltshilfe

1. Die Beschwerde soll beim Soforthilfeausschuß eingelegt werden; die Frist ist jedoch auch gewahrt, wenn sie rechtzeitig unmittelbar beim Beschwerdeausschuß eingelegt wird. Die Beschwerde kann schriftlich oder zu Protokoll eingereicht werden und ist zu begründen. Sofern die Begründung nicht gleichzeitig mit der Einlegung der Beschwerde erfolgt, kann sie in angemessener Frist nachgeholt werden.

2. Die Sitzungen des Beschwerdeausschusses sind öffentlich.

3. In dem Beschluß des Beschwerdeausschusses ist anzugeben, ob die Rechtsbeschwerde wegen grundsätzlicher Bedeutung der Sache zugelassen wird oder nicht.

4. Ziffer 7 zu § 60 gilt entsprechend.

5. Legt der Beschwerdeausschuß, statt selbst zu entscheiden, gemäß § 62 Absatz 3 die Beschwerde als Rechtsbeschwerde wegen grundsätzlicher Bedeutung der Sache unmittelbar dem Spruchsenat vor, so ist dies dem Antragsteller und dem Beauftragten mit kurzer Begründung bekanntzugeben.

Erläuterungsübersicht

1. Rechtsmittel der Beschwerde
   a. Beschwerderecht
   b. Beschwerdefrist
   c. Form
2. Wirkung der Beschwerde
3. Rechtsstellung des Beschwerdeausschusses
4. Verfahren

a. Abgabe an Spruchsenat
b. Erhebung einer Zulassungsgebühr
c. Beschlußfähigkeit des Ausschusses
d. Verfahren im engeren Sinn
e. Form der Entscheidungen
f. Bekanntgabe des Beschlusses

5. Rechtsbehelf

1. Rechtsmittel der Beschwerde.

Gegen die Beschlüsse des Soforthilfeausschusses uber Anträge auf Unterhaltshilfe ist das Rechtsmittel der förmlichen Beschwerde an den beim LfS. gebildeten Beschwerdeausschuß (vgl. § 53) gegeben.

a. Beschwerderecht. Zur Einlegung der Beschwerde sind der durch die Entscheidung des Soforthilfeausschusses beschwerte Geschädigte und der Beauftragte des HfS. (vgl. § 57) befugt.

b. Beschwerdefrist. Die Beschwerdefrist beträgt 2 Wochen. Sie beginnt mit der Bekanntgabe des Beschlusses des Soforthilfeausschusses an den Geschädigten bzw. den Beauftragten des HfS. Die Bekanntgabe erfolgt nach der SH.-DVO. zu § 60 Ziff. 7 durch eingeschriebenen Brief gegen Rückschein oder Aushändigung der Ausfertigung des Beschlusses an den Empfänger gegen datierte Empfangsbescheinigung. Wiedereinsetzung in den vorigen Stand bei schuldloser Versäumung der Frist ist nach verwaltungsgerichtlichen Grundsätzen zulässig.

c. Form. Die Beschwerde kann schriftlich oder auch mündlich zu Protokoll eingereicht werden. Sie ist zu begründen; die Begründung kann in angemessener Frist nachgeholt werden. Die Beschwerde soll beim Soforthilfeausschuß, kann aber auch unmittelbar beim Beschwerdeausschuß eingelegt werden.

Erachtet der Soforthilfeausschuß die Beschwerde für begründet, so wird er ihr — mangels einer entsprechenden Vorschrift (vgl. z. B. § 22 Abs. 3 Satz 2 KSSchVO.) — nicht abhelfen und etwa eine neue Entscheidung treffen können.

2. Wirkung der Beschwerde.

Die Beschwerde hat nach § 66 aufschiebende Wirkung, um Rückzahlungen tunlichst zu vermeiden.

3. Rechtsstellung des Beschwerdeausschusses.

Der Beschwerdeausschuß entscheidet nach § 69 Abs. 2 als Verwaltungsgericht; seine Mitglieder sind daher als solche unabhängig und nur dem Gesetz unterworfen (vgl. Anm. zu § 69).

4. Verfahren.

a. Abgabe an Spruchsenat. Will der Beschwerdeausschuß wegen der grundsätzlichen Bedeutung der zur Entscheidung stehenden Frage über die Beschwerde nicht selbst entscheiden, so kann er sie nach § 62

Abs. 3 als Rechtsbeschwerde dem Spruchsenat unmittelbar vorlegen. Antragsteller und Beauftragter des HfS. sind in diesem Falle mit kurzer Begründung zu unterrichten.

b. Erhebung einer Zulassungsgebühr. Der Vorsitzende des Beschwerdeausschusses kann nach § 67 die Zulassung der Beschwerde von der Entrichtung einer Gebühr von 10.— DM abhängig machen, wenn die Rechtsverfolgung keine Aussicht auf Erfolg bietet.

c. Beschlußfähigkeit des Ausschusses. Die Ausführungen zu § 60 Anm. 2 c gelten entsprechend.

d. Verfahren im engeren Sinn. Der Beschwerdeausschuß wird in der Regel nach Lage der Akten entscheiden. Mündliche Verhandlung ist nicht vorgeschrieben, wird aber mitunter zweckmäßig sein. Anwaltszwang besteht nicht. Anwälte sind zur Vertretung zugelassen. Die Sitzungen sind öffentlich. Zu allen Ausschußsitzungen ist der Beauftragte des HfS. nach der SH.-DVO. Ziff. 2 zu §§ 60—64 zu laden. Da der Ausschuß als Verwaltungsgericht entscheidet, wird er zu einer eidlichen Vernehmung von Zeugen und Sachverständigen befugt sein. Wegen der Gebühren und Kosten des Verfahrens vgl. § 67.

e. Form der Entscheidungen. Die Entscheidungen des Beschwerdeausschusses sind nach § 65 schriftlich zu begründen. In dem Beschluß, für den vorgeschriebene Formblätter zu verwenden sind, ist anzugeben, ob er endgültig ist oder ob die Rechtsbeschwerde wegen grundsätzlicher Bedeutung der Sache zugelassen wird (SH.-DVO. Ziff. 3 zu § 61). Die Entscheidungen müssen von den drei mitwirkenden Mitgliedern des Beschwerdeausschusses unterzeichnet werden.

f. Bekanntgabe des Beschlusses. Der Beschluß ist dem Beschwerdeführer und dem Beauftragten des HfS. in der in der SH.-DVO zu § 60 Ziff. 4 vorgeschriebenen Form bekanntzugeben (vgl. SH.-DVO. Ziff. 4 zu § 61).

5. Rechtsbehelf.

Wegen der Zulässigkeit der Rechtsbeschwerde gegen den Beschluß des Beschwerdeausschusses vgl. § 62.

§ 62

Rechtsbeschwerde gegen Entscheidungen über Unterhaltshilfe

(1) Gegen den Beschluß des Beschwerdeausschusses (§ 61) kann der Geschädigte Rechtsbeschwerde an den Spruchsenat einlegen, wenn der Beschwerdeausschuß die Rechtsbeschwerde wegen grundsätzlicher Bedeutung der Sache zugelassen hat.

(2) Der Beauftragte des Hauptamts für Soforthilfe kann gegen den Beschluß des Beschwerdeausschusses Rechtsbeschwerde an den Spruchsenat auch dann einlegen, wenn der Beschwerdeaus-

schuß die Rechtsbeschwerde nicht zugelassen hat, der Sache aber nach Auffassung des Beauftragten des Hauptamts für Soforthilfe grundsätzliche Bedeutung zukommt.

(3) Der Beschwerdeausschuß kann die ihm vorgelegte Beschwerde wegen grundsätzlicher Bedeutung der Sache auch unmittelbar als Rechtsbeschwerde dem Spruchsenat vorlegen.

(4) Die Rechtsbeschwerde ist binnen zwei Wochen nach Bekanntgabe des Beschlusses des Beschwerdeausschusses einzulegen.

Durchführungs-VO

Zu § 62.

Rechtsbeschwerde gegen Entscheidungen über Unterhaltshilfe

1. Für die Form der Einlegung der Rechtsbeschwerde gilt Ziffer 1 zu § 61 entsprechend.

2. Die Sitzungen des Spruchsenats sind öffentlich.

SHG.-Anleitung (Ziff. 20)

20. Rechtsbeschwerde gegen Entscheidungen über Unterhaltshilfe (§ 62)

Der Beschwerdeausschuß hat, wenn gegen seinen Beschluß Rechtsbeschwerde eingelegt ist oder wenn er eine Beschwerde, ohne selbst zu entscheiden, als Rechtsbeschwerde weitergibt, die Vorgänge dem Spruchsenat mit eigener Stellungnahme vorzulegen.

Erläuterungsübersicht

1. Grundsatz der nur einmaligen Überprüfung
2. Anrufung des Spruchsenats
   a. durch den Geschädigten
   b. durch den Beauftragten des HfS.
   c. durch den Beschwerdeausschuß
3. Rechtsmittelfrist
4. Form der Einlegung der Rechtsbeschwerde
5. Wirkung der Rechtsbeschwerde
6. Rechtsstellung des Spruchsenats
7. Verfahren

1. Grundsatz der nur einmaligen Überprüfung.

Das Gesetz geht davon aus, daß die Zulassung eines Rechtsmittels in Form der Beschwerde an den Beschwerdeausschuß im Verfahren über Anträge auf Unterhaltshilfe zur Wahrung der Rechtssicherheit im allgemeinen ausreichend sei. Es sieht daher eine weitere Beschwerde nicht vor. Um jedoch eine einheitliche Rechtsprechung im Währungsgebiet zu erzielen, wird die Rechtsbeschwerde an den beim HfH. gebildeten Spruchsenat (vgl. § 56) in Fällen von grundsätzlicher Bedeutung, insbesondere bei schwierigen Rechtsfragen, zugelassen.

2. Anrufung des Spruchsenats.

Zur Einlegung der Rechtsbeschwerde sind befugt:

a. Der Geschädigte, wenn der Beschwerdeausschuß die Rechtsbeschwerde wegen grundsätzlicher Bedeutung der Sache zugelassen hat. Der Beschwerdeausschuß muß in seinem Beschluß jeweils angeben, ob die Rechtsbeschwerde zugelassen wird oder nicht.

b. Der Beauftragte des HfS., wenn er glaubt, daß der Sache grundsätzliche Bedeutung zukommt. Er wird im Interesse der Wahrung der Rechtseinheit stets dann Rechtsbeschwerde einlegen, wenn die beanstandete Entscheidung von der bisherigen Rechtsprechung des Spruchsenats abweicht.

c. Der Beschwerdeausschuß, wenn er über die Beschwerde wegen der grundsätzlichen Bedeutung der zur Entscheidung stehenden Frage nicht selbst entscheiden will.

3. Rechtsmittelfrist.

Die Rechtsbeschwerde ist innerhalb von 2 Wochen nach Bekanntgabe des Beschlusses des Beschwerdeausschusses beim Spruchsenat einzulegen. Wegen der Form der Bekanntgabe vgl. SH.-DVO. zu § 61 Ziff. 4. Die Rechtsbeschwerde muß beim Spruchsenat eingelegt werden. Obwohl die SH.-DVO. Ziff. 1 zu § 62 nur bezüglich der Form auf die entsprechende Vorschrift der DVO. zu § 61 verweist, wird die Rechtsmittelfrist wohl auch gewahrt sein, wenn die Rechtsbeschwerde versehentlich beim Beschwerdeausschuß eingelegt worden ist. Bei schuldloser Versäumung der Frist ist Wiedereinsetzung in den vorigen Stand nach verwaltungsgerichtlichen Grundsätzen (vgl. § 69 Abs. 2) zulässig.

4. Form der Einlegung der Rechtsbeschwerde.

Die Rechtsbeschwerde kann schriftlich eingereicht oder auch mündlich zu Protokoll gegeben werden. Sie ist zu begründen; die Begründung kann in angemessener Frist nachgeholt werden.

5. Wirkung der Rechtsbeschwerde.

Die Rechtsbeschwerde hat nach § 66 aufschiebende Wirkung.

6. Rechtsstellung des Spruchsenats.

Der Spruchsenat entscheidet nach § 69 Abs. 2 als Verwaltungsgericht (vgl. Anm. zu § 69). Seine Mitglieder genießen richterliche Unabhängigkeit.

7. Verfahren.

Mündliche Verhandlung ist nicht vorgeschrieben. Es besteht kein Anwaltszwang. Vertretung durch Anwälte ist zugelassen. Die Sitzungen des Spruchsenats sind öffentlich. Wegen der Beschlußfähigkeit wird auf die Ausführungen zu § 60 Anm. 2c verwiesen, die entsprechend gelten.

Der Spruchsenat ist als Verwaltungsgericht zur eidlichen Vernehmung von Zeugen und Sachverständigen befugt. Seine Entscheidungen sind nach § 65 schriftlich zu begründen und müssen von den 5 mitwirkenden Mitgliedern des Spruchsenats unterzeichnet werden. Die Entscheidungen des Spruchsenats sind endgültig. Wegen der Gebühren und Kosten des Verfahrens vgl. § 67.

§ 63

Entscheidungen in sonstigen Fällen

Über Anträge auf Ausbildungshilfe, Aufbauhilfe und Hausrathilfe entscheidet der Soforthilfeausschuß durch Bescheid.

Durchführungs-VO

Zu § 63.

Entscheidungen in sonstigen Fällen

1. Der Bescheid nach § 63 ist zu begründen. Bei Ablehnung genügt zur Begründung die Feststellung, daß der Umfang der verfügbaren Mittel die Berücksichtigung des Antrags nicht zugelassen habe.

2. Der Bescheid hat die Belehrung zu enthalten, daß ein Rechtsmittel nicht gegeben sei, daß aber der Antragsteller die Entscheidung des Beschwerdeausschusses anrufen könne, wenn er beweiserhebliche Tatsachen dafür vorzubringen vermöge, daß der Bescheid auf einem Ermessensmißbrauch beruhe.

3. Der in Aussicht genommene Bescheid ist vor der Bekanntgabe an den Antragsteller zur Kenntnis des Beauftragten zu bringen. Teilt der Beauftragte binnen 10 Tagen unter Begründung mit, daß nach seiner Auffassung der Bescheid einen Ermessensmißbrauch darstelle, so hat der Soforthilfeausschuß den Bescheid nochmals zu überprüfen und gegebenenfalls abzuändern. Nach Ablauf der Frist, gegebenenfalls nach nochmaliger Prüfung, ist der Bescheid dem Antragsteller bekanntzugeben.

4. Für die Form der Bekanntgabe gilt Ziffer 4 zu § 60.

5. Ist durch Bescheid die Gewährung von Soforthilfe ausgesprochen, so hat sie der Leiter des Amts für Soforthilfe zu veranlassen, wenn nicht binnen 2 Wochen nach Bekanntgabe die Entscheidung des Beschwerdeausschusses angerufen worden ist. Wird die Entscheidung nachträglich angerufen, so werden bis dahin noch nicht bewirkte Leistungen ausgesetzt.

SHG.-Anleitung (Ziff. 21)

21. Entscheidungen in sonstigen Fällen, Anrufung des Beschwerdeausschusses in sonstigen Fällen (§§ 63, 64)

Rechtsbeschwerde an den Spruchsenat ist in diesen Fällen nicht zulassig.

1. Grundsatz.

Während der Soforthilfeausschuß uber Anträge auf Unterhaltshilfe durch beschwerdefähigen Beschluß entscheidet, befindet er über die übrigen Einzelhilfen (Ausbildungshilfe, Aufbauhilfe und Hausrathilfe) durch „Bescheid“. Denn es handelt sich hier um Leistungen, die nach freiem Ermessen „im Rahmen der verfügbaren Mittel“ gewährt werden, also um reine Ermessensentscheidungen.

2. Rechtsstellung des Ausschusses.

Vgl. § 60 Anm. 2 b.

3. Verfahren.

Wegen des Verfahrens und der Beschlußfähigkeit des Ausschusses vgl. § 60 Anm. 2 c und d.

Über den beabsichtigten Bescheid ist der Beauftragte des HfS. zu unterrichten. Teilt dieser binnen 10 Tagen unter Darlegung der Gründe mit, daß die in Aussicht genommene Entscheidung nach seiner Auffassung einen Ermessensmißbrauch darstelle, so hat der Ausschuß den Bescheid nochmals zu überprüfen und gegebenenfalls abzuändern. Nach Ablauf der Frist bzw. nach nochmaliger Überprüfung ist der Bescheid dem Antragsteller in der in SH.-DVO. Ziff. 4 zu § 60 vorgeschriebenen Form bekanntzugeben (SH.-DVO. Ziff. 3 und 4 zu § 63).

4. Form und Inhalt des Bescheides.

Der Bescheid des Soforthilfeausschusses ergeht schriftlich unter Verwendung vorgeschriebener Formblätter. Er ist nach § 65 zu begründen. Zur Begründung der Ablehnung des Antrages genügt die Feststellung, daß „der Umfang der verfügbaren Mittel die Berücksichtigung des Antrags nicht zugelassen habe“ (vgl. SH.-DVO. Ziff. 1 zu § 63). Der Bescheid hat eine Belehrung über den zulässigen Rechtsbehelf zu enthalten. Sie besteht darin, daß der Antragsteller die Entscheidung des Beschwerdeausschusses anrufen könne, wenn er beweiserhebliche Tatsachen dafür vorzubringen vermöge, daß der Bescheid auf einem Ermessensmißbrauch beruhe (SH.-DVO. Ziff. 2 zu § 63). Die Unterschrift des Vorsitzenden genügt (vgl. SH.-DVO. zu § 65).

5. Rechtsbehelf gegen den Bescheid.

Gegen den Bescheid des Soforthilfeausschusses ist die „Anrufung“ des Beschwerdeausschusses zur Nachprüfung darüber zulässig, ob ein Ermessensmißbrauch vorliegt (vgl. § 64). Die Anrufung ist an keine Frist gebunden. Rechtsbeschwerde an den Spruchsenat ist in diesem Falle nicht zulässig.

§ 64

Anrufung des Beschwerdeausschusses in sonstigen Fällen

Gegen den Bescheid des Soforthilfeausschusses (§ 63) können der Geschädigte und der Beauftragte des Hauptamts für Soforthilfe zur Nachprüfung, ob ein Ermessensmißbrauch vorliegt, die Entscheidung des Beschwerdeausschusses anrufen.

Durchführungs-VO

Zu § 64.

Anrufung des Beschwerdeausschusses in sonstigen Fällen

1. Die Entscheidung des Beschwerdeausschusses (Ziffer 2 zu § 63) kann nur schriftlich angerufen werden.

2. Die Sitzungen des Beschwerdeausschusses sind öffentlich.

3. Im Falle der Ablehnung einer vom Geschädigten beantragten Abänderung des Bescheides genügt zur Begründung die Feststellung, daß ein Ermessensmißbrauch seitens des Soforthilfeausschusses nicht festgestellt sei.

4. Entscheidet der Beschwerdeausschuß, daß ein Ermessensmißbrauch vorliege, so hat er die Angelegenheit zu erneuter Entscheidung an den Soforthilfeausschuß zurückzuverweisen.

5. Die Entscheidung ist dem Beauftragten und dem Beschwerdeführer bekanntzugeben. Für die Form der Bekanntgabe gilt Ziffer 4 zu § 60.

Erläuterungsübersicht

1. Grundsatz
2. Wirkung der Anrufung
3. Rechtsstellung des Beschwerdeausschusses
4. Ermessensmißbrauch
5. Verfahren
   a. Erhebung einer Zulassungsgebühr
   b. Verfahren im engeren Sinn
   c. Form der Entscheidungen
   d. Bekanntgabe der Entscheidungen
6. Wirkung der Entscheidung

1. Grundsatz.

Im Gegensatz zur Unterhaltshilfe steht dem Geschädigten auf die im § 63 erwähnten Arten der Soforthilfe kein Rechtsanspruch zu. Da ihre Gewährung von dem Vorhandensein ausreichender Mittel abhängt und im pflichtgemäßen Ermessen des Soforthilfeausschusses steht, dessen Entscheidungen nach Zweckmäßigkeitserwägungen getroffen werden, kann sich die Nachprüfung des Beschwerdeausschusses nur darauf erstrecken, ob ein Ermessensmißbrauch vorliegt. Würde der Beschwerdeausschuß die Ermessensentscheidungen des als Verwaltungsbehörde fungierenden Soforthilfeausschusses in vollem Umfange überprüfen, so würde er zur mitverwaltenden „Oberverwaltungsbehörde" werden.

Die Anrufung des beim LfS. gebildeten Beschwerdeausschusses (§ 53) hat schriftlich zu erfolgen. Dieser Rechtsbehelf steht dem Geschädigten und dem Beauftragten des HfS. zu. Die Anrufung ist an keine Frist gebunden.

2. Wirkung der Anrufung.

Die Anrufung des Beschwerdeausschusses hat nach § 66 aufschiebende Wirkung. Leistungen der Soforthilfe, die bis zur Anrufung noch nicht bewirkt worden sind, sind auszusetzen (vgl. SH.-DVO. Ziff. 5 Satz 2 zu § 63).

3. Rechtsstellung des Beschwerdeausschusses.

Vgl. § 61 Anm. 3.

4. Ermessensmißbrauch liegt nach allgemeiner Rechtsauffassung vor, wenn von dem Ermessen nicht im Sinne des Gesetzes Gebrauch gemacht worden ist. Ein solcher „Ermessensfehler" ist gegeben, wenn die im Ergebnis nicht beanstandbare Entscheidung auf rechtsirrigen oder gesetzwidrigen Erwägungen (z. B. auf unsachlichen Motiven) beruht, wenn sich der Soforthilfeausschuß irrtümlich an die Festsetzung einer bestimmten Höhe der beantragten Hilfe gebunden glaubt, obwohl der Präsident des HfS. höhere Höchstbeträge festgesetzt hatte, wenn sich die beanstandete Entscheidung nicht im Rahmen der vom Präsidenten des HfS. erteilten allgemeinen Weisungen hält, wenn der Soforthilfeausschuß irrigerweise die zur Verfügung stehenden Mittel für erschopft hält, wenn die vom Gesetz als berücksichtigungswert gewollten Umstände nicht berücksichtigt worden sind (vgl. hierzu Jellinek, Verwaltungsrecht, S. **36**ff.).

5. Verfahren.

a. Erhebung einer Zulassungsgebühr. Der Vorsitzende des Beschwerdeausschusses kann nach § 67 die Zulassung der Anrufung von der Entrichtung einer Gebühr von 10.— DM abhängig machen, wenn die Rechtsverfolgung keine Aussicht auf Erfolg bietet.

b. Verfahren im engeren Sinn. Wegen des Verfahrens i. e. S. und der Beschlußfähigkeit des Ausschusses wird auf die Ausführungen zu § 60 Anm. 2 c und d verwiesen.

c. Form der Entscheidungen. Die Entscheidungen sind nach § 65 schriftlich zu begründen. Im Falle der Ablehnung einer vom Beschwerdeführer beantragten Abänderung des Bescheids genügt zur Begründung die Feststellung, daß ein Ermessensmißbrauch seitens des Soforthilfeausschusses nicht festgestellt sei. (SH.-DVO. Ziff. **3** zu § **64**.)

Wird der Beschwerde stattgegeben, so hat der Beschwerdeausschuß die Angelegenheit zur erneuten Entscheidung an den Soforthilfeausschuß zurückzuweisen (SH.-DVO. Ziff. 4 zu § 64).

d. Bekanntgabe der Entscheidungen. Die Entscheidung des Beschwerdeausschusses ist dem Beschwerdeführer und dem Beauftragten in der in der SH.-DVO. Ziff. 4 zu § 60 vorgesehenen Form bekanntzugeben.

6. Wirkung der Entscheidung.

Die Entscheidung des Beschwerdeausschusses ist endgültig. Dies schließt jedoch nach allgemein anerkannten Verwaltungsgrundsätzen nicht aus, daß gegen eine ablehnende Entscheidung die Dienstaufsichtsbeschwerde an den Präsidenten des HfS. oder an die Dienstaufsichtsbehörde des Leiters des Beschwerdeausschusses erhoben werden kann.

§ 65

Form der Entscheidungen

Die Entscheidungen des Soforthilfeausschusses, des Beschwerdeausschusses und des Spruchsenats sind schriftlich zu begründen. Entscheidungen gemäß § 60 Absatz 2 und § 61 müssen eine Belehrung über den zulässigen Rechtsbehelf enthalten.

Durchführungs-VO

Zu § 65.

Form der Entscheidungen

Für die Entscheidungen des Soforthilfeausschusses ist die Unterschrift des Vorsitzenden ausreichend. Entscheidungen des Beschwerdeausschusses oder des Spruchsenats sind von sämtlichen mitwirkenden Mitgliedern zu unterzeichnen.

1. Begründung.

Die Bescheide und Beschlüsse der Ausschüsse sowie die Entscheidungen des Spruchsenats sind schriftlich zu begründen. Vgl. hierzu auch SH.-DVO Ziff. 1 zu § 63 und Ziff. 3 zu § 64.

2. Rechtsmittelbelehrung.

Die Beschlüsse des Soforthilfeausschusses über Anträge auf Unterhaltshilfe sowie die Entscheidungen des Beschwerdeausschusses über solche Anträge müssen mit einer Rechtsmittelbelehrung versehen sein.

Aber auch die „Bescheide" des Soforthilfeausschusses nach § 63 haben eine Belehrung über den zulässigen Rechtsbehelf nach der SH.-DVO Ziff. 2 zu § 63 zu enthalten.

§ 66

Aufschiebende Wirkung

Die Beschwerde nach § 61, die Rechtsbeschwerde nach § 62 und die Anrufung des Beschwerdeausschusses nach § 64 haben aufschiebende Wirkung.

Die Amtl. Begründung (S. 1057) bemerkt dazu folgendes: „Es war notwendig, der Beschwerde- und Rechtsbeschwerdeentscheidung aufschiebende Wirkung beizulegen, damit Rückzahlungen tunlichst vermieden werden. Insofern liegt die Bestimmung auch im Interesse der Geschädigten selbst."

§ 67

Gebühren

Das Verfahren ist gebührenfrei. Der Vorsitzende des Beschwerdeausschusses kann jedoch die Zulassung eines Rechtsbehelfs von

der Entrichtung einer Gebühr von 10 Deutschen Mark abhängig machen, wenn die Rechtsverfolgung keine Aussicht auf Erfolg bietet. Die Gebühr wird erstattet, soweit endgültig im Sinne des Antrages entschieden ist.

Durchführungs-VO.

Zu § 67.

Gebühren

1. Die Gebühr fällt, sofern sie nicht nach § 67 Satz 3 erstattet wird, derjenigen Gebietskörperschaft zu, die nach § 78 die Verwaltungskosten zu tragen hat.

2. Kosten, die durch die Beibringung von Zeugnissen, die Anhörung von Zeugen oder sonst durch Maßnahmen entstehen, die der Begründung des Antrages dienen, trägt der Antragsteller selbst; soweit die Soforthilfebehörden jedoch besondere Erhebungen, insbesondere die Anhörung von Sachverständigen, für notwendig halten, können die Kosten der Gebietskörperschaft auferlegt werden, die nach § 78 die Verwaltungskosten zu tragen hat. Die Kosten eines etwa beauftragten Rechtsbeistandes trägt in jedem Fall der Antragsteller.

SHG.-Anleitung (Ziff. 22)

22. Gebühren (§ 67)

Die Gebührenregelung des § 67 Satz 2 gilt nicht nur bei Beschwerden gegen Entscheidungen über Unterhaltshilfe, sondern auch bei Anrufung des Beschwerdeausschusses in sonstigen Fällen.

1. Gerichtsgebühren.

Mit Rücksicht auf die bedrängte Lage der die Soforthilfeleistungen beantragenden Personen ist das Verfahren in allen Instanzen grundsätzlich gebührenfrei. Um jedoch offensichtlich unbegründete Beschwerden möglichst fernzuhalten, kann die Einlegung der Beschwerde und die Anrufung des Beschwerdeausschusses von der Entrichtung einer mäßigen Gebühr abhängig gemacht werden, die bei erfolgreichen Beschwerden zurückerstattet wird.

2. Sonstige Verfahrenskosten.

Die Vorschrift der SH.-DVO. Ziff. 2 zu § 67, wonach Kosten, die durch Maßnahmen entstehen, die der ordnungsmäßigen Begründung des Antrags dienen (z. B. Beibringung von Zeugnissen, Vernehmung von Zeugen), grundsätzlich vom Antragsteller zu tragen sind, wird für zahlreiche Geschädigte, die sich in einer Notlage befinden, eine unbillige Härte bilden. Dies gilt namentlich für Sachgeschädigte, die ihre Vermögenswerte verloren haben und gezwungen werden sollen, auf ihre Kosten die anspruchsbegründenden Unterlagen zu beschaffen.

3. Anwaltskosten.

Die Kosten der Vertretung durch einen Anwalt oder einen sonstigen beauftragten Rechtsbeistand hat der Antragsteller in jedem Falle selbst zu tragen.

§ 68

Verfahren bei nachträglichen Veränderungen

(1) **Fallen nachträglich die Voraussetzungen der Unterhaltshilfe ganz oder teilweise weg, so verfügt der Leiter des Amts für Soforthilfe die völlige oder teilweise Einstellung weiterer Leistungen.**

(2) **Ergeben sich nachträglich Umstände, aus denen zu entnehmen ist, daß der Antragsteller eine Entscheidung zu seinen Gunsten durch unrichtige oder unvollständige Angaben herbeigeführt hat, so verfügt der Leiter des Amts für Soforthilfe die Rückzahlung schon bewirkter Leistungen und die Einstellung weiterer Leistungen.**

(3) **Gegen Verfügungen gemäß Absatz 1 und 2 kann der Geschädigte binnen zwei Wochen nach Bekanntgabe die Entscheidung des Soforthilfeausschusses anrufen. Für das weitere Verfahren gelten die §§ 60 ff.; § 66 findet jedoch keine Anwendung.**

Durchführungs-VO

Zu § 68.

Verfahren bei nachträglichen Veränderungen

Ändern sich die Voraussetzungen der Unterhaltshilfe zugunsten des Geschädigten (z. B. durch Geburt eines Kindes oder durch Wegfall bisher angerechneter Renten), so hat der Geschädigte einen neuen Antrag zu stellen, der nach den §§ 59 ff. zu behandeln ist.

SHG.-Anleitung (Ziff. 23)

23. Verfahren bei nachträglichen Veränderungen (§ 68)

(1) *Der in § 68 Absatz 1 vorgesehene Fall ist beispielsweise gegeben, wenn der Geschädigte den notwendigen Lebensbedarf für sich und seine unterhaltsberechtigten Angehörigen wieder aus eigenen Kräften und Mitteln beschaffen kann, wenn ein unterhaltsberechtigtes Kind das 15. bzw. 18. Lebensjahr vollendet oder seine Ausbildung abgeschlossen hat,. oder wenn der Geschädigte später anrechnungspflichtige Renten erhält, die im Bescheid oder Beschluß noch nicht berücksichtigt waren.*

(2) *Der Fall des § 68 Absatz 2 ist nicht nur gegeben, wenn der Antragsteller vorsätzlich unrichtige oder unvollständige Angaben gemacht, sondern auch dann, wenn er es versehentlich unterlassen hat, für die Entscheidung wesentliche Punkte richtig und vollständig anzugeben oder nachträglich anzuzeigen. Auf Ziffer 13 dieser Anleitung wird hingewiesen.*

(3) *Verfügt der Leiter des Amtes für Soforthilfe die Einstellung weiterer Zahlungen nach § 68 Absatz 1 und 2, so unterbleiben weitere Auszahlungen mit sofortiger Wirkung, auch wenn der Geschädigte von einem Rechtsbehelf nach § 68 Absatz 3 Gebrauch macht. Wird die Rückzahlung schon bewirkter Leistungen nach § 68 Absatz 2 verfügt, so kann ein Verwaltungszwangsverfahren erst eingeleitet werden, wenn die Verfügung endgültig ist.*

Erläuterungsübersicht

1. Einstellung der Unterhaltshilfe
2. Anzeigepflicht
3. Rückzahlung bewirkter Leistungen der Soforthilfe

4. Verfügung des Leiters des Amts für Soforthilfe
5. Nachträgliche Änderungen zugunsten des Geschädigten

1. Einstellung der Unterhaltshilfe infolge nachträglicher Veränderungen zuungunsten des Geschädigten.

Die Leistungen der Unterhaltshilfe werden ganz oder teilweise eingestellt, wenn ihre Voraussetzungen nachträglich ganz oder teilweise entfallen. Dies trifft z. B. zu, wenn ein zuschlagsberechtigtes Kind das 15. bzw. das 18. Lebensjahr vollendet oder seine Ausbildung abgeschlossen hat oder wenn der Geschädigte später anrechnungspflichtiges Vermögen (z. B. im Erbgang, durch Schenkung) oder Einkommen (z. B. Renten) erhält, das im Vorbescheid oder im Beschluß noch nicht berücksichtigt war. Die Tatsache, daß der Geschädigte den notwendigen Lebensbedarf für sich und seine unterhaltsberechtigten Angehörigen wieder aus eigenen Kräften und Mitteln beschaffen kann, kann dann zu einer Einstellung der Unterhaltshilfe führen, wenn ein erwerbsunfähiger Unterhaltshilfeempfänger wieder arbeitsfähig wird. Die nachträgliche Erlangung von Arbeitseinkommen allein bildet jedoch keine nachträgliche Veränderung i. S. des § 68, da Arbeitseinkünfte, die nach Festsetzung der Unterhaltshilfe erworben werden, gemäß § 36 Abs. 4 auf die Unterhaltshilfe nicht angerechnet werden.

Die Einstellung erfolgt mit Wirkung von dem Monatsersten ab, der dem Monat folgt, in dem der die Unterhaltshilfe berührende Umstand eingetreten ist (§ 41 Abs. 2). Vollendet ein zuschlagsberechtigtes Kind am 27. Dezember 1949 das 18. Lebensjahr, so wird der Zuschlag mit Wirkung vom 1. Januar 1950 ab eingestellt.

2. Anzeigepflicht.

Wegen der Pflicht des Anspruchsberechtigten, nachträglieh eintretende Umstände, die die Unterhaltshilfe berühren, anzuzeigen: vgl. § 41.

3. Rückzahlung bewirkter Leistungen der Soforthilfe.

Bewirkte Leistungen (der Unterhaltshilfe und der sonstigen Hilfen) müssen zurückgezahlt werden, wenn sich nachträglich herausstellt, daß der Antragsteller durch unrichtige oder unvollständige Angaben diese Leistungen erhalten hat, die Voraussetzungen für ihre Gewährung also nicht vorliegen (§ 68 Abs. 2). Verschulden des Antragstellers ist dabei nicht erforderlich. § 68 Abs. 2 findet auch dann Anwendung, wenn es der Antragsteller versehentlich unterlassen hat, für die Entscheidung wesentliche Tatsachen richtig und vollständig anzugeben oder nachträglich nach § 41 Abs. 2 anzuzeigen.

4. Verfügung des Leiters des Amts für Soforthilfe.

Die Einstellung der Leistungen sowie die Rückzahlung bewirkter Leistungen verfügt der Leiter des Amts für Soforthilfe. Gegen solche Verfügungen kann der Geschädigte binnen 2 Wochen nach Bekanntgabe die Entscheidung des Soforthilfeausschusses anrufen, der durch Beschluß befindet, falls es sich um eine Angelegenheit der Unterhaltshilfe handelt, andernfalls durch Bescheid. Gegen die Entscheidungen des Soforthilfeausschusses sind dieselben Rechtsbehelfe zugelassen, wie gegen die ursprüngliche Entscheidung selbst.

Ein nach § 68 Abs. 3 eingelegter Rechtsbehelf hat jedoch abweichend von § 66 keine aufschiebende Wirkung, d. h. die Verfügung des Leiters des Amts für Soforthilfe uber die sofortige Einstellung der Zahlungen bleibt bestehen, solange sie nicht durch rechtskräftige Entscheidung aufgehoben ist. Dagegen kann die Rückzahlung bereits bewirkter Leistungen im Verwaltungszwangsverfahren erst erzwungen werden, wenn die Verfügung endgültig ist.

5. Nachträgliche Änderungen zugunsten des Geschädigten.

Treten nachträglich Umstände ei die eine Änderung der Entscheidung über die Gewährung der Unterhaltshilfe zugunsten des Geschädigten rechtfertigen (z. B. durch Geburt eines Kindes, durch Verheiratung oder durch Wegfall bisher angerechneter Renten), so hat der Geschädigte einen neuen Antrag zu stellen, der nach den §§ 59 ff. zu behandeln ist (vgl. SH.-DVO. zu § 68). Wegen des Zeitpunkts, von dem ab der nachträgliche Umstand zu berücksichtigen ist: vgl. § 41 Abs. 2.

§ 69

Rechtsschutz

(1) **Der Soforthilfeausschuß entscheidet nach den allgemeinen Weisungen des Präsidenten des Hauptamts für Soforthilfe als Verwaltungsbehörde.**

(2) **Der Beschwerdeausschuß und der Spruchsenat entscheiden als Verwaltungsgerichte; ihre Mitglieder sind daher als solche unabhängig und nur dem Gesetz unterworfen.**

(3) **Das Verfahren vor den ordentlichen Gerichten ist für die Geltendmachung von Ansprüchen nach dem Zweiten Teil dieses Gesetzes ausgeschlossen.**

Erläuterungsübersicht

1. Charakter des Soforthilfeausschusses
2. Charakter des Beschwerdeausschusses und des Spruchsenats
   a. Verwaltungsgerichte
   b. Richterliche Unabhängigkeit
3. Verfahren vor dem Beschwerdeausschuß und dem Spruchsenat
4. Ausschluß des ordentlichen Rechtswegs
5. Ausschluß der allgemeinen Verwaltungsgerichte

1. Charakter des Soforthilfeausschusses.

Der Soforthilfeausschuß entscheidet nicht als Gericht, sondern als reine Verwaltungsbehörde. Dies gilt auch für Entscheidungen, die er über Rechtsansprüche auf Unterhaltshilfe trifft. Er ist bei seinen Entscheidungen an die allgemeinen Weisungen gebunden, die der Präsident des HfS. nach § 70 Abs. 2 über die Verwendung der Mittel für Zwecke der Einzelhilfe mit Zustimmung des Kontrollausschusses (§ 71 Abs. 1) erteilt.

2. Charakter des Beschwerdeausschusses und des Spruchsenats.

a. Verwaltungsgerichte. Beschwerdeausschuß und Spruchsenat entscheiden nach § 69 Abs. 2 „als Verwaltungsgerichte". Beide Kollegien erlangen damit die Rechtsstellung besonderer Verwaltungsgerichte, die bei einer Verwaltungsbehörde (LfS. bzw. HfS.) gebildet und kollegial ausgestaltet sind. Sie sind gemischte Gerichte, da bei ihnen auch Laien, d. h. nicht berufsmäßig vorgebildete Mitglieder mitwirken. Sie fungieren insoweit als „Gerichte für ein besonderes Sachgebiet" i. S. des Art. 101 Abs. 2 des Grundgesetzes.

Der Beschwerdeausschuß ist auch im Falle des § 64 als Verwaltungsgericht tätig, wenn er lediglich nachprüft, ob die Entscheidung des Soforthilfeausschusses einen Ermessensmißbrauch bildet.

b. Richterliche Unabhängigkeit. Aus der Tatsache, daß Beschwerdeausschuß und Spruchsenat als Verwaltungsgerichte entscheiden, folgt zwangsläufig, daß ihre Mitglieder in Ausübung ihrer Tätigkeit unabhängig und nur dem Gesetz unterworfen sind (§ 69 Abs. 2). Diese richterliche Unabhängigkeit bedeutet vor allem, daß die Mitglieder von den vorgesetzten Behörden keinerlei Weisungen darüber entgegenzunehmen haben, wie sie allgemein oder im konkreten Falle zu entscheiden haben. Die Unabhängigkeit bedeutet andererseits nicht, daß sie völlig frei nach ihrem Ermessen oder ihrem Rechtsgefühl entscheiden dürfen, sondern daß sie in ihrer Tätigkeit ausschließlich an das Gesetz gebunden sind (vgl. z. B. auch § 1 GVG., Art. 97 Abs. 1 des Grundgesetzes vom 23. Mai 1949). Als Gesetz gilt dabei jede Rechtsnorm, also nicht nur das Gesetz im formellen Sinne, sondern auch Rechtsverordnungen und sonstige im Range unter dem Gesetz stehenden Rechtsvorschriften materiellen Inhalts, sowie das Gewohnheitsrecht. Reine Verwaltungsvorschriften sind keine Rechtsnormen, sind aber vom Beschwerdeausschuß zu berücksichtigen, wenn er lediglich die Frage zu prüfen hat, ob ein Ermessensmißbrauch vorliegt. Da die Mitglieder nur an gültige Rechtsvorschriften gebunden sind, steht ihnen nach anerkanntem Recht das Prüfungsrecht und die Prüfungspflicht hinsichtlich der Verfassungsmäßigkeit von Gesetzen und der Gesetzmäßigkeit von Rechtsverordnungen zu. Sollte z. B. eine allgemeine Weisung des Präsidenten des HfS. mit dem Soforthilfegesetz oder seinen Durchführungsverordnungen im Widerspruch stehen, so dürfen sie vom „Verwaltungsgericht" nicht beachtet werden. In diesem

Zusammenhang sei erwähnt, daß über die Gültigkeit einer Rechtsvorschrift im Rahmen der sachlichen Zuständigkeit der Verwaltungsgerichte nach Landesrecht in der Regel die Verwaltungsgerichtshöfe entscheiden (vgl. auch Art. 100 des Grundgesetzes).

Die richterliche Unabhängigkeit, die den Mitgliedern eingeräumt worden ist, sichert ihnen aber nicht gleichzeitig auch die persönliche Unabhängigkeit, d. h. ihre Unabsetzbarkeit, selbst wenn sie die Befähigung zum Richteramt oder zum höheren Verwaltungsdienst haben. Der Vorsitzende des Beschwerdeausschusses bleibt trotz seiner richterlichen Tätigkeit Verwaltungsbeamter im engeren Sinne und ist daher nicht dagegen gesichert, daß ihm aus Anlaß von Entscheidungen, die von den ihm beamtenrechtlich übergeordneten Stellen nicht gebilligt werden, dienstliche Nachteile erwachsen können. Die richterliche Unabhängigkeit ist daher nicht restlos gewährleistet im Gegensatz zu den hauptamtlichen Mitgliedern der ordentlichen Verwaltungsgerichte (vgl. dazu Anm. 5).

3. Verfahren vor dem Beschwerdeausschuß und dem Spruchsenat.

Aus der Tatsache, daß Beschwerdeausschuß und Spruchsenat als Verwaltungsgerichte entscheiden, folgt ferner, daß für das Verfahren vor den Beschwerdeausschüssen die landesrechtlichen Bestimmungen über das Verfahren in der Verwaltungsgerichtsbarkeit entsprechend anzuwenden sind, soweit nicht das SHG. oder seine Durchführungsverordnungen besondere Verfahrensvorschriften enthalten. Dieses verwaltungsgerichtliche Verfahren (vgl. z. B. das Württg.-Bad. Gesetz Nr. 110 über die Verwaltungsgerichtsbarkeit vom 16. Oktober 1946 — Reg.-Bl. S. 221 —; gleichlautende Gesetze gelten in Bayern und Hessen) lehnt sich in mancher Hinsicht an das für die ordentlichen Gerichte geltende Verfahren der Zivilprozeßordnung an. Dies gilt z. B. für die Frage der Ausschließung und Ablehnung der Mitglieder, die Öffentlichkeit, die Sitzungspolizei, die Gerichtssprache, die Beratung. Es weicht von den Grundsätzen des Zivilprozesses jedoch insoweit ab, als auf die mündliche Verhandlung verzichtet werden kann, als der Untersuchungsgrundsatz gilt und das Verfahren ohne Prozeßbetrieb der Parteien durch die leitende Tätigkeit des Verwaltungsgerichts geführt wird (sog. Amtsbetrieb). Besondere Vorschriften gelten hinsichtlich der Reihenfolge bei der Abstimmung; grundsätzlich stimmen die ehrenamtlichen Beisitzer zuerst ab. In Abweichung von den verwaltungsgerichtlichen Verfahren wirken die ehrenamtlichen Mitglieder jedoch auch dann mit, wenn die Entscheidung ohne mündliche Verhandlung ergeht. Zeugen und Sachverständige können eidlich und uneidlich vernommen werden. Soweit es zur Aufklärung der tatsächlichen und rechtlichen Verhältnisse geboten ist, kann das Verwaltungsgericht die Beteiligten zu Erklärungen auffordern. Reichen die vorhandenen Beweismittel nicht aus, so kann der Beschwerdeführer zur Versicherung an Eides Statt zugelassen werden. In jeder Lage des Verfahrens ist die Vertretung durch Bevollmächtigte zulässig. Anwaltszwang besteht auch beim Spruchsenat nicht.

Die Rolle des „ständigen Vertreters des öffentlichen Interesses" übernimmt der Beauftragte des HfS., der die Interessen des Soforthilfefonds wahrnimmt.

Die Entscheidungen der Verwaltungsgerichte erlangen keine materielle Rechtskraft; denn sie ergehen grundsätzlich unter dem Vorbehalt der tatsächlichen und der sonstigen Verhältnisse, die der getroffenen Entscheidung zugrunde liegen. Ändern sich der Tatbestand oder die sonstigen für die Entscheidung maßgebenden Umstände, so können die Anträge wiederholt und müssen unter dem Gesichtspunkt der veränderten Verhältnisse erneut beurteilt werden. Der Einwand der Rechtskraft ist insoweit unzulässig.

4. Ausschluß des ordentlichen Rechtswegs.

Da das Gesetz für die Verfolgung der Ansprüche auf Leistungen der Soforthilfe ein besonderes Verfahren geschaffen hat, das, wie die Begründung (S. 1058) bemerkt, „der Natur dieser Ansprüche Rechnung trägt und allen Anforderungen an Rechtsschutz genügt", wurde die Anrufung der ordentlichen Gerichte ausgeschlossen.

5. Ausschluß der allgemeinen Verwaltungsgerichte.

Aus den gleichen Gründen wie zu Ziff. 4 können die Ansprüche nach dem Soforthilfegesetz auch nicht vor den allgemeinen Verwaltungsgerichten geltend gemacht werden; denn Beschwerdeausschuß und Spruchsenat entscheiden nach § 69 Abs. 2 in einem besonderen Verfahren in kollegialer Besetzung als eine Art besonderes Verwaltungsgericht.

Im Schrifttum (Nachrichtendienst des Deutschen Vereins für öffentliche und private Fürsorge 1948 Nr. 12 S. 247) sind Zweifel darüber aufgetaucht, ob die ordentlichen Verwaltungsgerichte . die Beschwerdeausschüsse als besondere Verwaltungsgerichte anerkennen und auf ihre eigene Zuständigkeit verzichten, nachdem in der Regel der Grundsatz gilt, daß jeder Verwaltungsakt, der die Rechte des Betroffenen berührt, durch Klage vor dem ordentlichen Verwaltungsgericht angegriffen werden kann, soweit nicht die bürgerlichen Gerichte, besondere Verwaltungsgerichte oder Schiedsgerichte zu entscheiden haben. Dem Beschwerdeausschuß wird der Charakter eines besonderen Verwaltungsgerichts um deswillen aberkannt, weil für keines seiner Mitglieder die Befähigung zum Richteramt oder zum höheren Verwaltungsdienst vorgeschrieben ist, weil bei ihm die Trennung von Verwaltung und Rechtsprechung nicht gewährleistet ist, da zum Vorsitzenden des Beschwerdeausschusses der Leiter des LfS. oder ein Vertreter zu bestellen ist und weil auch die Forderung nach persönlicher Unabhängigkeit nicht erfüllt ist. Es mag dahingestellt bleiben, ob diese Bedenken stichhaltig sind. Da das Soforthilfegesetz in der Bizone auf bizonalem Recht beruht, das den Vorrang vor der Landesgesetzgebung besitzt, kann der die Anrufung der allgemeinen Verwaltungsgerichte ausschließende Sondercharakter des Beschwerdeausschusses und des Spruchsenats nicht bezweifelt werden.

§ 70

Aufgaben des Präsidenten des Hauptamts für Soforthilfe

(1) **Der Präsident des Hauptamts für Soforthilfe verwaltet den Soforthilfefonds. Er ist dabei gebunden an Richtlinien, die der Verwaltungsrat im Einvernehmen mit einem von den Regierungen der Länder der französischen Besatzungszone benannten Bevollmächtigten gibt.**

(2) **Der Präsident des Hauptamts für Soforthilfe gibt die allgemeinen Weisungen über die Verwendung von Mitteln für Zwecke der Unterhaltshilfe, der Ausbildungshilfe, der Aufbauhilfe und der Hausrathilfe.**

(3) **Der Präsident des Hauptamts für Soforthilfe entscheidet über die Bereitstellung von Mitteln für Zwecke der Gemeinschaftshilfe.**

Vgl. hierzu die Erläuterungen zu § 54.

§ 71

Aufgaben des Kontrollausschusses beim Hauptamt für Soforthilfe

(1) **Die Richtlinien des Verwaltungsrats (§ 70 Absatz 1) sowie die allgemeinen Weisungen des Präsidenten des Hauptamts für Soforthilfe (§ 70 Absatz 2) und die Entscheidungen des Präsidenten des Hauptamts für Soforthilfe (§ 70 Absatz 3) bedürfen der Zustimmung des Kontrollausschusses beim Hauptamt für Soforthilfe.**

(2) **Der Kontrollausschuß ist berechtigt, vom Präsidenten des Hauptamts für Soforthilfe Auskunft über die Verwaltung, den Bestand und die Verwendung der Mittel des Soforthilfefonds zu verlangen.**

Wegen der Zusammensetzung und der Aufgaben des in § 55 Abs. 1 und 3 behandelten Kontrollausschusses vgl. die Erläuterung zu § 55 Anm. 1.

§ 72

Aufgaben des ständigen Beirats beim Hauptamt für Soforthilfe

Der ständige Beirat beim Hauptamt für Soforthilfe berät den Präsidenten des Hauptamts für Soforthilfe. Er ist insbesondere vor Entscheidungen über die Bereitstellung von Mitteln für Zwecke der Gemeinschaftshilfe bei Vorhaben von besonderer Bedeutung zu hören. § 71 Absatz 2 gilt entsprechend.

1. Zusammensetzung des ständigen Beirats.

Vgl. § 55 Abs. 2 und 3.

2. Aufgabenbereich.

Die Mitwirkung des ständigen Beirats beschränkt sich auf eine beratende Tätigkeit. Vgl. im übrigen § 55 Anm. 2.

Achter Abschnitt

Sonstige Bestimmungen

§ 73

Härtefälle

Der Verwaltungsrat des Vereinigten Wirtschaftsgebiets kann mit Zustimmung des Wirtschaftsrats und des Länderrats anordnen, daß Leistungen, soweit sich Härten ergeben, gewissen Gruppen von Geschädigten über den durch den § 31 gezogenen Rahmen hinaus zu gewähren sind.

Erläuterungsübersicht

1. Allgemeines
2. 1. Anordnung zu § 73
   a. Flüchtlingen gleichgestellt
      aa. Vertriebene
      bb. durch Maßnahmen der Militärregierung Evakuierte
   b. Gewährung von Ausbildungshilfe und Aufbauhilfe an Spätheimkehrer
3. Abwanderer aus der russischen Besatzungszone

1. Allgemeines.

§ 73 eröffnet die Möglichkeit, zur Vermeidung von Härten den Kreis der in den Genuß der Soforthilfe gelangenden Personen auszudehnen. Diese Ermächtigung soll sich nicht auf Einzelfälle erstrecken, sondern bestimmte Gruppen von Personen umfassen, die den Geschädigten gleichgestellt werden.

2. 1. Anordnung zu § 73.

Zu § 73 hat der Verwaltungsrat eine 1. Anordnung getroffen, welcher der Wirtschaftsrat am 24. Mai 1949 zugestimmt hat. Diese Anordnung lautet folgendermaßen:

„Auf Grund des § 73 des Soforthilfegesetzes wird mit Zustimmung des Wirtschaftsrates und des Länderrates angeordnet:

§ 1

Soforthilfe in dem für Flüchtlinge vorgesehenen Umfang wird, wenn die sonstigen Voraussetzungen des Gesetzes vorliegen, auch gewährt:

1. Flüchtlingen im Sinne des § 31 Ziffer 1 des Soforthilfegesetzes, die nach dem 20. Juni 1948 ihren Wohnsitz oder dauernden Aufenthalt aus Gebieten außerhalb der 4 Besatzungszonen oder der Stadt Berlin in das Währungsgebiet verlegt haben oder verlegen werden,
2. Personen, die infolge von Maßnahmen der Militärregierungen der drei westlichen Besatzungsmächte den Ort ihres Wohnsitzes oder dauernden Aufenthaltes auf unbestimmte Zeit verlassen mußten.

§ 2

Ausbildungshilfe zur eigenen Berufsausbildung nach § 43 des Soforthilfegesetzes sowie Aufbauhilfe zur Existenzgründung oder Berufsumschulung nach § 44 des Soforthilfegesetzes kann auch deutschen Kriegsgefangenen gewährt werden, die seit dem 1. Januar 1948 aus der Kriegsgefangenschaft entlassen wurden oder werden (Spätheimkehrer) und im Währungsgebiet Wohnsitz begründet oder dauernden Aufenthalt genommen haben.

§ 3

Diese Anordnung tritt zugleich mit dem Soforthilfegesetz in Kraft."

Die vorstehende 1. Anordnung dehnt die Vergünstigungen der Soforthilfe auf folgende Personen aus:

a. den Flüchtlingen werden gleichgestellt:

aa. Vertriebene deutscher Staats- oder Volkszugehörigkeit, die am Währungsstichtag (20. Juni 1948) noch in ihrem Heimatgebiet wohnten, aber nach diesem Zeitpunkt ihren Wohnsitz oder dauernden Aufenthalt aus Gebieten außerhalb der 4 Besatzungszonen oder der Stadt Berlin in das Währungsgebiet verlegen mußten oder müssen (§ 1 Ziff. 1);

bb. durch Maßnahmen der Militärregierung Evakuierte, d. h. Personen, die infolge von Maßnahmen der Militärregierungen der 3 westlichen Besatzungsmächte ihren Heimatort auf unbestimmte Zeit verlassen mußten. Hierher gehören die früheren Bewohner der Insel Helgoland (in Südbaden der Stadt Kehl), frühere Bewohner von Orten, die anläßlich der Anlegung von Übungsplätzen für die Besatzungstruppen geräumt werden mußten, sowie Naturwissenschaftler und Techniker, die anläßlich der Neufestsetzung der Zonengrenzen aus Thüringen und Sachsen kurz vor der Besetzung dieser Gebiete durch Streitkräfte der Sowjetunion evakuiert worden sind. Diese unter § 1 Ziff. 2 fallenden Personen müssen jedoch vor dem Währungsstichtag in das Währungsgebiet gezogen sein.

Frühere Inhaber von Wohnungen, die von den Besatzungsmächten beschlagnahmt worden sind, ohne daß der Wohnungsinhaber zum Verlassen seines Heimatorts gezwungen wurde, fallen **nicht** unter § 1 Ziff. 2.

Die in § 1 Ziff. 1 und 2 erwähnten Personen gelten als Flüchtlinge und erhalten die Soforthilfe nur, wenn sie die sonstigen Voraussetzungen des Gesetzes erfullen. Um in den Genuß der Unterhaltshilfe zu gelangen, müssen sie daher die Voraussetzungen des § 35 (Mindestalter oder Erwerbsunfähigkeit) und des § 30 Ziff. 1 (Kausalzusammenhang zwischen Schädigung und Bedürftigkeit) erfüllen.

b. Gewährung von Ausbildungshilfe und Aufbauhilfe an Spätheimkehrer. Kriegsgefangene nehmen an der Soforthilfe nur insoweit teil, als sie zu den im Soforthilfegesetz erwähnten Geschädigtengruppen gehören. Da viele Kriegsgefangene, deren Entlassung sich lange verzögert hat, mittellos sind und ohne fremde Hilfe eine eigene Existenz zu schaffen nicht in der Lage sind, sucht § 2 diesen Spätheimkehrern die Eingliederung in den Wirtschaftsprozeß dadurch zu erleichtern, daß ihnen die Vergünstigungen der Ausbildungshilfe zur Erlangung einer eigenen Berufsausbildung (§ 43) und der Aufbauhilfe zur Existenzgründung oder Berufsumschulung (§ 44) zuteil werden, auch wenn sie nicht zu den Hauptgruppen der Geschädigten (§ 31) gehören.

Die Entlassung muß nach dem 1. Januar 1948 erfolgt sein. Deutsche Kriegsgefangene, die vor diesem Zeitpunkt entlassen worden sind, sind von diesen Vergünstigungen ausgeschlossen, es sei denn, daß sie selbst zu den Geschädigten im Sinn des § 31 gehören oder, soweit die Ausbildungshilfe in Betracht kommt, der ihnen gegenüber gesetzlich Unterhaltsverpflichtete geschädigt ist. Der Spätheimkehrer muß im Währungsgebiet nach der Entlassung Wohnsitz begründet oder dauernden Aufenthalt genommen haben. Die Entlassung kann selbstverständlich auch nach dem Währungsstichtag erfolgen.

Kriegsgefangene, die zwar vor dem 1. Januar 1948 formell entlassen worden sind, aber im Gewahrsamsland ein befristetes Arbeitsverhältnis eingingen (z. B. in Frankreich), werden aus Billigkeitsgründen die Sondervergünstigung erhalten können, wenn ihre endgültige Rückkehr in die Heimat erst nach dem Stichtag erfolgt.

3. Abwanderer aus der russischen Besatzungszone.

Dagegen konnte man sich nicht dazu entschließen, Personen, die nach dem 8. Mai 1945 wegen unmittelbarer Gefahr für Leben und Freiheit gezwungen waren, sich aus dem Gebiet der jetzigen sowjetischen Besatzungszone oder aus Berlin in das Währungsgebiet zu begeben, in den Personenkreis der Empfänger der Soforthilfe einzubeziehen. Abgesehen davon, daß dieser Tatbestand im Einzelfall schwer feststellbar ist, ließ sich die Größenordnung der in Betracht kommenden Personen nicht übersehen. Ob dieser Personenkreis später berücksichtigt werden kann, steht dahin.

§ 74

Zweckbindung

Ausbildungshilfe, Aufbauhilfe, Hausrathilfe und Gemeinschaftshilfe sind in einer Form zu gewähren, die den wirtschaftspolitischen Erfordernissen Rechnung trägt und die Verwendung für den vorgesehenen Zweck sichert.

Zu dieser Vorschrift bemerkt die Amtl. Begründung folgendes:

„Der Entwurf stellt eine Reihe von Aufgaben, deren Durchführung von großer wirtschaftspolitischer Tragweite ist. § 72 (jetzt § 74) bestimmt daher, daß sämtliche Mittel, die nicht für Unterhaltshilfe an alte und erwerbsunfähige Personen benötigt werden, in einer Form zu gewähren sind, die den wirtschaftspolitischen Erfordernissen Rechnung trägt und die Verwendung für den vorgesehenen Zweck sichert.

Wie bereits an anderer Stelle ausgeführt, können Leistungen nach diesem Entwurf auch in anderer Form als in Form von Bargeld bewirkt werden. Beispielsweise kann bei der Hausrathilfe die Form der Bedarfdeckungsscheine gewählt werden. In jedem Fall ist sicherzustellen, daß Mittel, die für produktive Zwecke gedacht sind, nicht doch in den Konsum fließen.

Der Entwurf läßt auch hinsichtlich der sonstigen Gestaltung der Hilfeleistungen alle Möglichkeiten offen. Wie ebenfalls bereits dargelegt, kann die Hilfe beispielsweise als verlorener Zuschuß, als Kredit mit oder ohne Zinsvergünstigung oder als Ausfallbürgschaft gegeben werden. Es wird jeweils zu prüfen sein, in welcher Form der vorgesehene Zweck in einer für den Geschädigten tragbaren Weise und unter Berücksichtigung der wirtschaftspolitischen Notwendigkeiten am sichersten erreicht werden kann. Das Nähere werden Ausführungsbestimmungen enthalten, die selbstverständlich in engster Fühlungnahme mit den anderen beteiligten Verwaltungen, insbesondere mit der Verwaltung für Wirtschaft zu erlassen sind."

§ 75

Anrechnung von Fürsorgeleistungen in der Übergangszeit

Für einen Zeitraum nach dem 31. März 1949 tatsächlich empfangene gleichartige Fürsorgeleistungen werden von den nach diesem Gesetz für denselben Zeitraum zu gewährenden Zahlungen an Unterhaltshilfe in Abzug gebracht.

Durchführungs-VO

Zu § 75.

Anrechnung von Fürsorgeleistungen in der Übergangszeit

1. Als gleichartige Fürsorgeleistungen sind anzurechnen Leistungen, die nach den Richtsätzen oder als Mietbeihilfen gewährt wurden, nicht aber Sonderleistungen einmaliger oder laufender Art.

2. Leistungen der geschlossenen Fürsorge sind in sinngemäßer Anwendung der Regelung nach Ziffer 1 anzurechnen.

Erläuterungsübersicht

1. Grundsatz
2. Gleichartige Fürsorgeleistungen
   a. in offener Fürsorge
   b. in geschlossener Fürsorge

3 Einmalige Überbrückungshilfe
4 Beispiel
5. Zusätzliche Unterstützung seitens der offentlichen Fürsorge

1. Grundsatz.

Nach § 39 wird die Unterhaltshilfe rückwirkend vom 1 April 1949 ab gewährt, wenn der Antrag rechtzeitig bis zum 30 September 1949 gestellt ist In der Zeit zwischen dem 1 April 1949 und der Auszahlung der Unterhaltshilfe, deren Gewährung Hilfsbedürftigkeit im Sinne des § 35 Abs 1 Ziff 2 voraussetzt, werden daher in den meisten Fällen Fürsorgeleistungen an den Anspruchsberechtigten und seine Angehörigen gezahlt worden sein Um Doppelzahlungen für denselben Zeitraum zu vermeiden, sind „gleichartige Fürsorgeleistungen", die für einen Zeitraum nach dem 1 April 1949 tatsächlich bewirkt worden sind, auf die für denselben Zeitraum zu gewährenden Zahlungen an Unterhaltshilfe anzurechnen.

2. Als **gleichartige Fürsorgeleistungen** gelten dabei

a in der offenen Fürsorge nur die richtsatzmäßigen laufenden Unterstützungen der öffentlichen Fürsorge sowie die Mietbeihilfen, nicht dagegen Sonderleistungen einmaliger oder laufender Art (z B für Brennholzversorgung, Einlagerung von Speisekartoffeln, Kleidungsbeihilfen und sonstige Beschaffungsbeihilfen, Wochenfürsorge, Krankenhilfe usw.) (vgl SH-DVO Ziff 1 zu § 75),

b in der geschlossenen Fürsorge (Anstaltspflege) werden die von der Fürsorge gezahlten Pflegesätze auf die Unterhaltshilfe angerechnet. Das Taschengeld wird als Sonderleistung anzusehen sein

Geschädigte, die in offener oder geschlossener Fürsorge betreut werden, erhalten daher an Unterhaltshilfe nur den Unterschiedsbetrag zwischen den gleichartigen Fürsorgeleistungen und den Unterhaltshilfebeträgen, die auf den gleichen Zeitraum entfallen, nachgezahlt

3. Einmalige Überbrückungshilfe.

Die Leistungen, die den Geschädigten zu Weihnachten 1948 als einmalige Überbrückungshilfe in zahlreichen Ländern gewährt wurden, sind auf die Unterhaltshilfe ebenfalls anzurechnen, zumal sie vor dem 31 März 1949 gewährt wurden

4. Beispiel.

Der verheiratete erwerbsunfähige Flüchtling A erhält mit einem 12jährigen Kind seit 1 Januar 1949 eine monatliche Fürsorgeunterstützung von 80 — DM + Mietbeihilfe von 30 — DM = 110 — DM Er erhielt im April 1949 eine Kleidungsbeihilfe von 30 — DM sowie eine Schuhbeihilfe von 20 — DM Zu Weihnachten 1948 wurde ihm eine Überbrückungshilfe von 70 — DM ausbezahlt A stellt rechtzeitig Antrag auf Unterhaltshilfe, die ihm mit Bescheid vom 15 Oktober 1949 gewährt wird Zur

Auszahlung gelangen; 1. April 1949 bis 31. Oktober 1949 = 7 Monate zu 120.— DM (70 DM + 30 DM + 20 DM) = 840.— DM; darauf werden angerechnet: 7 Monate Fürsorgeunterstützung + Mietbeihilfe zu 110.— DM = 770.— DM. Rest: 70 DM, der zusammen mit der Novemberrate zur Auszahlung gelangt (vgl. SHG.-Anleitung zu § 39 Abs. 3).

5. Zusätzliche Unterstützung seitens der öffentlichen Fürsorge.

Da die öffentliche Fürsorge neben den laufenden richtsatzmäßigen Unterstützungen auch den Mietaufwand, sofern er sich in angemessenen Grenzen hält, und sonstige Zusatzleistungen trägt, werden die Fälle nicht selten sein, in denen die Sätze der Unterhaltshilfe hinter den Leistungen der offentlichen Fursorge zurückbleiben. Es versteht sich von selbst, daß die Fürsorge in diesen Fällen wie bisher zusätzlich eingreifen muß. Dies gilt namentlich auch hinsichtlich der Sonderleistungen, die seitens der öffentlichen Fürsorge gewährt werden und die der Unterhaltshilfeempfänger mit den Mitteln der Unterhaltshilfe nicht bestreiten kann (z. B. kostspielieger Krankenhausaufenthalt usw.).

§ 76

Verhältnis zur Gesetzgebung der Länder

(1) **Soweit die Länder den in § 31 genannten Geschädigten auf Grund landesrechtlicher Regelung Leistungen gewähren, die der Ausbildungshilfe, der Aufbauhilfe oder der Hausrathilfe entsprechen, können ihnen zur Erfüllung solcher Leistungen Zuweisungen aus dem Soforthilfefonds gegeben werden.**

(2) **Leistungen auf Grund dieses Gesetzes an politisch Verfolgte (§ 31 Ziffer 4) entfallen, soweit Leistungen auf Grund landesrechtlicher Gesetzgebung über die Wiedergutmachung gewährt werden.**

1. Zuschüsse des Soforthilfefonds zum Aufwand der Länder zugunsten der Geschädigten.

Die Regelung der Kriegsschäden und die Wiedergutmachung sowie die Angelegenheiten der Flüchtlinge und Vertriebenen gehören nach Art. 74 Ziff. 6 und 9 des Grundgesetzes der Bundesrepublik Deutschland zur konkurrierenden Gesetzgebung. Es ist zu erwarten, daß der Bund auf diesen Gebieten von seinem Gesetzgebungsrecht Gebrauch macht, da der Lastenausgleich ohne einen trizonalen Finanzausgleich nicht möglich ist und diese bedeutsame Angelegenheit durch die Gesetzgebung der Länder nicht wirksam geregelt werden kann (vgl. Art. 74 Abs. 2 a.a.O.). Ohne die Regelung des vorläufigen oder endgültigen Lastenausgleichs abzuwarten, gewähren indessen verschiedene Länder im Rahmen der öffentlichen Fürsorge und darüber hinaus den in § 31 erwähnten Geschädigten, insbesondere Ausgewiesenen und Sachgeschädigten, Zuschüsse zur Ausbildung ihrer Kinder, Beihilfen zur Anschaffung von Haushaltsgegenständen oder sonstige Leistungen, die den Produktivhilfen der

Soforthilfe entsprechen. Es entspricht der Billigkeit, wenn § 76 Abs. 1 die Möglichkeit eröffnet, daß den Ländern zur Erfüllung derartiger Leistungen Zuweisungen aus dem Soforthilfefonds gegeben werden.

Es ist dabei nicht erforderlich, daß die Gewährung derartiger Leistungen an die Geschädigten seitens der Länder auf Gesetz oder Verordnung beruht. Auch soweit die Länder im Verwaltungswege auf Grund einfachen Erlasses Mittel für solche Leistungen bereitgestellt haben, muß die Zuweisungsmöglichkeit anerkannt werden. Sie besteht auch für Leistungen, die von den Ländern auf Grund ihrer Wiedergutmachungsgesetze an politisch Verfolgte bewirkt werden; dem steht § 76 Abs. 2 nicht entgegen, da er nur die Leistungen der Soforthilfe an diesen Personenkreis behandelt.

Obwohl das Gesetz darüber keine Vorschrift enthält, werden sich die Geschädigten Leistungen, die sie auf Grund landesrechtlicher Regelung i. S. des § 76 Abs. 1 bereits erhalten haben, auf die Leistungen der Soforthilfe anrechnen lassen müssen.

Für die vor dem Inkrafttreten des Gesetzes bereits bewirkten gleichartigen Leistungen können die Länder keinen Ersatz aus dem Soforthilfefonds erhalten, da diese Zuweisungen nach § 76 Abs. 1 nur gegeben werden, soweit die Länder die erwähnten Leistungen „gewähren" (nicht „gewährt haben").

2. Landesrechtliche Wiedergutmachung zugunsten politisch Verfolgter.

Soweit die Länder für politisch Verfolgte gleiche oder günstigere Wiedergutmachungsleistungen bewirken, als sie das SHG. gewährt, besteht keine Notwendigkeit, ihnen die Leistungen der Soforthilfe zu gewähren (vgl. § 31 Anm. 4e).

Derartige Regelungen bestehen in den Ländern der amerikanischen Zone auf Grund des zoneneinheitlichen Gesetzes über die Bildung eines Sonderfonds zum Zwecke der Wiedergutmachung: Bayern (Gesetz vom 1. August 1947, GVBl. S. 164), Württemberg-Baden (Gesetz vom 9. Juli 1947, RegBl. S. 74), Hessen (Gesetz vom 24. Juni 1947, GVBl. S. 39), Bremen (Gesetz vom 30. Oktober 1947, GBl. S. 274). In der britischen Zone wurden erlassen in Nordrhein-Westfalen das Gesetz über die Gewährung von Unfall- und Hinterbliebenenrenten an die Opfer der Nazi-Unterdrückung vom 5. März 1947 (GVBl. S. 225), in Niedersachsen das Gesetz über die Gewährung von Sonderhilfe für Verfolgte der nationalsozialistischen Gewaltherrschaft (Personenschaden) vom 22. September 1948 (GVBl. S. 77) mit Durchf.-VO. vom 6. Dezember 1948 (GVBl. 1949 S. 1) und in Schleswig-Holstein das Gesetz über die Gewährung von Renten an die Opfer des Nationalsozialismus und deren Hinterbliebene vom 4. März 1948 (GVBl. S. 74). In der französischen Zone befinden sich derartige Gesetze in Vorbereitung. Die Unterstützung der politisch Verfolgten erfolgt hier im Verwaltungswege unter Berücksichtigung der besonderen Umstände des einzelnen Falles.

§ 77

Ehrenamtlichkeit

Bewohner des Währungsgebiets, die zur ehrenamtlichen Mitarbeit bei der Durchführung des Zweiten Teiles dieses Gesetzes aufgefordert werden, sind zu dieser Mitarbeit verpflichtet.

Durchführungs-VO.

Zu § 77.

Ehrenamtlichkeit

Ehrenamtliche Mitarbeit, insbesondere als Beisitzer in den Soforthilfeausschüssen, Beschwerdeausschüssen und beim Spruchsenat, kann nur aus wichtigen Gründen abgelehnt werden. Als wichtig sind insbesondere Gründe anzusehen, die nach dem Gemeinderecht der Länder zur Ablehnung eines Ehrenamtes in der Gemeinde berechtigen.

1. Verpflichtung zur ehrenamtlichen Mitarbeit.

Um die Verwaltungskosten moglichst niedrig zu halten und angesichts der Tatsache, daß der Ausgleich der Kriegs- und Kriegsfolgeschäden die gesamte Bevölkerung angeht, sieht § 77 eine weitgehende Heranziehung von Helfern zu ehrenamtlicher Mitarbeit an der Durchführung der Soforthilfemaßnahmen vor. Die Mitarbeit besteht vor allem in der Ausübung der Funktion als Beisitzer in den Soforthilfeausschüssen, den Beschwerdeausschüssen und beim Spruchsenat.

2. Ablehnungsgründe.

Die ehrenamtliche Mitarbeit kann nach der SH.-DVO. zu § 77 nur aus wichtigen Gründen abgelehnt werden. Die Ablehnungsgründe ergeben sich für die einzelnen Länder aus dem jeweiligen Gemeinderecht, das sich weitgehend an § 23 der ehem. Deutschen Gemeindeordnung vom 30. Januar 1935 (RGBl. I S. 49) anlehnt. So bestimmt z. B. § 20 der im Lande Württemberg-Hohenzollern geltenden Gemeindeordnung vom 14. März 1947 (Reg.Bl. 1948 S. 1) folgendes:

„(1) Der Bürger kann eine ehrenamtliche Tätigkeit aus wichtigen Gründen ablehnen oder sein Ausscheiden verlangen. Als wichtiger Grund gilt namentlich, wenn der Bürger

1. ein geistliches Amt verwaltet;
2. ein öffentliches Amt verwaltet und die Anstellungsbehörde feststellt, daß die ehrenamtliche Tätigkeit mit seinen dienstlichen Pflichten nicht vereinbar ist;
3. schon sechs Jahre ein öffentliches Ehrenamt verwaltet hat;
4. mindestens vier minderjährige Kinder hat;
5. als Frau die Übernahme mit den Hausfrauenpflichten nicht vereinbaren kann;
6. mindestens zwei Vormundschaften oder Pflegeschaften führt;

7. häufig oder langdauernd von der Gemeinde geschäftlich abwesend ist;
8. anhaltend krank oder
9. mehr als fünfundsechzig Jahre alt ist.

(2) Ob ein wichtiger Grund im Sinn von Abs. 1 vorliegt, entscheidet der Gemeinderat."

Mit dieser Regelung stimmt wörtlich überein § 23 der im Lande Württemberg-Baden geltenden Deutschen Gemeindeordnung i.d.F. des Anwendungsgesetzes Nr. 30 vom 20. Dezember 1945 (RegBl. **1946** S. 5) — Neufassung vom 6. Februar 1946 (RegBl. S. 55) — mit der Maßgabe, daß die Altersgrenze 60 Jahre beträgt.

Diese Ablehnungsgründe sind nicht erschöpfend. Sie zählen lediglich solche Gründe auf, die unter allen Umständen als wichtig gelten und daher die Ablehnung einer ehrenamtlichen Tätigkeit rechtfertigen.

3. Erzwingung der ehrenamtlichen Mitarbeit.

Das Gesetz enthält keine Vorschriften darüber, ob und gegebenenfalls in welcher Weise die ehrenamtliche Mitarbeit erzwungen werden kann, da es, wie die Begründung (S. 1060) ausführt, ,,von der Erwartung ausgeht, daß sich niemand der Verpflichtung zur ehrenamtlichen Mitarbeit an der Durchführung des Lastenausgleichs entziehen wird".

4. Wegen der Gewährung von Tagegeldern und Reisekostenvergütung an die Beisitzer der Soforthilfeausschüsse und der Beschwerdeausschüsse vgl. SH.-DVO. zu § 51 Ziff. 5 und zu § 53 Ziff. 2.

DRITTER TEIL

Schlußbestimmungen

§ 78

Verwaltungskosten

Die Kosten der Durchführung dieses Gesetzes werden nicht aus dem Soforthilfefonds bestritten. Die Kosten des Hauptamts für Soforthilfe trägt das Vereinigte Wirtschaftsgebiet. Die sonstigen Kosten tragen die Länder und die anderen an der Durchführung der Soforthilfe beteiligten Gebietskörperschaften.

Nach der Soforthilfe-DVO. hat jede an der Durchführung des SHG. beteiligte Gebietskörperschaft diejenigen Kosten selbst zu tragen, die tatsächlich bei ihr anfallen. In Württemberg-Hohenzollern hat das Land die Verwaltungskosten zu tragen.

§ 79

Erträge der Soforthilfesonderabgabe

Die Erträge, die auf die Soforthilfesonderabgabe (§ 18) entfallen, sind einem Sonderkonto innerhalb des Soforthilfefonds zuzuführen. Über das Sonderkonto darf nur für Zwecke der Ausbildungshilfe, der Aufbauhilfe und der Hilfe für wirtschaftliche Vorhaben, insbesondere für solche des Wohnungsbaues, verfügt werden.

Da die Sonderabgabe eine einmalige Abgabe ist, sollen ihre Erträge nicht für laufende Leistungen, wie die Unterhaltshilfe, sondern nur für die in § 79 bezeichneten Zwecke verwendet werden. Damit diese Verwendung sichergestellt ist, sind sie einem Sonderkonto innerhalb des Soforthilfefonds zuzuführen.

§ 80

Ansprüche auf Grund des Gesetzes zur Sicherung von Forderungen für den Lastenausgleich

Die auf Grund des Gesetzes zur Sicherung von Forderungen für den Lastenausgleich vom 2. September 1948 (Gesetz- und Verordnungsblatt des Wirtschaftsrats S. 87) gegen die Länder entstandenen Ansprüche auf Erstattung der treuhänderisch verwalteten Gelder gehen auf den Soforthilfefonds über.

Hierzu Erläuterungen II A SichG.

§ 81

Regelung der finanziellen Beziehungen zwischen den Ländern und dem Soforthilfefonds

(1) **Für die Verwendung der bis zum 31. Dezember 1949 fällig werdenden Zinsen und Tilgungsbeträge (§ 24) verbleibt es bei der Regelung der Verordnung zur Durchführung des Gesetzes zur Sicherung von Forderungen für den Lastenausgleich vom**

7. September 1948 (Gesetz- und Verordnungsblatt des Wirtschaftsrats, S. 88). Die aufgekommenen Mittel verbleiben, soweit sie für die Förderung des Wohnungsbaues zugunsten der Geschädigten (§ 31) verwendet werden, den Ländern, jedoch mit der Maßgabe, daß durch die Begebung der Mittel begründete Rechte auf den Soforthilfefonds übergehen.

(2) Für die Zeit vom Inkrafttreten dieses Gesetzes bis zum Aufkommen ausreichender eigener Mittel des Soforthilfefonds, längstens jedoch bis zum 31. Dezember 1949, stellen die Länder insgesamt dem Soforthilfefonds diejenigen Beträge vorschußweise zur Verfügung, die zur Bewirkung der Leistungen der Unterhaltshilfe (§§ 35 ff.) erforderlich sind und aus eigenen Einnahmen des Soforthilfefonds noch nicht aufgebracht werden können. Die Vorschüsse werden vom Präsidenten des Hauptamts für Soforthilfe in monatlichen Teilbeträgen angefordert. Sie sind nach Maßgabe des Aufkommens eigener Einnahmen des Soforthilfefonds ab 1. Januar 1950 zurückzuzahlen. Die Rückzahlung hat in angemessenen Monatsraten zu erfolgen.

(3) Für den Monat, in dem dieses Gesetz in Kraft tritt, und für die hierauf folgenden vier Monate stellen die Länder insgesamt dem Soforthilfefonds zur Durchführung der Hausrathilfe (§ 45) vorschußweise einen Betrag von monatlich 12 Millionen DM zur Verfügung. Die Vorschüsse sind vom Soforthilfefonds in den dann folgenden fünf Monaten zurückzuzahlen. Soweit die verfügbaren Mittel des Soforthilfefonds die völlige Rückzahlung innerhalb von fünf Monaten nicht erlauben sollten, hat die Rückzahlung des Restes im Verlauf der folgenden Monate unverzüglich zu erfolgen. Die Rückzahlungspflicht hat Vorrang vor allen im Rahmen des Gesetzes nach Maßgabe der verfügbaren Mittel zu bewirkenden Leistungen.

(4) Zum 1. Januar 1950 werden die finanziellen Beziehungen zwischen den Ländern und dem Soforthilfefonds endgültig geregelt.

§ 82

Änderung des Zweiten Gesetzes zur vorläufigen Neuordnung von Steuern

Das Zweite Gesetz zur vorläufigen Neuordnung von Steuern wird wie folgt geändert:

1. In § 1 Ziff. 1 treten an die Stelle der Worte „nach dem Ersten Lastenausgleichsgesetz“ die Worte „nach dem Soforthilfegesetz“.
2. In § 1 Ziff. 7 treten an die Stelle der Worte „Abgabe auf den Lastenausgleich“ die Worte „Abgabe nach dem Soforthilfegesetz“.

3. In § 1 Ziff. 11 treten an die Stelle der Worte „Abgabe auf den Lastenausgleich" die Worte „Abgabe nach dem Soforthilfegesetz".

4. § 5 Absatz 1 erhält folgende Fassung:

„§ 5

(1) Wer innerhalb von drei Monaten nach der Verkündung dieses Gesetzes oder, falls das Gesetz zur Milderung dringender sozialer Notstände (Soforthilfegesetz) später verkündet wird als dieses Gesetz, innerhalb von drei Monaten nach der Verkündung des Soforthilfegesetzes durch Selbstanzeige nach § 410 der Reichsabgabenordnung Straffreiheit wegen Steuervergehens erwirbt, erlangt zugleich Straffreiheit für Zuwiderhandlungen gegen Artikel IX des Anhangs zum Gesetz Nr. 64 (Bestandsaufnahme) und Straffreiheit für die vor dem 21. Juni 1948 begangenen Verstöße gegen die Preis- und Bewirtschaftungsvorschriften, wenn er an das Finanzamt einen Reuezuschlag nach Maßgabe des Absatzes 2 entrichtet. § 18 Absatz 4 des Soforthilfegesetzes bleibt unberührt."

5. § 6 erhält folgende Fassung:

„§ 6

Wer den Bestand seines Vorratsvermögens (§ 11 Ziffer 3 des Soforthilfegesetzes) in der durch Artikel IX des Anhangs zum Gesetz Nr. 64 vorgeschriebenen Bestandsaufnahme nicht oder nicht vollständig angegeben hat, kann wegen dieser Zuwiderhandlung, wegen der sonstigen Steuervergehen und wegen der Verstöße gegen die Preis- und Bewirtschaftungsvorschriften, die sich auf das nicht angegebene Vorratsvermögen beziehen, Straffreiheit nur nach Maßgabe des § 18 Absatz 4 des Soforthilfegesetzes erlangen."

Die Änderungen bestehen im wesentlichen darin, daß die Bezeichnungen „Lastenausgleich" und „Erstes Lastenausgleichsgesetz" durch die Bezeichnung „Soforthilfegesetz" ersetzt sind.

Sachlich geändert ist nur § 5. Für die Nachmeldung von Anlagevermögen ist an die Stelle des 1. Juli 1949 eine Frist von 3 Monaten nach Verkündung des SHG. getreten. Da das SHG. am 18. August 1949 verkündet worden ist, läuft die Frist bis zum 18. November 1949.

§ 83

Durchführungsbestimmungen

(1) Rechtsverordnungen zur Durchführung dieses Gesetzes erläßt der Direktor der Verwaltung für Finanzen des Vereinigten Wirtschaftsgebiets mit Zustimmung des Wirtschaftsrats und des Länderrats.

(2) **Verwaltungsanordnungen zur Durchführung des Ersten Teiles dieses Gesetzes erläßt der Direktor der Verwaltung für Finanzen des Vereinigten Wirtschaftsgebiets. Verwaltungsanordnungen zur Durchführung des Zweiten Teiles dieses Gesetzes erläßt der Präsident des Hauptamts für Soforthilfe mit Zustimmung des Kontrollausschusses und nach Anhörung des ständigen Beirats beim Hauptamt für Soforthilfe.**

Erläuterungsübersicht

1. Durchführungsverordnungen (Abs. 1).

Abs. 1 bezieht sich auf Rechtsverordnungen, die nicht nur für die Verwaltung, sondern auch für die Steuergerichte und andere Gerichte bindend sind. Die Vorschrift spricht nur von Rechtsverordnungen „zur Durchführung" des Gesetzes; sie ist also enger als die Ermächtigung in AO. § 12 Abs. 1, wonach der Finanzminister Rechtsverordnungen und Verwaltungsvorschriften „zur Durchführung und zur Ergänzung" der Steuergesetze erlassen kann. Diese Beschränkung ist um so merkwürdiger, als der Direktor der Verwaltung für Finanzen der Zustimmung des Wirtschaftsrats und des Länderrats bedarf, während der Minister nach AO. § 12 die Durchführungs- und Ergänzungsverordnungen allein erlassen kann. Trotzdem finden sich in der StDVO. Bestimmungen, die über den Rahmen einer Durchführungsverordnung hinausgehen und bereits eine Ergänzung, wenn nicht sogar eine Änderung des Gesetzes enthalten, so die Heranziehung der Betriebe gewerblicher Art von Körperschaften des öffentlichen Rechts zur SH.-Abgabe (vgl. § 2 Anm. 4, b, aa) und die Vorschrift, daß Gesellschafter von offenen Handelsgesellschaften u. dergl. mit ihren Anteilen abgabepflichtig sind (vgl. § 2 Anm. 2).

Das Erfordernis der Zustimmung des Wirtschaftsrats und des Länderrats (wie bei einem Gesetz) nimmt der Verordnungsbefugnis den Vorzug der leichteren Beweglichkeit, den sie gegenüber der Gesetzgebung hat.

Durchführungsverordnungen zum Ersten und zum Zweiten Teil des Gesetzes sind bereits ergangen; sie sind in den Erläuterungen dieses Gesetzes berücksichtigt. In einzelnen Vorschriften ist die nähere Regelung in Durchführungsbestimmungen noch besonders vorbehalten (§ 5 Nr. 8, § 18 Abs. 1, § 22, § 28).

2. Verwaltungsanordnungen (Abs. 2).

Verwaltungsanordnungen zur Durchführung des steuerlichen Teils des Gesetzes kann, wie schon bisher der RdF. zu den Steuergesetzen, der Direktor der Verwaltung für Finanzen allein erlassen.

Verwaltungsanordnungen zur Durchführung der Soforthilfe erläßt der Präsident des HfS. (§ 54); sie bedürfen zu ihrer Wirksamkeit der Zustimmung des Kontrollausschusses (§ 55) nach Anhörung des ständigen Beirats (§ 55 Abs. 2).

Die Verwaltungsanordnungen sind für die Gerichte nicht bindend.

3. Genehmigung durch die Besatzungsmächte.

Nach Anordnung des Zweimächte-Kontrollamts (1. Schreiben vom 6. August 1949) sind die „Ausführungsbestimmungen", die auf Grund des § 83 erlassen werden, den Besatzungsmächten zur Genehmigung vorzulegen. Die bereits ergangenen Durchführungsverordnungen hat das Zweimächte-Kontrollamt in dem 2. Schreiben vom 6. August 1949 genehmigt. Mit den Ausführungs bestimmungen sind offenbar sowohl die Durchführungsverordnungen wie die Verwaltungsanordnungen gemeint.

§ 84

Inkrafttreten

(1) **Dieses Gesetz tritt im Vereinigten Wirtschaftsgebiet am Tage seiner Verkündung in Kraft.**

(2) **Bis auf weiteres entfällt die in den §§ 54 und 70 vorgesehene Mitwirkung der Regierungen der Länder der französischen Besatzungszone; werden aus den Ländern dieser Zone Mitglieder in den Kontrollausschuß entsandt, so nehmen sie an dessen Sitzungen ohne Stimmrecht teil.**

Das SH.-Gesetz ist am 18. August 1949 im Gesetzblatt der Verwaltung des Vereinigten Wirtschaftsgebiets S. 205 verkündet worden und daher an diesem Tage in Kraft getreten.

In den 3 Ländern der französischen Zone (Rheinland-Pfalz, Baden, Württemberg-Hohenzollern) werden gleichlautende Gesetze mit der Maßgabe erlassen, daß diese Länder an dem Soforthilfefonds der Bizone vorläufig nicht teilnehmen und daher für jedes Land ein selbständiger Fonds gebildet wird.

§ 85

Übergangsbestimmung

Der Direktor der Verwaltung für Finanzen des Vereinigten Wirtschaftsgebiets ist für den Fall, daß das Gesetz erst nach dem 15. Juni 1949 in Kraft tritt, ermächtigt, die in den §§ 17 bis 19 genannten Termine für Zahlungen und Erklärungen sowie den im § 39 Satz 2 genannten Termin für die Antragstellung hinauszuschieben, soweit dies für die Durchführbarkeit des Gesetzes erforderlich ist.

Von dieser Ermächtigung hat der Direktor der Verwaltung für Finanzen in der Anordnung vom 8. August 1949 (WiGBl. S. 229) Gebrauch gemacht, die in Abteilung I Abschnitt A unter Nr. 10 abgedruckt ist. Es sind ersetzt

der 20 August 1949	durch den 20. Oktober 1949,
der 20. September 1949	durch den 20 November 1949,
der 20 November 1949	durch den 20 Dezember 1949,
der 20 Dezember 1949	durch den 20. Januar 1950,

jedoch ist der 20 November 1949 als erster Zahlungstermin für die Land- und Forstwirtschaft (§ 17 Abs 2 Nr 2) geblieben

Der Termin für den Antrag auf Unterhaltshilfe (§ 39) ist vom 31 Juli 1949 auf den 30 September 1949 verlegt worden.

Die übrigen Termine sind nicht geändert.

Die neuen Termine sind in den Text des SH.-Gesetzes und der Durchführungsverordnungen bereits eingearbeitet

Anhang

Vorläufige Richtlinien
zur Durchführung der Hausrathilfe
(Hausrathilfeprogramm 1949)

Erl. der Verwaltung für Finanzen des Vereinigten Wirtschaftsgebiets vom 8. August 1949, La 8786-$^{1}/_{49}$

Nach § 81 Absatz 3 des Soforthilfegesetzes treten die Länder des Vereinigten Wirtschaftsgebietes für den Monat, in dem das Gesetz in Kraft tritt, und für die hierauf folgenden vier Monate zur Durchführung der Hausrathilfe mit monatlich je 12 Millionen DM, insgesamt demnach mit 60 Millionen DM in Vorlage. Die Bereitstellung der Mittel wird den leistungsschwachen Ländern auch durch Kredite des Vereinigten Wirtschaftsgebietes ermöglicht. Bei der Verwendung der für diese erste Hausrathilfe zur Verfügung stehenden Mittel ist bis auf weiteres nach den folgenden Richtlinien zu verfahren:

1. Anträge auf Gewährung von Hausrathilfe konnen nach § 45 des Soforthilfegesetzes von Flüchtlingen, Sachgeschädigten und politisch Verfolgten, die den existenznotwendigen Hausrat verloren haben, gestellt werden. Voraussetzung ist, daß beim Antragsteller ein sofortiger dringender Bedarf vorliegt, der aus eigenen Mitteln nicht gedeckt werden kann.

2. Hausrathilfe wird zunächst gewährt zur Anschaffung folgender Gegenstände:
   Wäsche, Kleidung und Schuhwerk aller Art,
   Bettgestelle und Betten (für Kinder auch Wagen), Tische, Stühle, Schränke, Haushaltsgebrauchsartikel aller Art (z. B. Töpfe, Teller, Tassen, Bestecke, Besen usw.),
   Fahrräder, falls für Berufszwecke dringend benotigt.

3. Die Hausrathilfe wird in bar gewährt. Sie beträgt im Rahmen dieses ersten Programms regelmäßig
   bei Alleinstehenden . . . . 100 DM
   bei Antragstellern, mit denen in Haushaltsgemeinschaft leben:
   bis zu 2 weitere Personen . . . . 150 DM,
   mehr als 2 weitere Personen . . . . 200 DM.

   Von den in Haushaltsgemeinschaft lebenden Personen bleiben solche außer Betracht, die nicht vom Antragsteller versorgt werden oder die über hinreichende eigene Einkünfte verfügen.

   Die vorstehenden Beträge sind Hochstsätze; in besonderen Fällen kann die Hilfe auf einen geringeren Betrag festgesetzt werden.

4. Der Antrag auf Hausrathilfe ist auf amtlichem Vordruck (Formblatt 5) zu stellen und uber die Gemeindebehorde an das Amt für Soforthilfe zu richten. Hat der Antragsteller nicht bereits aus Anlaß der Unterhaltshlife einen Hauptantrag gestellt (Formblatt 1), so ist der Hauptantrag gleichzeitig mit dem Antrag auf Hausrathilfe einzureichen.

5. Den Landesämtern fur Soforthilfe stehen die mit den Ländern vereinbarten Beträge für die Monate August bis Dezember 1949 zur Verfügung.

6. Die Landesämter fur Soforthilfe verteilen die ihnen zur Verfugung stehenden Beträge an ihre Ämter für Soforthilfe nach einem Schlüssel, der bereits festliegt oder ohne Zeitverlust errechnet werden kann. Als Anhalt können genauere Unterlagen über die Zahl der Flüchtlinge, Sachgeschädigten und politisch Verfolgten dienen, oder, falls solche nicht zur Verfügung stehen, die Auszahlungen, die im Bereich der betreffenden Stadt- und Landkreise anläßlich der ersten Überbrückungshilfe zu Weihnachten 1948 geleistet wurden.

7. Hinsichtlich des weiteren Verfahrens gilt für **Landkreise** folgendes:

   a) Das Amt für Soforthilfe schlüsselt die ihm fur die gesamte Laufzeit dieses Programms zur Verfügung stehenden Mittel in entsprechender Anwendung der Ziffer 6 auf die Gemeindebehörden seines Bereichs auf. Es errechnet aus den sich für die Gemeinden hiernach ergebenden Beträgen unter Zugrundelegung einer durchschnittlichen Hausrathilfe von je 150 DM die Zahl der für den Bereich der Gemeinde voraussichtlich moglichen Bewilligungen und teilt diese Zahl den einzelnen Gemeinden mit.

   b) Die Gemeindebehorde prüft die bei ihr eingegangenen Anträge und macht über die Dringlichkeit auf der zweiten Seite des Formblatts 5 einen entsprechenden Vermerk. Sie kann bis zu 50% mehr Anträge, als für ihren Bereich nach a) voraussichtlich bewilligt werden konnen, als „besonders dringlich" erklären (wenn diese Zahl z. B. 10 ist, also 15 Anträge).

   c) Die Dringlichkeit des einzelnen Antrags ist unter Würdigung der Gesamtlage des Antragstellers, insbesondere unter Berücksichtigung des vorhandenen Hausrats, der Einkommensverhältnisse, des Familienstandes und etwa von anderer Seite empfangener Hilfeleistungen zu beurteilen. Die Angaben des Antragstellers zu den Fragen 18 bis 25 im Hauptantrag (Formblatt 1) und zu 91 im Ergänzungsantrag (Formblatt 5) sind besonders zu beachten. Bei Sachgeschädigten konnen Teilschäden vorläufig im allgemeinen nicht berücksichtigt werden. Abweichend von der Überbrückungshilfe zu Weihnachten 1948 haben im Rahmen dieser Hausrathilfe erwerbsfähige Personen, denen Einkünfte zur Anschaffung von Hausrat nicht zur Verfügung stehen, gegenüber alten und erwerbsunfähigen Personen den Vorrang.

d) Die Gemeindebehörde soll vor Abgabe einer Stellungnahme die örtlichen Beauftragten der Geschädigtenorganisationen, soweit vorhanden, anhören. Bei politisch Verfolgten ist dies Aufgabe des Amts für Soforthilfe, das, soweit notwendig, die für das Land regional zuständige Wiedergutmachungsbehörde (Betreuungsstelle) zu hören hat.

e) Die Gemeinde gibt die Anträge jeweils in kurzen Zeitabschnitten gesammelt an das Amt für Soforthilfe weiter. Dabei ist darauf zu achten, daß hierdurch keine wesentliche Verzögerung eintritt und spätere Antragsteller nicht unbillig benachteiligt werden.

8. In Stadtkreisen haben die Ämter für Soforthilfe eine Vorprüfung der eingegangenen Anträge auf ihre Dringlichkeit im Benehmen mit den sonst beteiligten Dienststellen der Gemeinde (Bezirksbürgermeister, Fürsorgeamt, Flüchtlingsdienst usw.) in sinngemäßer Anwendung der Ziffer 7 sicherzustellen.

9. Um die Geschädigten schnellstens in den Genuß dieser ersten Hausrathilfe zu bringen, ist auch das weitere Verfahren in größtmöglichem Umfang zu vereinfachen und zu beschleunigen.

a) Das Amt für Soforthilfe bereitet die Entscheidungen gemeindeweise so vor, daß der Soforthilfeausschuß darüber in wenigen Sitzungen beschließen kann. Die Vorgänge sind dem Ausschuß unverzüglich mit einem Antrag des Leiters des Amtes vorzulegen.

b) Die Wahl der Beisitzer durch die Kreistage oder die Stadtverordnetenversammlung ist so zu beschleunigen, daß die Soforthilfeausschüsse in kürzester Frist arbeitsfähig sind.

c) Es ist darauf hinzuwirken, daß die Soforthilfeausschüsse so schnell wie möglich zusammentreten. Die Beschlußfassung der Ausschüsse erfolgt in der in § 51 SHG. vorgesehenen Zusammensetzung.

d) Der Beauftragte des Hauptamts für Soforthilfe ist in jedem Fall zu der Sitzung zu laden (vgl. Soforthilfe-DVO. Ziff. 2 zu §§ 60—64). Um die in Soforthilfe-DVO. Ziff. 3 zu § 63 für ihn vorgesehene Erklärungsfrist abzukürzen, ist darauf hinzuwirken, daß er seine Stellungnahme schon in der Sitzung oder unmittelbar im Anschluß daran abgibt.

10. Der Soforthilfeausschuß wird regelmäßig in der Lage sein, etwa $^{2}/_{3}$ der von den einzelnen Gemeinden als „besonders dringlich“ begutachteten Anträge zu bewilligen (vgl. Ziffer 7 Buchstabe b). Es steht ihm frei, von der Beurteilung der Gemeindebehörde und gegebenenfalls des Leiters des Amts für Soforthilfe abzuweichen, falls er unter Berücksichtigung der oben unter Ziffer 7 Buchstabe c) genannten Gesichtspunkte andere Anträge als dringlicher betrachtet.

11. Anträge, die nicht sofort berücksichtigt werden können, sind, sofern sie im Rahmen der Soforthilfe nicht offenbar unbegründet

sind, nicht abzulehnen, sondern zunächst zurückzustellen. Die zurückgestellten Anträge sind in den nachfolgenden Monaten erneut zu überprüfen.

12. Wird einem Antrag im Einverständnis mit dem Beauftragten stattgegeben, so ist der Bescheid mit Verwendungsnachweis unter Beifügung des Dienststempels auszufertigen und unverzüglich dem Antragsteller bekanntzugeben (vgl. Soforthilfe-DVO. Ziff. 4 zu § 63 in Verbindung mit Ziff. 4 zu § 60), sobald die erforderlichen Mittel hierfur zur Verfügung stehen; gleichzeitig ist die Auszahlung in bar oder durch Überweisung zu bewirken.

13. Die Hausrathilfe ist zweckgebunden; die zur Verfügung gestellten Beträge müssen daher zur Beschaffung von Hausrat verwendet werden. Hierüber ist von demjenigen, der Hausrathilfe erhalten hat, ein Verwendungsnachweis in der Weise zu führen, daß er sich jeden Kauf vom Verkäufer auf einem dem Bewilligungsbescheid beigefügten Formblatt bescheinigen läßt (Name und Wohnung, bei Firmen gegebenenfalls Firmenstempel, Kaufpreis).

14. Hausrat kann unter Vorlage des Bescheides mit Verwendungsnachweis in allen Verkaufstellen des Handels und Gewerbes gekauft werden. Soweit sich die Verkaufsstellen im Hinblick auf den sozialen Zweck der Aktion bereit erklären, bei Kauf von Hausrat gegen Vorlage des Verwendungsnachweises auf die üblichen Verkaufspreise einen Nachlaß zu gewähren, so ist dies in geeigneter Weise durch Aushang erkennbar zu machen. Die Gewährung eines Preisnachlasses darf nicht auf Ware beschränkt werden, die in geringerem Maße verkäuflich ist.

15. Gebrauchter Hausrat, insbesondere solcher, der sich bereits in Benutzung der Geschädigten befindet, kann auch aus privater Hand erworben werden. In diesen Fällen hat, soweit vorhanden, der Ortsobmann der betreffenden Geschädigtengruppe, sonst die Gemeindebehörde auf dem Verwendungsnachweis neben der Angabe des Verkäufers und des Preises den ordnungsmäßigen Erwerb zu bestätigen.

16. Der Verwendungsnachweis ist innerhalb von 2 Monaten nach Bekanntgabe über die Gemeindebehörde an das Amt für Soforthilfe zurückzugeben.

17. Mißbrauch der gewährten Beihilfe oder des Verwendungsnachweises hat grundsätzlich Ausschluß von weiteren Hausrathilfen zur Folge. Ferner kann von der Gewährung weiterer Hausrathilfen ausgeschlossen werden, wer ohne triftigen Grund den Verwendungsnachweis nicht rechtzeitig zurückgibt.

18. Die Leistungen im Rahmen dieses Hausrathilfeprogramms werden auf spätere Hausratbeihilfen angerechnet.

Sachregister

Die Zahlen ohne Zusatz bezeichnen die Paragraphen des Soforthilfegesetzes. SoDV. = Durchführungsverordnung zum 2. und 3. Teil des SHG. (Soforthilfe-DVO.). Die hochgestellten Zahlen bezeichnen die Ziffern der einzelnen Bestimmungen der Soforthilfe-DVO. Es bedeutet z. B. § **35^{5}** SoDV. = **Ziff. 5** zu § **33** Soforthilfe-DVO.

FSC
www.fsc.org
MIX
Papier | Fördert gute Waldnutzung
FSC® C083411

Kolibri 360 GmbH
Ferdinand-Jühlke-Straße 7
99095 Erfurt, Deutschland
produktsicherheit@kolibri360.de